智库成果出版与传播平台

湖南乡村振兴报告（2019~2020）

HUNAN RURAL REVITALIZATION REPORT (2019-2020)

主　编／陈文胜　王文强

社会科学文献出版社
SOCIAL SCIENCES ACADEMIC PRESS (CHINA)

图书在版编目(CIP)数据

湖南乡村振兴报告. 2019－2020 / 陈文胜，王文强主编. －－北京：社会科学文献出版社，2020.11
（乡村振兴蓝皮书）
ISBN 978－7－5201－7162－5

Ⅰ.①湖… Ⅱ.①陈… ②王… Ⅲ.①农村－社会主义建设－研究报告－湖南－2019－2020 Ⅳ.①F327.64

中国版本图书馆 CIP 数据核字（2020）第 159876 号

乡村振兴蓝皮书
湖南乡村振兴报告（2019~2020）

主　　编 / 陈文胜　王文强

出 版 人 / 谢寿光
责任编辑 / 桂　芳

出　　版 / 社会科学文献出版社 · 皮书出版分社（010）59367127
地址：北京市北三环中路甲 29 号院华龙大厦　邮编：100029
网址：www.ssap.com.cn
发　　行 / 市场营销中心（010）59367081　59367083
印　　装 / 天津千鹤文化传播有限公司

规　　格 / 开　本：787mm × 1092mm　1/16
印　张：20.5　字　数：306 千字
版　　次 / 2020 年 11 月第 1 版　2020 年 11 月第 1 次印刷
书　　号 / ISBN 978－7－5201－7162－5
定　　价 / 128.00 元

本书如有印装质量问题，请与读者服务中心（010－59367028）联系

编　委　会

主　　　编　陈文胜　王文强

副　主　编　陆福兴　瞿理铜　蒋俊毅　彭秋归

编委会成员　邹冬生　杨胜刚　柳中辉

主编简介

陈文胜　湖南师范大学潇湘学者特聘教授、中国乡村振兴研究院院长、博士生导师，中央农办乡村振兴专家委员，国务院特殊津贴专家，中共湖南省委农村工作领导小组“三农”工作专家组组长，湖南省城乡一体化研究基地首席专家，湖南省扶贫领导小组专家咨询委员，《中国乡村发现》主编，香港中文大学访问学者。主持国家社科基金项目2项，主持省社科基金重大项目2项、重点项目3项、一般项目15项，其他项目28项。出版学术独著《论大国农业转型》《乡村债务的危机管理》《乡镇视角下的三农》《新农村建设的热点难点着力点》，合著《粮食安全国家责任与地方目标的博弈》《湖南省城乡一体化发展研究报告》《湖南省县域发展研究报告》等，主编《新型农民能力培养》《农民十万个怎么做》等丛书。在《求是》《政治学研究》《人民日报》《经济日报》《光明日报》等报刊发表论文90余篇，被《中国社会科学文摘》《新华文摘》等国家级文摘类报刊转载、摘录20余篇。撰写的研究报告获党和国家领导人肯定性批示9人次、省部级领导肯定性批示35人次，15项成果进入省委省政府决策。

王文强　湖南省社会科学院人力资源与改革发展研究所所长、中国乡村振兴研究院秘书长，中共湖南省委农村工作领导小组“三农”工作专家组成员，著有《论中国农业发展方式转变》《湖南农村发展报告》等，在《政治学研究》《光明日报》《经济日报》等报刊发表学术论文50余篇，主持国家社科基金项目及省社科基金重大、重点项目等多项课题。

摘　要

本书对 2019 年以来湖南实施乡村振兴战略取得的主要进展、面临的困难与挑战进行了深入分析，对当前湖南乡村振兴的基本态势作出了研判，在此基础上提出了推进湖南乡村振兴的对策建议。

湖南在实现乡村振兴阶段性目标上取得了良好进展：一是以产业振兴为重点推动乡村生活富裕，在做大做强优势特色产业、加快农民增收和消除贫困、推动农业由增产导向转向提质导向等方面取得了新的突破；二是以人才振兴为关键增强乡村发展内生动力，在实施乡村人才振兴行动计划、培育新型职业农民、推动乡村就业创业等方面取得了较好成效；三是以文化振兴为根本提高乡村社会文明程度，在农村思想道德文化建设、补齐农村公共文化服务短板、推进移风易俗、开展乡风文明阵地建设等方面的成果较突出；四是以生态振兴为支撑打造乡村美丽家园，在实施农村人居环境整治计划、重金属污染耕地修复治理、造林绿化、乡村建设规划等方面的工作进展顺利；五是以组织振兴为保障构建现代乡村治理体制，在农村基层党组织建设、推动农村公共供给转向普惠型、深化村民自治实践等方面取得了新的成绩。但同时，湖南在农村决胜全面小康上还面临着不少困难与挑战：一是农民收入水平偏低，持续增长困难较大；二是区域农村发展差距大，全面建成小康社会存在薄弱环节；三是贫困地区发展基础薄弱，巩固脱贫攻坚成果压力较大；四是农村人居环境与群众的期盼还有距离，乡村生态破坏与环境污染的风险还较大。

随着湖南农业农村发展进入巩固脱贫攻坚成果与推进乡村振兴衔接融合的新阶段，当前乡村振兴的基本态势是：一是扶贫工作由超常规治理向常规治理转变；二是基础设施与公共服务供给由对贫困地区的特惠向城乡融合的普惠转变；三是农业供给侧结构性改革由结构调整向全产业链融合转变；四是农民增收由依赖传统路径向激发新动能转变；五是乡村治理由注重管理服务向多元共治转变。

加快推进湖南乡村振兴的建议是：一是以农民需求为导向对标对表“补短板”，加快推动义务教育、社会保障、农村安全饮水、基层公共服务、农村危房改造、农村通组道路全覆盖。二是突出市场导向发展精细农业“保供给”，建立区域农业产业布局的正面清单与负面清单，着力打造知名品牌，构建差异化农业支持保护机制，提升农业设施装备现代化水平。三是着力县域经济发展、增加农民就业机会“促增收”，发展富民乡村产业，引导更多资源要素向实体经济集聚，加强县域产业项目建设。四是完善乡村人才培养和引进机制“增活力”，加快各类乡土人才培养，加大人才下乡引导力度，探索建立从县到村的乡村振兴促进会，推进城乡人才交流。五是推进财政支农、农地制度、农业管理改革“强动力”，完善多元投入机制，继续深化农村土地制度改革、农业供给侧结构性改革。

本书还对长沙市实施乡村振兴战略、武冈市从脱贫攻坚向全面小康与全域乡村振兴迈进的改革创新实践探索、长沙县推进城乡融合发展的实践探索、江永县推进脱贫攻坚与乡村振兴衔接的实践探索、祁阳县推进全域乡村振兴的实践探索、华容县推进农业农村现代化的实践探索等进行了深入调查分析，对湖南贫困地区脱贫攻坚与乡村振兴有机衔接、乡村振兴多元投入机制创新、推进疫情防控与农村全面小康有机衔接等进行了专题调查研究，以总报告、区域篇、专题调研篇的形式，对湖南乡村振兴进行了多层面剖析、多视角审视。

关键词： 乡村振兴　脱贫攻坚　城乡融合

Abstract

This book makes an in-depth analysis of the main progress, difficulties and challenges in the implementation of the Rural Revitalization Strategy in Hunan since 2019, studies and judges the basic situation of the Current Rural Revitalization in Hunan, and on this basis puts forward countermeasures and suggestions to promote the Rural Revitalization in Hunan.

Hunan has made good progress in achieving the phased goal of Rural Revitalization: The first is to promote the prosperity of rural life with the focus on industrial revitalization. New breakthroughs have been made in expanding and strengthening advantageous industries, accelerating the increase of farmers' income and eliminating poverty, and promoting the transformation of agriculture from the increase of production to the improvement of quality; Second, we have taken the revitalization of talents as the key to enhance the endogenous power of rural development, and achieved good results in the implementation of the action plan for the revitalization of rural talents, the cultivation of new vocational farmers, and the promotion of rural employment and entrepreneurship; The third is to improve the level of rural social civilization based on the revitalization of culture. The achievements in the construction of Rural Ideological and moral culture, the improvement of the short board of rural public cultural services, the promotion of changing customs, and the construction of the position of rural civilization are outstanding; The fourth is to build a beautiful rural home with the support of ecological revitalization, and make progress in the implementation of the rural residential environment remediation plan, Heavy Metal Contaminated Farmland remediation, afforestation and rural construction planning; Fifth, we have made new achievements in the construction of rural grass-roots party organizations, the transformation of rural public supply to inclusive type, and the deepening of the practice of villagers' autonomy. But at the same time, Hunan still faces many difficulties and challenges in winning the overall well-off society in rural areas: First, the income level of farmers is low and the continuous growth is difficult; second, there is a large gap in regional rural development, and there is a weak link in building a moderately prosperous society in an all-round way; third, the development foundation of poor areas is weak, and there is a great pressure to consolidate the achievements of poverty alleviation; fourth, the living environment in rural areas is far from the expectations of the masses, and the risk of rural ecological damage and environmental pollution is still large.

With the development of agricultural and rural areas in Hunan province entering a new stage of consolidating the achievements of poverty alleviation and promoting the integration of rural revitalization, the basic trend of Rural Revitalizationis: The first is the transformation of poverty alleviation from unconventional governance to conventional governance; the second is the transformation of infrastructure and public service supply from preferential treatment to urban-rural integration; the third is the transformation of agricultural supply side structural reform from structural adjustment to the integration of the whole industrial chain; the fourth is the transformation of farmers' income increase from relying on the traditional path to stimulating new momentum; the fifth is the transformation of rural governance from focusing on management services to promoting new momentum The transformation of multi governance.

The suggestions for speeding up the revitalization of rural areas in Hunan are as follows: First, we will take the needs of farmers as the guide to make up for the shortcomings of the table, and accelerate the promotion of compulsory education, social security, rural safe drinking water, grass-roots public services, reconstruction of rural dilapidated houses, and full coverage of rural roads. The second is to highlight the market-oriented development of fine agriculture "guarantee supply", establish a positive and negative list of regional agricultural industry layout, focus on building famous brands, build a differentiated agricultural support and protection mechanism, and improve the modernization level of agricultural facilities and equipment. Third, we should focus on the development of county economy, increase the employment opportunities of farmers, promote income growth, develop rural industries that enrich the people, guide more resource elements to gather in the real economy, and strengthen the construction of county industrial projects. Fourth, we will improve the rural talent training and introduction mechanism to "increase vitality", accelerate the training of all kinds of local talents, strengthen the guidance of talents to the countryside, explore the establishment of Rural Revitalization Promotion Association from county to village, and promote the exchange of urban and rural talents. Fifth, we will promote the reform of fiscal support for agriculture, agricultural land system and agricultural management, improve the mechanism of multiple investment, and continue to deepen the reform of the rural land system and the structural reform of the agricultural supply side.

This book also explores the implementation of Rural Revitalization Strategy in Changsha City, the reform and innovation practice of Wugang City from poverty alleviation to comprehensive well-off and all-round rural revitalization, the practice of promoting the integrated development of urban and rural areas in Changsha County, the practice of promoting the linkage between poverty alleviation and Rural Revitalization in Jiangyong County, the practice of promoting all-round Rural Revitalization in Qiyang County, and the modernization of agricultural and rural areas in Huarong County We conducted in-depth investigation and Analysis on the practice and exploration of. This paper makes a special investigation and Research on the organic connection between poverty alleviation and rural revitalization, the innovation of multiple investment mechanism for rural revitalization, and the organic connection between epidemic prevention and control and the overall well-off society in rural areas. In the form of general report, regional report and special research report, it makes a multi-level analysis and multi perspective survey on Rural Revitalization in Hunan.

Keywords: Rural Revitalization, Poverty Alleviation, Urban-rural Integration

目　录

Ⅰ　总报告

Ⅱ　区域篇

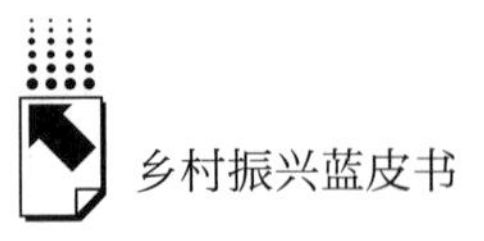

Ⅲ 专题调研篇

皮书数据库阅读**使用指南**

CONTENTS

I General Report

II Region Reports

Ⅲ Special Research

总 报 告

General Report

B.1 湖南2019~2020年乡村振兴研究报告

陈文胜　王文强　陆福兴　蒋俊毅　瞿理铜　彭秋归*

摘　要： 2019年以来，湖南按照实施乡村振兴战略的总要求，着力推进乡村产业振兴、人才振兴、文化振兴、生态振兴、组织振兴，农业农村呈现平稳健康发展的良好态势。但也存在着农民收入水平偏低、农村全面建成小康社会存在薄弱环节、巩固脱贫攻坚成果压力较大、乡村生态破坏与环境污染的风险较大、乡村发展内生动力不足等困难。新形势下，湖南实施

* 陈文胜，博士，湖南师范大学中国乡村振兴研究院院长、中央农办乡村振兴专家委员、省委农村工作领导小组“三农”工作专家组组长，主要研究方向：农村经济、城乡关系、乡村治理；王文强，湖南省社会科学院人力资源与改革发展研究所所长，主要研究方向：农村人力资源、现代农业；陆福兴，博士，湖南师范大学中国乡村振兴研究院教授，主要研究方向：农村政策法律、农业安全；蒋俊毅，湖南省社会科学院副研究员，主要研究方向：区域经济、资源与环境经济；瞿理铜，博士，湖南师范大学中国乡村振兴研究院副教授，主要研究方向：土地经济与土地政策、区域发展与城乡规划；彭秋归，湖南省社会科学院马克思主义研究所助理研究员，主要研究方向：马克思主义中国化、湖湘文化。

乡村振兴战略面临着扶贫工作由超常规治理向常规治理转变，基础设施与公共服务供给由对贫困地区的特惠向城乡融合的普惠转变，农业供给侧结构性改革由结构调整向全产业链融合转变，农民增收由依赖传统路径向激发新动能转变，乡村治理由注重管理服务向多元共治转变的新任务、新要求。据此，提出以农民需求为导向对标对表“补短板”，突出市场导向发展精细农业“保供给”，着力县域经济发展增加农民就业机会“促增收”，完善乡村人才培养和引进机制“增活力”，推进财政支农、农地制度、农业管理改革“强动力”的对策建议。

关键词： 湖南省　乡村振兴　脱贫攻坚

按照党的十九大的总体部署，当前正处于决战脱贫攻坚、决胜全面建成小康社会的最后关头。湖南是农业大省，当前农业农村工作最重大的任务是打赢脱贫攻坚战、补齐全面小康的“三农”短板，需要坚持农业农村优先发展总方针，按照实施乡村振兴战略的总要求，对标对表全面建成小康社会目标全面发力，确保农村同步全面建成小康社会。

一　湖南乡村振兴阶段性目标取得的主要进展

湖南省深入贯彻落实习近平新时代中国特色社会主义思想，以实施乡村振兴战略为总抓手，聚焦乡村产业振兴、人才振兴、文化振兴、生态振兴、组织振兴等方面，统筹谋划，科学推进，补短板、强弱项、激活力、抓落实，农业农村呈现平稳健康发展的良好态势。

（一）以产业振兴为重点推动乡村生活富裕

近年来，湖南省委、省政府按照中央的总体部署和要求，重点抓乡村产业振兴，实施了“百企千社万户”现代农业发展工程。即到2020年，推动100家以上涉农企业在省区域性股权交易市场挂牌，培育1000家有实力、有品牌、运行规范、与社员利益联结紧密的农民专业合作社示范社，发展10000户产业特色明显、经营管理规范、综合效益好、带动能力强的家庭农（林）场示范场。随着“百千万”工程的深入开展，湖南乡村产业发展走上快车道。

1. 深入推进六大强农行动，做大做强优势特色产业

为了促进产业兴旺，省委农村工作领导小组2019年出台了《关于打造农业优势特色千亿产业　促进乡村产业振兴的意见》。全省各地大力培育优势特色农业产品，加快推进“一县一特”“一特一片”产业发展，积极打造十大特色优势农产品全产业链，力争达到上千亿产值。品牌强农、特色强农、质量强农、产业融合强农、科技强农、开放强农“六大强农”取得积极成效，农业优势特色产业发展形势较好。

（1）推进品牌强农行动。重点打造了“湖南油茶”“湖南红茶”“安化黑茶”等区域公用品牌，省财政对每个区域公用品牌的营销资金支持超过1000万元/年，“五彩湘茶”（黑茶、绿茶、红茶、黄茶、白茶）和湖南油茶品牌影响力初显。各地打造的地方特色品牌，如古丈毛尖茶、新宁崀山脐橙、江永香柚、炎陵黄桃、靖州杨梅等一批地方农产品特色品牌在全国形成一定知名度。据初步统计，2019年，全省实现农林牧渔业增加值3850.19亿元，同比增长3.5%，增速高于全国水平0.3个百分点。其中，农业增加值2123.97亿元，增长3.6%；林业增加值319.16亿元，增长9.4%；牧业增加值916.32亿元，下降2.2%；渔业增加值287.51亿元，增长7.1%；农林牧渔专业及辅助性活动增加值203.24亿元，增长8.2%。[①]

① 刘杰：《2019年湖南农业农村经济平稳增长 质量进一步提升》，《湖南省统计局·决策咨询》2020年第1期。

（2）推进特色强农行动。制定了全省“一县一特”主导特色产业发展指导目录，累计创建省级现代农业综合产业园、特色产业园和特色产业集聚区836个，靖州杨梅、茯苓、宁乡花猪、安化黑茶成功获批创建国家现代农业产业园。特色产业获得良性发展，特色产业产值持续提升。据有关部门测算，2019年全省畜禽产业全产业链产值可达3250亿元，粮食、蔬菜产业全产业链产值可达2950亿元、1860亿元，水果、水产、茶叶、中药材、楠竹、油茶、油菜产业全产业链产值分别可达750亿元、740亿元、700亿元、530亿元、460亿元、430亿元、410亿元。茶叶、油菜、油茶、中药材、楠竹等特色产业发展较快，增长速度均超过10%。[①]

（3）推进质量强农行动。推行农产品“身份证”制度，建立全省农产品“身份证”管理平台，计划到2021年湖南全省农业区域公用品牌、地方特色品牌，绿色、有机、地理标志认证和注册商标农产品，及市级以上农业产业化龙头企业全面实行农产品“身份证”管理和赋码标识。2019年上半年，已完成全省农产品“身份证”管理平台开发，共有1200余家企业3300多个农产品实行“身份证”管理和赋码标识，1800多个农产品依托平台实现线上交易。比如，实行严格的粮油质量安全检验检测，打造南县稻虾米、常德香米、桃源富硒米等一批区域优质生态粮，水稻种植结构由“双季稻”向“稻+油”“稻+经”转变，种植品种由普通稻向高档优质稻转变，全省发展高档优质稻面积达1230万亩，增长11.8%，高档优质稻市场价格高出普通稻20%左右，其中一等优质稻更是高出40%左右[②]，湖南“优质粮油工程”获评国家优秀。

（4）推进产业融合强农行动。2019年，全省加快农村产业布局，以现代农业特色产业园区建设为抓手，依托农业农村大环境，在景色观赏、产品增值、文化创意、健康养生、科技教育、生活保障等方面，大力促进一二三

① 刘杰：《2019年湖南农业农村经济平稳增长 质量进一步提升》，《湖南省统计局·决策咨询》2020年第1期。

② 刘杰：《2019年湖南农业农村经济平稳增长 质量进一步提升》，《湖南省统计局·决策咨询》2020年第1期。

产业有机融合。全省累计创建认定省级现代农业特色产业园639个，建设省级优质农副产品供应示范基地（示范片）38个、省级现代农业特色产业集聚区（省级现代农业产业园）27个；靖州县、宁乡市、安化县、鼎城区、芙蓉区等5个县市区获批创建国家现代农业产业园，创建总数排全国第4位，形成了从特色园到基地，从基地到集聚区，从集聚区到国家现代农业产业园的农业园区体系。① 大力推动首批10个农业特色小镇建设，加快促进休闲农业、智慧农业等发展。常德、衡阳、益阳、邵阳4市，平江、永定、南县、邵东、望城、耒阳、零陵、资兴、炎陵、麻阳等10个县市区的产业融合发展得到省政府表彰。

（5）推进科技强农行动。启动了“现代种业自主创新工程”重大科技专项，超级稻刷新水稻大面积种植产量世界纪录，优质水稻、高效经济作物种植面积均在4000万亩以上。智慧农业加快发展，被列为全国信息进村入户工程整省推进示范省。推进农业科技园区提质升级，全省累计建立国家级农业科技园区12个、省级农业科技园区28个。组建10个省级现代农业产业技术体系，布局了一批重点农业科研计划项目。② 科技专家服务团实现县市区全覆盖。积极推动实施农机“千社”工程，全年扶持建设现代农机合作社311家，累计扶持建设2903家。全省主要农作物综合机械化水平首度迈上50%的台阶，其中水稻耕种收综合机械化水平达到76.1%，比上年提高1.5个百分点；油菜耕种收综合机械化水平达到60.2%，比上年提高2.8个百分点。③

（6）推进开放强农行动。湖南配合农业农村部成功举办了全球农业南南合作高层论坛，论坛通过了《全球农业南南合作长沙宣言》，达成多项共识，取得积极成果。中国中部（湖南）农业博览会已持续举办21届，2019

---

① 刘杰：《2019年湖南农业农村经济平稳增长 质量进一步提升》，《湖南省统计局·决策咨询》2020年第1期。

② 中共湖南省委农村工作领导小组：《关于贯彻落实2019年中央一号文件情况汇报》，打印稿。

③ 刘杰：《2019年湖南农业农村经济平稳增长 质量进一步提升》，《湖南省统计局·决策咨询》2020年第1期。

年集中展示了10大类1万余种农产品，各兄弟省份积极参展，还邀请了保加利亚、乌拉圭、乌干达等18个国家23个代表团参展，交易总额达78.72亿元，参观人次累计突破25万，到会采购商和专业观众5万余人次，其中全球重点采购商3000余位，再次彰显出“中部农博”的独特魅力。[①] 此外，还有中国－非洲经贸博览会、中国乡村产业博览会、湖南茶业博览会等在湖南顺利开展。在香港、澳门举办湖南品牌农产品贸易投资推介会，在北京举办湖南贫困地区产销对接会，每月组织一场全省性特色优质农产品产销对接活动，“湘品出湘”步伐加快。

2. 推动农民增收和消除贫困，提高农村生活水平

2019年，全省农村居民人均可支配收入15395元，同比增长9.2%，增速比上年提高0.3个百分点。其中，工资性收入6224元，增长7.9%；经营净收入5268元，增长10.1%；财产净收入209元，增长16.4%；转移净收入3694元，增长10.0%。财产净收入快速增长，经营净收入、转移净收入较快增长。农村居民人均可支配收入增长快于城镇居民，增速高于城镇居民0.6个百分点。[②]

（1）农民增收短板逐渐补齐。湖南持续完善“四跟四走”“四带四推”产业扶贫政策措施，实施特色高效农林业发展增收、养殖业转型发展增收、产业融合带动增收、农产品流通增收、农村就业创业增收、脱贫攻坚增收、农村改革增收七大增收计划。2019年投入产业扶贫资金200多亿元，带动350万贫困人口稳定增收[③]。相继在51个贫困县建设特色产业示范园和优质农产品供应基地47个；开展“千企帮千村”行动，933家农业龙头企业对接帮扶1214个贫困村。多层次高频率举办贫困地区农产品产销对接会，积极开展消费扶贫、电商扶贫，产业扶贫经验在全国产业扶贫现场推进会上得

① 张尚武、刘勇：《农博会交易总额逾78亿元》，《湖南日报》2019年10月30日第1版。

② 刘杰：《2019年湖南农业农村经济平稳增长 质量进一步提升》，《湖南省统计局·决策咨询》2020年第1期。

③ 许达哲：《政府工作报告——2020年1月13日在湖南省第十三届人民代表大会第三次会议上》，《湖南日报》2020年1月23日第1版。

到推介。开展“引老乡、回故乡、建家乡”行动，建成省级就业扶贫基地989家、扶贫车间2000多家，共有172.6万贫困劳动力实现就业，稳定就业率达90%。[①] 2019年实现全省最后20个贫困县脱贫摘帽、718个贫困村出列、63万贫困人口脱贫，贫困发生率降至0.36%。“四带四推”产业扶贫、就业扶贫、扶贫小额信贷、“互联网+”社会扶贫等工作经验在全国推介。[②]

（2）农产品加工收入不断提高。按照建链、补链、延链、强链的思路，湖南实施了农产品加工业发展提升计划，全省围绕农产品加工业的政策配套和重点扶持等关键环节，以培育提升带动牵引功能为核心，着力培育壮大龙头企业、打造标杆企业、支持中小微企业发展，形成梯次发展的农产品加工企业集群，推动了全省农产品加工业高质量发展。据初步统计，2019年全省农产品加工企业实现营业收入1.8万亿元，同比增长9.0%；实现利润646亿元，增长9.5%；上缴税金1123.5亿元，增长7.0%；出口创汇33.9亿美元，增长6.0%。全省新增国家重点龙头企业13家、省级龙头企业173家，规模以上农产品加工企业达到4950家，销售收入过100亿元6家，50亿~99亿元5家，10亿~49亿元85家。[③]

（3）农业休闲旅游经济实现较快发展。全省通过深入实施休闲农业与乡村旅游精品工程，着力开展休闲农业示范创建工作，休闲农业和乡村旅游加快发展，涌现了一大批休闲农业示范农庄，培育了一大批休闲农业集聚发展示范村，推介了一大批休闲农业与乡村旅游精品旅游线路，已基本形成点、线、面同步推进，“一心一区三带”齐头并进的农业休闲产业新格局。据初步统计，2019年全省休闲农业经营主体达1.76万家，年接待游客超2.1亿人次，增长7.1%；年经营总收入突破480亿元，同比增长8.9%。[④] 比如长沙县大力推动生态种养、休闲农业、生态旅游、乡村文化深度融合，

① 中共湖南省委农村工作领导小组：《关于贯彻落实2019年中央一号文件情况汇报》，打印稿。

② 《2020年湖南省委农村工作会议文件》，打印稿。

③ 刘杰：《2019年湖南农业农村经济平稳增长 质量进一步提升》，《湖南省统计局·决策咨询》2020年第1期。

④ 刘杰：《2019年湖南农业农村经济平稳增长 质量进一步提升》，《湖南省统计局·决策咨询》2020年第1期。

茶园变成景园、花卉基地变成观花园、民居变成民宿，农业产业链条不断延伸，2019年全县共接待游客1618.31万人次，实现旅游综合收入173.559亿元，同比增长22.6%。

（4）创业创新服务明显改善。全省推进信息进村入户示范工程，建成村级益农信息社1.9万个，农业综合信息服务体系覆盖率达95%。以此为基础，农村电商加快发展，新增5个县市获批2019年全国电子商务进农村综合示范县，实现市州和国贫县全覆盖。持续开展农村创业创新示范创建、农村创业创新大赛、农村创业创新监测调查，被列为全国农村创业创新监测调查10个试点省份之一。全省建立了83个省级、12个国家级中小微企业创业创新基地，为乡村产业发展、农民就业创业发挥了重要作用。[①]

3. 确保国家粮食安全，推动农业由增产导向转向提质导向

湖南是农业大省、产粮大省，在保障国家重要农产品供给上发挥着重要作用。为了确保国家粮食安全，湖南借乡村振兴的契机，采取多种手段，千方百计强基础、稳产能、提质量，促进农业结构不断优化。

（1）全面提升粮食生产能力。坚持以集中育秧为重点稳面积，以落实"三项技术"（推广良种、合理密植、适期播种）为重点提单产，以推动社会化服务为重点转方式，以实施"湘米工程"为重点优品质，全面落实粮食安全省长责任制，在持续低温阴雨、干旱、洪涝等自然灾害多发重发的情况下，2019年，全省粮食总播种面积6924.6万亩，全省粮食总产量2974.8万吨，基本实现稳面积、稳产量的"双稳"目标。其他主要经济作物生产也保持向好增长。据初步统计，全省油料播种面积2048.30万亩，同比增长1.6%；油料产量239.20万吨，增长2.0%。全省蔬菜播种面积1969.86万亩，增长3.8%；蔬菜及食用菌产量3969.44万吨，增长3.9%。2019年总体价格水平明显高于2018年，促进了蔬菜供应量的持续增长。[②]

（2）加快推进农田水利建设。突出建好高标准农田，2019年，全省下

① 中共湖南省委农村工作领导小组：《关于贯彻落实2019年中央一号文件情况汇报》，打印稿。

② 刘杰：《2019年湖南农业农村经济平稳增长 质量进一步提升》，《湖南省统计局·决策咨询》2020年第1期。

达建设任务364万亩，争取中央财政资金36.53亿元，省级财政安排预算资金24.37亿元，高标准农田建设亩均财政投资标准达1600元以上。目前，105个有建设任务的县市区已全部开工建设，开工率为100%，各项工程进展比较顺利，预计2020年完成全省高标准农田主体工程建设任务。① 着力改善水利条件，已下达中央投资68.46亿元，重点水利工程建设有序推进，莽山水库下闸蓄水，毛俊水库二期截流，涔天河灌区建设加快推进，椒花水库移民安置区开工建设，犬木塘水库等前期工作取得重大进展，完成中小河流治理长度约300公里，已开工除险加固病险水库290座。②

（3）提升科技支撑水平。以农业科技园区为平台，加强农业科技研发，启动了"现代种业自主创新工程"重大科技专项，以及粮食、油茶、生猪、果蔬、苎麻等27项重点研发项目，推进建设"国家耐盐碱水稻技术创新中心"。2018年超级杂交稻测产验收亩产达到1152.3公斤，再次刷新世界纪录。大力推广双季优质超级杂交稻、一季超级杂交稻+再生稻、超级杂交中稻+马铃薯、春玉米+一季优质超级杂交晚稻、优质超级杂交稻+养殖（鱼虾等）等多种种植模式和公司+基地+新型主体的推广经营模式。

（4）加大农业疫情防控力度。切实加强草地贪夜蛾防控，处置率达95%，危害损失率控制在5%以内，取得良好成效。突出抓好非洲猪瘟防控，严格规范疫情处置，认真落实排查监测、泔水管控、屠宰调运监管、"两场"保护等关键防控措施，从严打击跨省违法调运生猪行为，保障了全省生猪产业的基础产能。③ 随着目前各级政府扶持生猪生产和保障市场供应的政策发力以及非洲猪瘟疫情趋于稳定，养殖户补栏积极性正逐步提升，生猪产能已经开始恢复，后期猪价将趋向稳定。受益于猪肉消费替代作用的影响，2019年全省牛羊和家禽产量增长明显加快，牛出栏162.5万头，同比

① 刘杰：《2019年湖南农业农村经济平稳增长 质量进一步提升》，《湖南省统计局·决策咨询》2020年第1期。

② 中共湖南省委农村工作领导小组：《关于贯彻落实2019年中央一号文件情况汇报》，打印稿。

③ 中共湖南省委农村工作领导小组：《关于贯彻落实2019年中央一号文件情况汇报》，打印稿。

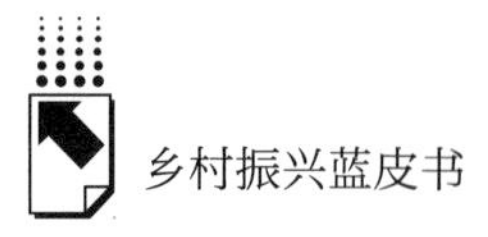

增长6.4%；羊出栏971.5万头，增长6.6%；鸡鸭鹅等家禽出笼51057.0万羽，增长20.2%；禽蛋产量114.7万吨，增长8.8%。[①]

（二）以人才振兴为关键增强乡村发展内生动力

乡村振兴，人才是关键。人力资本开发要放在首要位置。按照习近平总书记关于“打造一支强大的乡村振兴人才队伍”的要求，湖南把培育新型农业经营主体作为战略重点，“让愿意留在乡村、建设家乡的人留得安心，让愿意上山下乡、回报乡村的人更有信心，激励各类人才在农村广阔天地大施所能、大展才华、大显身手”。

1. 实行乡村人才振兴行动计划

为积极创新和完善乡村引才、聚才、育才、扶才、优才的体制机制和政策体系，为实施乡村振兴战略提供坚强的人才支撑和智力保障，湖南2019年专门出台了《湖南省乡村人才振兴行动计划》，主要内容包括以下几个方面。

（1）大力引进农业高端人才。火车跑得快，全凭车头带。农业高端人才在一定程度上决定了农业发展的上限。为了引进农业高端人才，主要以省内重点实验室、农业科技园区、战略性新兴产业企业为平台，根据人才的市场化价值，按照服务期每人一次性发给补助50万～100万元。领军人物是带头人，还要形成学术团队，把带头人与团队建设结合起来。重点在粮食、油料、蔬菜、水果、棉麻丝、茶叶、畜禽、水产、中药材、竹木等特色产业链方面，致力于年均引进10个创新团队，并且就成果转化、产业化投资等方面给予人才津贴。同时对省级龙头企业和战略性新兴产业企业引进的紧缺人才，每年给予一定补贴。

（2）加快构建“政府主导＋专门机构＋多方资源＋市场主体”的农民教育培训体系。围绕新型职业农民培训，首先重点打造培育教育示范基地和

---

① 刘杰：《2019年湖南农业农村经济平稳增长 质量进一步提升》，《湖南省统计局·决策咨询》2020年第1期。

平台，通过各种方式，每年至少完成10万新型职业农民的培训任务。其次依托广播电视大学和职业院校系统，支持农民根据自身劳作时间，以弹性学制接受中高等农业职业教育。最后面对基层，定向进行人才培养，每年公费培养农技人员500名。另外，在基层经营管理人才、农村电子商务人才、农村教师、定向医学生队伍培训等方面加大工作力度。

（3）鼓励引导城市人才服务乡村。通过人才下乡、人才支农、人才驻村等方式，服务农村发展需要。进一步完善科技人才对口帮扶机制，实现科技人才在贫困地区全覆盖，并给予一定的经费资助，全力助推精准脱贫。鼓励大中专院校、中小学校、科研院所、医院等事业单位人员到乡村和企业挂职、兼职、工作和离岗创新创业。建立健全有条件的教师到乡村交流轮岗制度，推动城镇学校优秀教师支援乡村学校发展。

（4）激励保障人才扎根基层。进一步扩大乡镇公务员的考录规模，强化艰苦边远地区乡镇公务员的支持政策。根据农村工作的特殊需要，创新人才评价机制，对于长期在贫困县和基层一线工作的专技人才在评定职称时适当放宽条件。对于一些专业技术人员为农村发展提供智力支持和增值服务的，允许合理取酬。

2. 加快培育新型职业农民

紧紧围绕乡村振兴战略实施，湖南大力推进新型职业农民培育工作，取得了较好成效。

（1）开发线上培育。开发“湘农科教云平台”PC版和手机App，专门用于新型职业农民线上培育和组织管理，到2018年全省已有40个开展线上培育试点示范，成为湖南新型职业农民培育工作的重要综合服务平台。平台内容包括线上学习、农业资讯、专家服务、管理后台、产销对接五大模块，实现了四个方面的功能：开发了一批精品课程，围绕湖南特色和主导产业，有针对性地开发了2000多门在线视频课程，基本覆盖不同农作物生产的各个环节；提高了农业生产的信息化程度，用户通过智能手机，方便、快捷地享受在线学习、专家在线指导、农产品农资产销供求对接发布等服务；提升了主管部门的管理效率，各试点县市区建立了新型职业农民培育工作监管平

台，用手机 App 对线下班实时动态监管，实时报告每堂课培训动态；提升了基层农技人员的服务手段，2018 年全省 80% 以上的基层农技人员应用湘农科教云开展农技推广服务，有效地提升了基层农技人员的服务手段。[①]

（2）创新培训模式。从多个方面推动构建新型职业农民培育制度。遴选认定了一批培育机构和实训基地。全省累计确定新型职业农民培育机构 519 个；同时，认定实训示范基地 570 个，其中，国家级示范基地 8 家，省级基地 28 个。加强了培育模式创新。推进分层分类培训，省本级组织实施青年农场主、新型农业经营主体带头人等示范培育和师资培训；市县统筹开展各类职业农民培育。省里创造性地组织新型职业农民赴日韩等国和台湾地区培训。根据农业生产周期和农时季节，实行“分段式、重实训、参与式”培育模式，做到“教师讲授与课堂互动、集中理论学习与参观实践、跟踪服务与离校不离训”三个相结合，有效提高了培育效果。建立了培育对象信息库。按照村民自愿申报、乡村审查、农业部门审批、建档入库等程序开展工作，全省遴选培育对象入库人数达到 50 万。[②] 新选派 51 个科技专家服务团、5000 多名科技特派员到边远贫困地区、民族地区和革命老区服务创业，为培训、服务农村地区人才发挥积极作用。[③]

（3）树立先进典型。2018 年，全省遴选确定了 3 名新型职业农民作为全国新型职业农民创业资助项目人选、4 名新型职业农民为 2018 年度“全国百名杰出新型职业农民”资助项目人选，每年选出“湖南省十佳农民”资助项目人选。同时，挑选了 100 个新型职业农民典型，将他们的先进事迹汇编成册在全省宣传推介。各市县先后开展了“新农人十大创客”评选、“新农人新能人”系列报道，推介了一大批新型职业农民创新创业典型。在树立先进典型的基础上，各地通过电视、报纸、网络等新闻媒体多渠道、多

① 湖南在全国新型职业农民培育管理工作会议上的发言：《建立健全工作机制　培育新型职业农民》，打印稿。

② 湖南在全国新型职业农民培育管理工作会议上的发言：《建立健全工作机制　培育新型职业农民》，打印稿。

③ 中共湖南省委农办、湖南省农业农村厅：《关于我省实施乡村振兴战略工作情况汇报》，打印稿。

层次宣传新型职业农民培育政策、经验、模式、典型，着力在全社会营造关心、重视和支持职业农民培育工作的良好氛围。①

3. 抓好人才就业创业工作

随着湖南乡村振兴战略的实施，农村吸纳劳动力就业能力增强，带动了本地非农就业数量的增加。同时，各地不断加大对农民工返乡创业的就业扶持力度，为返乡创业农民工提供更好条件，出现了以“返乡创业”为特点的农民工回流，农村劳动力的流动由单向变为双向。

（1）农村劳动力转移就业保持稳定。2019 年前三季度，湖南农村劳动力转移就业 2000 万人左右，同比增加 27 万余人，增长 1.3%，增幅比去年同期回落 0.9 个百分点。本地（乡内）非农就业人数增多。前三季度，湖南农村转移劳动力中，在本地从事非农行业的有 719.8 万人，同比增加 12.5 万人，增长 1.8%。本地非农就业人数占全部转移劳动力的 35.0%，同比提高 0.2 个百分点。外出从业人员在省内就业的有 547.1 万人，同比增加 35.6 万人，增长 7.0%；从占比情况来看，外出省内的占全部外出从业人员的 40.9%，同比提高 2.2 个百分点。外出省外劳动力为 790.8 万人，同比减少 20.8 万人，下降 2.6%；从占比情况来看，外出省外的占全部外出从业人员的 59.1%，同比下降 2.2 个百分点。②

（2）持续扩大乡村基层人才输送规模。统筹实施专业技术人员公费定向培养项目，2019 年农村订单定向免费本科医学生培养招生 410 人，贫困地区基层医疗卫生机构本土化专科层次人才培养招生 1200 人，农村地区乡镇农电员工定向培养计划招生 383 人。从 2019 年起，计划连续 4 年开展基层农技特岗人员定向培养，2019 年招生 585 人。省政府出台《关于加强乡村教师队伍建设的意见》，就乡村教师待遇、编制配备、职称、周转房建设等提出了系列举措，2019 年全省共录取各类农村教师公费定向培养师范生

① 湖南在全国新型职业农民培育管理工作会议上的发言：《建立健全工作机制　培育新型职业农民》，打印稿。

② 国家统计局湖南调查总队：《2019 年推进实施乡村振兴战略工作情况》，打印稿。

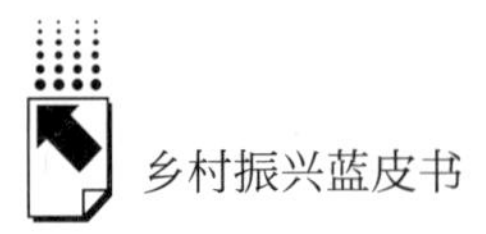

12902 人，较上年增长 13.51%。[1]

（3）支援家乡的“乡贤”力量不断增强。积极动员离退休干部、知识分子和工商界人士等在外取得一定成就的“乡贤”回乡支援家乡建设。如有些地方打造了“一乡一商会”，每个乡镇都成立一个商会，每个商会都安排一定的工作经费，利用商会自身的优势，牵线搭桥、整合资源，实现“引老乡、回故乡、建家乡”。比较典型的如武冈，外出经商者回当地开办的扶贫工厂，基本是由商会会员直接建立或是由商会会员引进建立。同时，工厂生产瞄准相当一部分武冈籍企业家在珠三角地区经营电子信息行业的市场基础，重点发展电子信息产业附加产品，生产一些技术门槛较低的劳动密集型电子产品及零配件，拓展服装鞋帽加工、工艺品制作、玩具加工、箱包加工、现代种植养殖等行业，实现外出“乡贤”第一故乡与第二故乡、第三故乡的有机链接。

（三）以文化振兴为根本提高乡村社会文明程度

乡村振兴，文化是根和魂。湖南从加强农村思想道德建设和公共文化建设，挖掘优秀传统农耕文化、红色革命文化、社会主义先进文化等入手，积极培育文明乡风、良好家风、淳朴民风，不断改善农民精神风貌，提高乡村社会文明程度。

1. 加强思想道德文化建设

农村的思想道德文化有自身的特点，既要摒弃陈规陋习、倡导文明新风，又要结合实际、有的放矢，考虑本地历史传统和村情特点。湖南基层各级党组织书记把乡风文明作为“书记工程”来抓，注重把握各地差异和特点，根据地域特色，体现乡土风情。

（1）推进农村思想政治建设。在全省 13 个县市区推行新时代文明实践中心建设试点，创新开展车间、农家、党日、班级、小区、网络“六大微课堂”宣讲，推出《咱们乡亲好样的》《不负青春不负村》等农民群众喜闻

[1] 中共湖南省委农村工作领导小组：《关于贯彻落实 2019 年中央一号文件情况汇报》，打印稿。

乐见的电视节目，深入宣讲习近平新时代中国特色社会主义思想和党的政策，培育主流价值观。比如，汝城县开展“弘扬半条被子精神、密切党群干群关系”主题教育实践活动；浏阳市开展“星级文明户”“标兵党员”“最美乡贤”等评选活动；澧县坚持乡风文明建设每月支委会必研究，每月“主题党日”相关活动必开展，每季党员大会必学习，每年书记“双述双评”工作必评议。采取乡镇干部包村、村干部包组包户、党员联户的方式，压实党组织和党员乡风文明建设责任。①

（2）弘扬优秀传统文化。2019 年湖南新增 401 个村落被列入中国传统村落名录，数量居全国第一，全省累计中国传统村落达 657 个，位居全国第三。2019 年列入中央财政支持范围的中国传统村落名单，湖南有长沙县开慧镇开慧村、新邵县巨口铺镇刘家村、新化县水车镇楼下村、吉首市矮寨镇坪年村等 105 个中国传统村落入列，数量居全国第一。进入名单的中国各传统村落，将一次性获得 300 万元中央财政资金支持。为了弘扬优秀传统文化，湘西州实施了集“非遗”生产性保护、文化精准扶贫于一体的苗绣振兴项目——“让妈妈回家”，培训绣娘 6000 余人，中央电视台多次进行宣传推介。江永县注重发展以女书岛为核心的女书文化、以千家峒为核心的瑶文化、以上甘棠和勾蓝瑶寨为核心的古村文化和以五香标准化产业园为核心的耕作文化。特别是立足女书文化的唯一性，加强对女书文化的保护和利用，保护性开发女书岛、建设女书馆、打造女书印象街，统筹保护、展示、旅游、休闲等功能，推进女书文化保护与开发，打造江永立体化的文化振兴品牌。

（3）继承红色革命文化。湖南立足于丰富的红色历史资源开展新时代文明实践活动，弘扬老一辈革命家的革命精神和崇高品格，用红色文化凝聚人心，打造基层精神家园，为乡村文化振兴提供强大的精神动力和价值引领。深入贯彻实施党中央、国务院关于发展红色旅游的重大战略部署，打造伟人故里红色旅游品牌，推动红色旅游融合化、国际化、标准化、品牌化发

---

① 杨鸿雁：《湖南乡村振兴成效初显》，《湖南省统计局 · 决策咨询》2019 年第 32 期。

展，努力打造湖南红色旅游升级版。继续重点支持红色文化旅游项目，包括韶山革命纪念地红色主题教育及研学旅行项目、湘赣边秋收起义红色研学旅行项目等42项获得2019年资金支持。连续16年举办湖南红色旅游文化节，2019年第16届“红节”在桑植县中国工农红军第二方面军长征出发地刘家坪召开。2019年前三季度，湖南省红色旅游接待游客近1亿人次，实现红色旅游综合收入超900亿元。

2. 补齐农村公共文化服务短板

2018年组织开展文化志愿活动3300余项、“欢乐潇湘”大型群众文艺汇演2000余场，群众文艺团队发展到1.5万多个，全省农村文化服务阵地建设实现“一乡一站”全覆盖、“一村一中心”覆盖率98.3%。[①] 比如长沙县在全省率先建成三级公共文化服务网络，县文体中心、县图书馆建成并免费向社会开放。全县范围18个镇（街）建成20个综合文化站、280家农家书屋、197个村（社区）文体活动室，实现县域全覆盖。共组建74支群众文艺团队，常年参与文化活动的群众已达10万人，仅2019年就开展群众文化活动200场，送戏下乡90场，放映公益电影2600场，创作了舞蹈《血红的名册》、歌曲《以人民为中心》《村里的健身房》等十余部文艺作品。《血红的名册》《以人民为中心》分别获全省“欢乐潇湘”群众文艺汇演特等奖、一等奖。

3. 推进移风易俗

注重发挥党员带头作用，签订《移风易俗承诺书》《拒绝违规赈酒承诺书》，并建立“党员中心户牵头+区域党员协同+广大群众跟进”的党员引领文明乡风工作机制，选定片区内有威望的党员为“党员中心户”，每个中心户负责3至5名党员及其家庭，每个党员负责5至7个家庭户，宣讲文明新风政策。注重发挥群众参与乡村治理的主体作用，充分发挥村规民约、道德评议会、红白理事会等的作用，破除铺张浪费、薄养厚葬、人情攀比等不

① 中共湖南省委农办、湖南省农业农村厅：《关于我省实施乡村振兴战略工作情况汇报》，打印稿。

良习俗。出台《关于推动移风易俗树立文明乡风的意见》，倡导“两办五不办”（婚事新办、丧事简办，生日、乔迁、升学、参军、开业不办酒），明确“四主”（党委主责、纪委主导、乡镇主抓、村级主体），实行“三限”（限规模、限金额、限对象），2018 年开展文明节俭操办婚丧喜庆事宜检查 7.5 万余次，大部分农村地区人情开支减少 30% 以上。[①] 坚持模范示范带动，在全省范围内组织开展“寻找最美村规”宣传推介活动，精选出 30 多个优秀案例，在湖南经视《经视新闻》栏目推出“湘约我的村”专题片以集中展示。新化县油溪桥村“村级事务管理积分制”被评为“20 个全国乡村治理典型案例”，花垣县“五兴”互助基层治理经验做法在全省推广。

4. 开展乡风文明阵地建设

扎实推进新时代文明实践中心建设，全省 22 个全国试点县（市、区）实践站、所和中心三级设置已全部完成，启动服务项目超千个，开展志愿服务上万场。抓好县级融媒体中心建设，全省 123 个县（市、区）已有 110 个县级融媒体中心挂牌运行，2019 年底实现“全覆盖”。以“最美新乡贤”、“十佳农民”和“湖南好人”推选等系列评比为载体，倡导文明新风。在全省上下开展农民丰收节系列庆祝活动，采取多种形式展示丰收成果、弘扬传统美德，有效激发了广大农民群众的生产生活热情。乡村文化服务阵地不断完善，文化惠民活动深入开展，“欢乐潇湘”群众文艺汇演活动累计演出 1713 场，吸引 1436 万余名群众热情观演；文化中心建设已完成 25825 个，完成数量占总任务的 91.8%。[②]

（四）以生态振兴为支撑打造乡村美丽家园

按照中央“实施农村人居环境整治三年行动计划”的要求，湖南以“一拆二改三清四化”为抓手，即拆除空心房，改造厕所与畜禽养殖粪污处理设施，清理陈年垃圾、农业废弃物、乡村塘沟，硬化通村通组公路、入户

① 中共湖南省委农办、湖南省农业农村厅：《关于我省实施乡村振兴战略工作情况汇报》，打印稿。

② 中共湖南省委农村工作领导小组：《关于贯彻落实 2019 年中央一号文件情况汇报》，打印稿。

道路，绿化乡村，规范化村庄管理，实施“千村美丽、万村整治”工程，建设具有湖湘特色的美丽乡村，让良好生态成为乡村振兴支撑点。

1. 深入实施农村人居环境整治计划

依法依规整治拆除农业“大棚房”、农村“空心房”，做到“宜耕则耕、宜建则建、宜绿则绿”，实施“湖湘新居工程”，引导规范集中建房，带动农村面貌明显改观。

（1）村庄清洁行动全面开展。基本建立了城乡一体的垃圾收运处理体系，3500 多个村完成垃圾治理提升任务，35 个县市区开展农村垃圾分类，清理农村生活垃圾 488 万吨、村内塘沟 12.3 万处、畜禽养殖粪污等农业生产废弃物 779 万吨，全省对垃圾进行处理的行政村比例达到 90.2%。推进垃圾分类和资源化利用示范县建设，形成了望城区“卖一点、沤一点、烧一点、埋一点、收一点”五点减量、津市的“绿色存折”等一批可复制可推广的经验模式。[①]

（2）乡镇污水治理全面推进。实施乡镇污水处理设施建设四年（2019 ~ 2022 年）行动，累计建成乡镇污水处理设施 258 座，对污水集中处理的行政村达到 5000 多个，日处理能力达到 80 万吨，完成乡镇黑臭水体整治项目 41 个。采取联户或分户建设人工湿地、净化槽等方式，梯次推进农村生活污水治理。推行整县推进污水治理模式，长沙县、渌口区等 4 个县市区成为全国农村污水治理百强示范县（市区）。[②]

（3）农村改厕工作全面落实。主推三格化粪池式卫生厕所，实行“统一设计、统一标准、统一队伍、统一施工、统一验收”改厕模式，其中长沙地区、洞庭湖区生态经济区、湘资沅澧四水干流和饮用水水源地、风景区、生态敏感区以及其他环境容量较小的村庄，重点推进无害化卫生厕所改造和建设，2018 年改（新）建农村户用卫生厕所 100 万户，卫生厕所普及

① 中共湖南省委农办、湖南省农业农村厅：《关于我省实施乡村振兴战略工作情况汇报》，打印稿。

② 中共湖南省委农办、湖南省农业农村厅：《关于我省实施乡村振兴战略工作情况汇报》，打印稿。

率提高 7.2 个百分点，2019 年完成农村改厕任务超 117 万户。①

（4）农业废弃物无害化全面覆盖。全省 58 个生猪大县整体实施畜禽养殖废弃物资源化利用项目，畜禽粪污资源化利用整省推进，利用率达 83.3%，高出全国平均水平 9.3 个百分点。化肥、农药使用量同比分别下降 1.6%、4%，实现“双下降”。建成投产病死动物无害化处理中心 21 个、收集储存转运中心 40 个，基本实现养殖大县病死动物无害化处理全覆盖。②

2. 加强重金属污染耕地修复治理

长株潭重金属污染耕地修复治理和种植结构调整取得新突破，试点区已累计完成种植结构调整任务的 73.6%，受污染耕地安全利用计划任务全面完成，30 万亩治理式休耕按期落实。

（1）试验示范研究进展快速。系统组织开展镉低积累品种选育，共筛选出应急性镉低积累水稻品种 49 个和旱粮、油料、蔬菜等镉低积累旱作品种 85 个，率先研创出适合在高镉污染稻田栽培，且稻米镉含量极低的籼型杂交水稻亲本与组合。组织开展食用作物种植安全评价试验研究与示范验证，确定红薯、大豆、油菜等 32 种作物进入严格管控区结构调整推荐目录。在醴陵市和湘潭县设立镉污染治理式休耕技术示范开放性平台，公开征集国内 28 家单位的 33 种技术模式进行集中示范展示，筛选了“籽粒苋 + 油菜”“糯高粱或甜高粱 + 油菜”“东南景天 + 春大豆”“油葵 + 油菜”等一批可复制、可推广的治理式休耕技术模式。③

（2）修复治理区稻米镉达标率明显提升。通过持续推进 VIP 和 VIP + n 重金属污染耕地生态修复技术（“V”为选育推广镉低积累水稻品种，“I”为淹水灌溉，“P”为调节土壤酸碱度，“n”为钝化土壤镉活性和阻控水稻中镉传递等辅助措施），特别是推行第三方治理效果承包后，稻米镉达标率

---

① 中共湖南省委农办、湖南省农业农村厅：《关于我省实施乡村振兴战略工作情况汇报》，打印稿。

② 中共湖南省委农办、湖南省农业农村厅：《关于我省实施乡村振兴战略工作情况汇报》，打印稿。

③ 湖南在全国受污染耕地安全利用现场推进暨联合攻关启动会上的发言：《加强重金属污染耕地修复治理与安全利用》，打印稿。

逐年提升。从2016年到2018年，每年稻米镉合格率提高10%以上，加上配套严格监管，确保了口粮市场安全可控。[①]

（3）休耕区污染耕地休养生息。通过治理式休耕试点，使30万亩不堪重负的耕地得到了休养生息。据评估，2016年10万亩耕地，连续3年休耕后，耕地地力平均提升0.8个等级，特别是土壤微生物种群有所恢复，多年不见的白鹤、蚯蚓重现农田。[②]

（4）严格管控区结构调整亮点纷呈。在严格管控区，坚持政府引导、市场主导，因地制宜调整种植结构，鼓励经营主体根据区位优势、地形部位、土壤类型、污染程度和水源条件，改对抗性种植为适应性种植，促使种粮大户向结构调整大户转变，探索出城郊特色农业、水旱轮作、稻田综合种养等结构调整绿色高质高效模式，正常年景下每亩平均收入比种植水稻提高200元左右。[③]

3. 扎实推进造林绿化

2019年，湖南省完成人工造林17.63万公顷、封山育林16.04万公顷、退化林修复21.47万公顷、森林抚育51.44万公顷。其中，长江（珠江）流域重点防护林工程完成造林3.4万公顷，新增退耕还林0.12万公顷，治理岩溶土地8.93万公顷，完成国家储备林和外资项目营造林1.86万公顷，完成92个样地草原资源调查监测。积极开展长江岸线湖南段、长株潭绿心地区、南山国家公园等省级生态廊道试点。推进长株潭生态绿心地区修复，开展违规违建项目整治，完成“裸露山地”造林274.55公顷。常德、岳阳、益阳三市清理杨树0.83万公顷，修复迹地0.82万公顷。在“四水”流域完成退耕还林还湿500.47公顷、保护小微湿地104.6公顷，全省修复湿地面积0.13万公顷。新建油茶示范基地18个、竹木特色产业园7个、

① 湖南在全国受污染耕地安全利用现场推进暨联合攻关启动会上的发言：《加强重金属污染耕地修复治理与安全利用》，打印稿。

② 湖南在全国受污染耕地安全利用现场推进暨联合攻关启动会上的发言：《加强重金属污染耕地修复治理与安全利用》，打印稿。

③ 湖南在全国受污染耕地安全利用现场推进暨联合攻关启动会上的发言：《加强重金属污染耕地修复治理与安全利用》，打印稿。

森林体验养生国家重点建设基地4个、国家林下经济示范基地24家，完成新造、低改油茶林12.13万公顷。国家林草局与省政府协议共建“中国油茶科创谷”，选派林业科技特派员652名，推广实用技术216项，提供咨询服务10万余人次。开展了2019年“世界防治荒漠化与干旱日”、“献爱心、护绿心”、古树名木保护等系列宣传活动，编纂出版了《湖南古树名木》，开发了湖南森林旅游与康养智慧App和微信公众号。2019年，全省完成营造林106.58万公顷，森林覆盖率达59.90%，森林蓄积量达5.95亿立方米。[①]

4. 做好乡村建设规划引导

全省制定完善了村庄规划指导性文件，在全省14个市州32个村庄开展规划编制试点，总结了湘西州十八洞村等五个优秀村庄规划案例，向全省印发推广。截至2019年9月底，全省23884个行政村中，已编已批村庄建设规划的6379个，占比26.7%；已编已批村级规划覆盖率为29.3%；有4346个村启动“多规合一”村庄规划编制工作，占比18.2%。开展农村“五边”造林、“城乡添绿”、“秀美村庄”、“绿色庭院”创建等行动。学习借鉴浙江“千万工程”经验，启动了“千村美丽、万村整治”工程，分整洁乡村、美丽乡村、精品乡村三个层次，组织“一市十县百镇”全域推进美丽乡村建设，力争在2020年前带动全省1.5万个以上行政村达到整洁乡村标准，已建成美丽乡村示范村2000余个，形成了一批城郊型、山区型、湖区型等美丽乡村建设样板。[②] 在21个行政村开展森林乡村建设示范，全省211个行政村被认定为国家森林乡村。长沙市创建美丽宜居示范村庄9个、最美庭院210户；衡阳市组织178个市直单位联系147个村开展建绿；株洲市建设绿色村庄150个；邵阳市开展了168个秀美村庄、160个扶贫村村部驻地绿化；岳阳市绿化提质长江岸线43个村庄；常德市建成市级秀美村庄示范村30个，秀美村庄示范户1100户；益阳市完成506个村的绿

① 《2019年湖南省国土绿化状况公报》，《湖南日报》2020年3月12日第10版。

② 中共湖南省委农村工作领导小组：《关于贯彻落实2019年中央一号文件情况汇报》，打印稿。

化建设任务；怀化市督导200个秀美村庄建设；娄底市882家单位与218个村联村建绿。[①]

（五）以组织振兴为保障，构建现代乡村治理体制

全省以“打造千千万万个坚强的农村基层党组织，培养千千万万名优秀的农村基层党组织书记，深化村民自治实践，发展农民合作经济组织”为目标，建立健全党委领导、政府负责、社会协同、公众参与、法治保障的现代乡村社会治理体制，推动乡村社会迈向充满活力、安定有序的局面。

1. 加强农村基层党组织建设

全省深入开展党支部“五化”建设，创新基层党组织设置和活动方式，扩大新兴领域党建有效覆盖范围，把农村、街道、社区、企业、学校、社会组织等基层党组织建设成为宣传党的主张、贯彻党的决定、领导基层治理、团结动员群众、推动改革发展的坚强战斗堡垒。

（1）完善政策和加强约束。省委出台了《关于全面加强基层建设的若干意见》，以及拓展基层干部晋升通道、提高基层干部待遇、促进人才向基层流动等5个实施方案。将“1＋5”文件梳理形成128项具体任务，将责任分解到44家省直单位，省直单位已出台或即将出台的基层建设配套政策达到71项。其中，择优选拔乡镇领导班子成员，村党组织书记、村民委员会主任参加基本养老保险补贴等工作已经进入实质性操作阶段。[②]

（2）持续整顿软弱涣散村党组织。2018年整顿软弱涣散村党组织3599个，组织6923名贫困地区村党支部书记分期分批集中培训。2019年以来开展两轮“拉网式”排查，第一轮整顿提升1204个软弱涣散基层党组织，第二轮确定整顿对象962个，按照“六个一”要求开展集中整顿。全面落实村党组织书记、主任县级普遍轮训，2019年省级层面直接培训贫困村党组织书记3546名。制定《村（社区）党组织书记县级备案管理办法（试

---

① 《2019年湖南省国土绿化状况公报》，《湖南日报》2020年3月12日第10版。

② 中共湖南省委农村工作领导小组：《关于贯彻落实2019年中央一号文件情况汇报》，打印稿。

行)》，全面推行村干部“凡进必审”“部门联审”机制，调优补强村（社区）党组织书记282人。[①]

（3）开展农村扫黑除恶专项斗争。全省坚持把扫黑除恶和加强基层组织建设结合起来。在村（居）“两委”集中换届中，从严把好入口关，推行“九不选”“八联审”，全省有9862名候选人因违法违纪、涉黑涉恶等情形被取消提名资格。部署开展村（居）“两委”成员违纪违法涉黑涉恶和软弱涣散党组织排查整顿工作。从2018年到2019年4月，扫黑除恶专项斗争打掉农村黑恶犯罪团伙287个，调整不合格不胜任不称职的村（社区）党组织书记1100人，共处理涉黑涉恶涉腐败和“保护伞”等问题村（社区）干部229人，有力地净化了基层政治生态。[②]

（4）继续推进各项改革。农村集体产权制度改革整省推进，整体进入股权量化阶段。农村承包地“三权分置”改革加快走深走实，基本完成了农村承包地确权登记颁证工作，成为全国第一个完成确权数据汇总提交的省份。稻谷收储制度改革进一步深化，基本形成“市场化收购和储备轮换收购为主、精准弹性启动最低价收购为辅”的粮食收购新格局，全省早稻市场化收购达到94.8%。供销综合改革整体推进，探索形成了“湖南模式”，全省县级供销合作社监事会建设总体完成率达到90%，省供销合作总社在全国考核中获一等奖。[③]

（5）基层工作经费优先保障。建立以财政投入为主、逐年稳步提升的经费保障机制，村级组织运转经费连续5年以15%的速度递增，按照不低于当地农村居民人均可支配收入2.5倍标准确定贫困村党组织书记基本报酬，目前全省村级组织运转经费村均达到19.5万元，村党组织书记报酬平均达到2670元/月。[④]

---

① 中共湖南省委农村工作领导小组：《关于贯彻落实2019年中央一号文件情况汇报》，打印稿。

② 沙兆华：《雷霆万钧扫黑恶　清风正气朗乾坤——湖南开展扫黑除恶专项斗争综述》，《湖南日报》2019年4月16日第1版。

③ 《2020年湖南省委农村工作会议文件》，打印稿。

④ 中共湖南省委农村工作领导小组：《关于贯彻落实2019年中央一号文件情况汇报》，打印稿。

2. 推动农村公共供给转向普惠型

随着全省贫困地区脱贫攻坚任务走入收官阶段，各级党委政府开始逐步调整政策，同时致力于解决非贫困地区农村基础设施建设、基本公共服务、基本社会保障等薄弱环节的问题，推动公共财政的农村投入由特惠型转向普惠型。

完善农村基础设施。截至 2019 年 9 月底，全省完成提质改造农村公路 4716 公里，达到年度目标的 94.3%，完成自然村通水泥（沥青）路 15470 公里，是年度目标的 103.1%。农村电网改造升级进展顺利，预计供电可靠率提升至 99.86%，农网综合电压合格率提升至 99.72%，将提前实现“十三五”新一轮农网改造升级目标。完成 1500 个行政村 4G 基站建设，全省农村 4G 网络行政村覆盖率已达 100%，4G 网络自然村覆盖率达到 80% 以上。新增农村通自来水人口 113.18 万人，完成率 94.31%，水质达标率提高 5.49 个百分点。提升农村公共服务水平。将消除村卫生室“空白村”纳入省政府重点民生实事项目，对 1153 个村卫生室进行标准化建设，截至 2019 年 9 月底已完成主体工程 1102 个。连续四年将农村适龄妇女和城镇低保适龄妇女“两癌”免费检查纳入全省重点民生实事项目，每年计划检查 100 万人。加快贫困地区“芙蓉学校”建设。首批 43 所芙蓉学校项目中，2019 年秋季有 15 个县的芙蓉学校正式开学，年底有 7 个县的芙蓉学校竣工投入使用，其余 19 个项目预计在 2020 年 9 月 1 日全部建成投入使用；累计消除义务教育大班额 1.88 万个，超额完成全年任务。分类做好社会救助兜底保障工作。全省平均农村低保标准达到 4292 元/年，月人均救助水平达到 209 元；农村特困人员基本生活标准达到 5395 元/年。①

3. 深化村民自治实践

按照习近平总书记的要求，湖南基层治理注重尊重广大农民意愿，调动广大农民积极性、主动性、创造性，把广大农民对美好生活的向往化为推动乡村振兴的动力，把维护广大农民根本利益、促进广大农民共同富裕作为出

① 中共湖南省委农村工作领导小组：《关于贯彻落实 2019 年中央一号文件情况汇报》，打印稿。

发点和落脚点。

（1）提升村级民主管理水平。建立以村党组织为主体，村民委员会、村民议事会、村务监督委员会各司其职、各负其责的乡村治理机制，在全国率先部署开展村务公开“亮栏”行动，新建和改造村务公开栏2.3万多个。推动村级活动场所建设，新建、改扩建乡村综合服务平台2.1万个。城乡社区网格化服务管理覆盖率达到97.1%。开展基层法治宣传和建设，县乡村三级人民调解委员会建成率达100%。①

（2）探索村民自治实践创新。全省2.4万个行政村普遍修订完善了村规民约，充分发挥红白事理事会、乡贤议事会等自治组织的作用，将婚俗改革纳入村规民约、村民自治章程，涌现出了娄底市新化县油溪桥村、长沙浏阳市新南桥村、岳阳市武夷山村等一批乡村善治典型。进一步完善农村选举、决策、协商、管理、监督等制度，逐渐形成多层次基层协商格局，村民自治制度得以进一步创新完善。②

（3）全面落实“一村一辅警”。湖南邵阳武冈市首创的“一村一辅警”农村警务改革，被纳入中共中央办公厅、国务院办公厅2019年印发的《关于加强和改进乡村治理的指导意见》，获得全国推广。全省行政村23000多个，2019年基本全面实现一个行政村配备一名专职辅警。“一村一辅警”通过吸纳群众力量参与基层治安管理，充分发挥辅警情报信息员、纠纷调解员、治安巡防员、法制宣传员、重点管控员、视频巡查员、现场保护员、交通疏导员等“八大员”基本职责，打通农村警务“最后一公里”，能够较好地解决有关群众切身利益的矛盾。③

（4）坚持法治和德治相结合。法律是成文的道德，道德是内心的法律。在部分农村，法治还相对薄弱，要进一步引导农民学法、用法、守法，依靠

① 中共湖南省委农办、湖南省农业农村厅：《关于我省实施乡村振兴战略工作情况汇报》，打印稿。

② 中共湖南省委农办、湖南省农业农村厅：《关于我省实施乡村振兴战略工作情况汇报》，打印稿。

③ 中共湖南省委农办、湖南省农业农村厅：《关于我省实施乡村振兴战略工作情况汇报》，打印稿。

法治保障农民权益、规范市场运行、治理生态环境、化解农村社会矛盾，大力建设法治乡村和平安乡村。继续创新农村道德规约，适应新时代发展需要，让德治贯穿乡村治理全过程，积极培育良好村风民风。如建立新乡贤文化示范传承基地，通过开设“德治大讲堂”“道德讲堂”“文明讲习所”等激发农村各类主体活力、激活乡村振兴内在动力。[①]

二　湖南农村决胜全面小康面临的困难与挑战

“小康不小康，关键看老乡”[②]，全面建成小康社会，最艰巨最繁重的任务在农村，特别是在贫困地区。没有农村的小康，特别是没有贫困地区的小康，就没有全面建成小康社会[③]。经过近两个五年规划期的努力，特别是2013 年大力实施精准扶贫政策以来，湖南全省脱贫攻坚取得巨大成就，现代农业快速发展，乡村建设扎实推进，农业农村发展取得了关键性进展，为全省全面建成小康社会奠定了坚实基础，但是，也要看到，广大乡村地区仍然是发展的薄弱地区，在全面建成小康社会上仍然面临着一些十分需要引起重视的突出困难和挑战。

（一）农民收入水平偏低，持续增长困难较大

居民收入水平直接决定了居民生活水平，是人民群众对“小康不小康”感受最为敏感和直观的指标。从国家小康统计标准看，居民收入水平也是全面小康社会的重要指标之一。党的十八大以来，湖南始终把提高居民收入水平作为发展的重要任务，特别是把提高乡村地区居民收入作为重中之重，实施一系列措施，效果明显。到 2019 年全省城乡居民人均可支

① 刘杰：《2019 年湖南农业农村经济平稳增长 质量进一步提升》，《湖南省统计局・决策咨询》2020 年第 1 期。

② 中共中央党史和文献研究院编《习近平关于“三农”工作论述摘编》，中央文献出版社，2019，第 3 页。

③ 中共中央党史和文献研究院编《习近平扶贫论述摘编》，中央文献出版社，2018，第 4 页。

配收入分别达到 39842 元和 15395 元，分别比 2012 年增长了 86.9% 与 106.9%，农村居民人均收入增长幅度超过了城市居民。但是，从总量上看全省城乡居民收入差距仍然比较大，并且还在逐年增大，2019 年城乡居民收入绝对差距从 2012 年的 13879 元增大到 24447 元，农村居民收入普遍偏低。从增长速度看，农村居民收入增长速度出现了一个较大的下降过程，虽然近 5 年来总体上小幅提升并趋于稳定，但总体上看农村居民收入持续增长遇到较大阻力。应该看到，近年来宏观经济波动的影响，特别是国际贸易环境的不确定性，使得占农村居民收入主体的外出务工工资性收入不确定性增大，尤其是 2019 年 12 月底以来的突发新冠肺炎疫情对宏观经济的冲击，使得 2020 年农村居民收入会受到较大影响。尽管总体看，农村居民收入纵向比较有了明显提升，但是，农村居民收入仍然偏低，持续增收的压力存在，而且不确定性增大，将是影响农村地区全面小康质量不可忽视的重要问题之一。

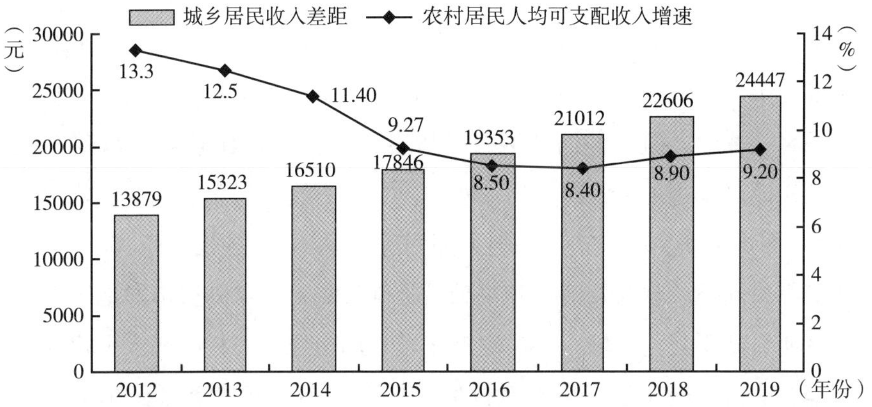

图 1　湖南省 2012～2019 年城乡居民收入差距与农村人均可支配收入增速变化情况

数据来源：根据湖南省 2019 年统计年鉴与统计公报数据整理。

（二）区域农村发展差距大，全面建成小康社会存在薄弱环节

“全面小康，覆盖的区域要全面，是城乡区域共同的小康。努力缩小城

乡区域发展差距，是全面建成小康社会的一项重要任务”[①]。湖南省处于东部沿海地区和中西部地区过渡带、长江开放经济带和沿海开放经济带结合部，也存在区域发展不平衡的问题，东北部长株潭城市群和沿京广线区域经济社会发展水平相对较高，这种区域发展差距不仅表现在城市区域，也表现在农村地区，而且农村地区的区域发展不平衡问题更加突出，广大农村地区的发展不平衡问题突出表现为居民收入与消费水平差距大、公共服务供给水平差距大和农村基础设施条件差距大。从收入与消费方面看，2019 年全省贫困地区农村居民人均可支配收入 11344 元[②]，仅为全省平均水平的 28.5%；最发达的长沙市，2019 年全市农村居民人均可支配收入达 32329 元，在全国省会城市中排名第二，中部省会城市中排名第一；同期，湘西自治州农村居民人均可支配收入只有 10046 元，不到长沙市的 1/3；2018 年长沙市乡村社会消费零售总额最高，是邵阳市的 30.2 倍；全省四大板块，长株潭地区居民人均可支配收入 42861 元，湘南地区居民人均可支配收入 25582 元，环洞庭湖地区居民人均可支配收入 25101 元，大湘西地区居民人均可支配收入 19061 元[③]。从公共服务供给水平来看，长株潭等发达地区城乡统筹发展水平较高，一些县市教育、医疗、卫生和基本社会保险等基本实现了城乡一体化，但大湘西地区公共服务保障水平还比较低。基础设施方面，长株潭等发达地区农村交通、水、电、路等基本实现了城乡一体化，甚至在 5G 布局上城乡同步推进，但大湘西等地区还存在饮水不安全、交通不通达等突出问题。收入、消费和基础设施等反映出长株潭城市群地区农村发展水平明显高于其他区域，环洞庭湖区域与湘南地区农村发展水平相近，大湘西地区农村发展比较滞后。农村地区的发展不平衡，突出存在于基础设施、就医、就学、养老、饮水等薄弱环节，会影响到全省全面小康社会建设的进程，是全省全面建成小康社会需要破解的突出问题。

---

① 习近平：《在党的十八届五中全会第二次全体会议上的讲话（节选）》，《求是》2016 年第 1 期。

② 湖南省统计局：《湖南省统计公报 2019》，湖南省统计信息网。

③ 湖南省统计局：《湖南省统计公报 2019》，湖南省统计信息网。

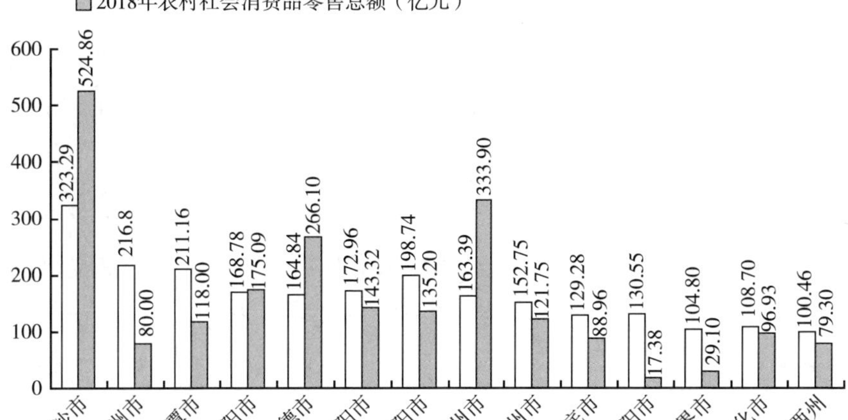

图2　湖南省分地区2019年农村居民收入与2018年消费情况

数据来源：根据湖南省国调信息2019年各市州数据和2018年各市州统计公报数据整理。

（三）贫困地区发展基础薄弱，巩固脱贫攻坚成果压力较大

经过近8年的精准脱贫攻坚，全省贫困地区和贫困人口大幅减少，党的十八大以来，湖南实现了747万农村贫困人口脱贫，6920个贫困村全部脱贫出列，51个贫困县全部脱贫摘帽，贫困发生率从13.43%下降到0.36%[①]，面上贫困已经得到比较好的解决。但是，2019年底，全省还有19.9万贫困人口尚未脱贫摘帽，近20万不稳定脱贫人口和边缘人口存在致贫返贫风险[②]。全省51个贫困县中还有11.6万未脱贫人口，占全省剩余贫困人口的58.3%，已脱贫的456.3万人需要巩固提升[③]。一些贫困地区的基础设施、产业发展和基本公共服务基础还比较薄弱，就业还不够稳定，有的

① 王志群：《以高质量的脱贫成效彰显首倡地的首倡之为》，湖南省人民政府扶贫办网站。

② 晨风：《用好党的群众路线传家宝——三论统筹疫情防控与经济社会发展》，《湖南日报》2020年3月25日。

③ 王志群：《贫困县脱贫摘帽新闻发布会发布词》，湖南省人民政府扶贫办网站。

“三保障”和饮水安全问题还没有得到稳定解决，这些“贫中之贫、困中之困”的问题都是难啃的硬骨头，是全面建成小康社会必须攻克的难题，任务还比较艰巨，脱贫攻坚的难度比较大。尤其是，2019 年底以来突发的新冠肺炎疫情影响给脱贫攻坚带来一系列严峻挑战，对贫困群众外出务工、扶贫产品销售和产业扶贫、扶贫项目建设、帮扶工作等带来了新的困难和挑战。以 2019 年全省贫困劳动力外出务工人数为准，到 2020 年 3 月 9 日，全省还有近 70 万人没外出务工，这些主要依靠外出务工收入的家庭受到的影响比较大。全省 11 个品类的扶贫产品中，有家畜、蔬菜、瓜果、水产等 4 类受到的影响较大，农用物资运不进来，生产和消费水平下降，影响产业扶贫。2020 年全省计划安排的扶贫项目到 3 月初有超过一半未开工，资金拨付进度仅为 6. 42%。这些新的问题以及后续的影响都会对全省决战脱贫攻坚带来一系列新的困难，会导致脱贫攻坚难度加大，返贫风险加大，巩固脱贫攻坚成效的压力会加大，这是全省决胜全面建成小康社会必须迈过的一道坎。

表 1　到 2019 年底湖南省脱贫攻坚面临的主要任务

未脱贫摘帽贫困人口数	致贫返贫风险人口	未脱贫人口中急慢性病、大病残疾的占比
19. 9 万人	20 万人	56. 24%
贫困县中还有未脱贫人口	需要巩固提升的脱贫人口	年度扶贫项目
11. 6 万人	456. 3 万人	49800 个

数据来源：根据湖南省扶贫办网站有关数据整理。

（四）农村人居环境与群众的期盼还有距离，乡村生态破坏与环境污染的风险还较大

近年来，湖南省大力实施农村人居环境整治行动，深入推进农村生活垃圾治理，积极开展厕所革命及粪污治理，加快推进农业生产废弃物资源化利用，着力提升村容村貌，取得了积极成效，农村地区人居环境得到了明显改

善。但是，农村人居环境和污染治理一直是全省经济社会发展的短板和薄弱环节，总体看，人居环境改善离高水平全面小康要求和人民群众的期盼还有距离，农村人居环境状况很不平衡，影响人民群众生命安全和健康的突出污染问题还没有完全消除，影响乡村人居环境的规划还比较滞后。根据有关调查，到2019年9月，全省只有12.4%的村庄完成了乡村发展规划编制，还有近80%的行政村没有建立集中式、分散式的农村生活污水治理设施，只有30%的行政村对污水进行了处理，农村生活污水乱排乱放得到有效管控的行政村还只占49.7%[①]，农药化肥等农村面源污染还没有得到有效治理和遏制，垃圾中转站、污水处理等农村环境基础设施建设还比较滞后，污染防治运转机制、投入机制等还不健全，职能部门交叉重复导致治理的协同性、有效性和连续性不够，一些地区农村居民环境意识还比较弱，房屋乱搭乱建，垃圾乱倾乱倒，畜禽粪便随地乱排，废弃农膜随意丢弃，“垃圾靠风刮，污水靠蒸发，家里现代化，屋外脏乱差”的现象仍然存在。这些突出的环境问题直接影响农村居民的幸福感和获得感，影响全面小康的质量和成色。必须要进一步加强统筹，整合部门力量，加快推进农村垃圾污水、卫生厕所、村容村貌治理体系建设，补齐全省全面小康社会建设的突出短板。

（五）农村市场化机制建设还比较滞后，内生发展动力不足

全面建成小康社会，强调的不仅是“小康”，更难做到的是“全面”，“全面”讲的是发展的平衡性、协调性、可持续性[②]，如果发展不平衡、不协调、不可持续问题没有解决好，算不上真正建成了全面小康社会。经过了40多年的改革开放，农村地区市场经济得到了很大的发展，市场经济体制在农村已经全面建立起来。但是，总体来看，全省农村经济社会发展现代化程度还比较低，依靠行政资源、依靠政策推动的情况还比较多，特别是要素充分自由流动的现代化市场经济体制建设还比较滞后，产业发展的内生动力

① 湖南省人大农业与农村委员会：《关于全省农村人居环境整治情况的调研报告》，打印稿。

② 习近平：《在党的十八届五中全会第二次全体会议上的讲话（节选）》，《求是》2016年第1期。

还不足，农业产业弱势地位还比较明显，资源错配等情况还比较多。由于农村市场体制不成熟，全省仍然存在着农产品同质化竞争、低端产品去产能难等突出问题，如多地推广种植黄桃，同质化竞争导致黄桃供大于求而价格大幅度下降；洞庭湖区推广小龙虾养殖，一年产量就增加三倍多，很快从供不应求转变为供大于求，价格快速下滑；湘北、湘西南品质好的冰糖橙供不应求与老品种的柑橘滞销并存；优质大米供不应求与普通大米滞销并存。这些突出问题的存在，客观上对全省农村经济持续健康发展带来了严峻挑战，加快健全农村现代化经济治理体系，推进农业供给侧结构性改革，提升农村地区产业在市场经济条件下的竞争力，促进形成依靠内生动力发展的良性循环，关系到全面建成小康社会是否稳得住的关键问题。

三　湖南当前乡村振兴的基本态势

当前与今后一段时期是实现全面建成小康社会目标与进入全面建设社会主义现代化国家新征程的历史交汇期，也是经济社会发展重大战略阶段性调整的转折期。湖南作为农业大省、全国脱贫攻坚的主战场之一，其农业农村发展面临着新的形势、新的任务，进入巩固脱贫攻坚成果与推进乡村振兴衔接融合的新阶段。

（一）扶贫工作由超常规治理向常规治理转变

消除绝对贫困是全面建成小康社会的重要任务，自 2013 年中央提出精准扶贫战略以来，我国全面加大对绝对贫困的治理力度，动员全社会力量，构建了专项扶贫、行业扶贫、社会扶贫协同推进的大扶贫格局，以人、财、物集中投入的超常规举措精准施策，推动贫困人口数量快速大幅下降。湖南贫困人口多，是全国脱贫攻坚的主战场之一，也是精准扶贫力度最大的区域之一，随着近年来的努力，贫困人口数量锐减，所有贫困县和贫困村即将摘帽出列。从扶贫政策实施力度与当前趋势来看，湖南在 2020 年完成既定的脱贫攻坚目标任务已经有了坚实的保障。

2020年中央一号文件明确提出："脱贫攻坚任务完成后，我国贫困状况将发生重大变化，扶贫工作重心转向解决相对贫困，扶贫工作方式由集中作战调整为常态推进。"① 按照中央的部署，湖南在全面完成绝对贫困治理任务的同时，需要着力研究相对贫困治理的问题。在这一治贫战略转型的过程中，一方面，要持续巩固脱贫攻坚的成果，确保脱贫质量。这对于曾经贫困面广、贫困人口多的湖南来说，仍然有一定的压力。贫困的发生具有一定的动态性，湖南一些区域的发展条件仍比较滞后，在国民经济下行的大背景下，返贫与新发生贫困情况难免存在。因此，需要在一定程度上继续保持对特定区域、特定群体的超常规支持政策，及时将返贫人口和新发生贫困人口纳入帮扶范围，确保稳定脱贫。另一方面，要推进巩固脱贫攻坚成果与实施乡村振兴战略有机衔接，将相对贫困治理纳入实施乡村振兴战略中统筹解决。实施乡村振兴战略是解决贫困问题的治本之策，在脱贫攻坚完成之际，需要及时调整治理策略，将脱贫攻坚中可推广的创新做法纳入乡村振兴战略之中，使之普及化、常规化、制度化，将乡村振兴战略的要求贯穿于相对贫困的治理之中，从而形成乡村振兴与贫困治理的良性互动，既夯实脱贫攻坚成果，又实现"农村美、农民富、农业强"的整体目标，这必然是未来一个时期探索推进湖南"三农"工作的重大策略。

（二）基础设施与公共服务供给由对贫困地区的特惠向城乡融合的普惠转变

在近年来的精准扶贫战略中，湖南在中央的大力支持下，集中资源，持续加大对贫困地区农村基础设施与公共服务的投入，重点推动贫困地区水电路讯房及农田设施条件改善，优先保障贫困农村教育、医疗卫生、文化体育、社会保障等公共服务的供给，为全面实现贫困人口"两不愁三保障"目标奠定了坚实基础，得益于投入的特惠政策及全覆盖的扶贫工作队广泛动

① 《中共中央国务院关于抓好"三农"领域重点工作确保如期实现全面小康的意见》，《人民日报》2020年2月6日第1版。

员各方力量持续推动，贫困地区农村生产生活条件发生了天翻地覆的变化，不少贫困农村基础设施条件超越了当地的非贫困农村、不少贫困人口享受的公共服务与社会保障明显超越了当地非贫困人口，而一些未被纳入特惠政策支持范围的非贫困农村却存在着包括道路、饮水、环境设施等在内的基础设施短板，诸多贫困边缘人口面临着“三保障”难以持续的困境。

2020 年是全面建成小康社会目标实现之年，从湖南经济层面及农民整体收入水平来看，基本上达到了既定目标，但农村基础设施与公共服务领域补短板的任务依然较重，这既包括深度贫困地区的农村，也包括非贫困地区的部分农村，为此，省委经济工作会议明确提出推动义务教育、社会保障、农村安全饮水、基层公共服务（一门式）、农村危房改造、农村通组道路六个“全覆盖”①，这就明确了决战决胜全面建成小康社会的重点。“全覆盖”意味着政府在基础设施与公共服务上的投入将由对贫困地区的特惠支持，转向对所有农村的普惠支持，当前的重点是补上所有农村的薄弱环节，未来的方向是实现城乡公共基础设施一体化与公共服务的普惠共享。因此，统筹谋划部署政府财政支持方向，在继续改善贫困农村基础设施与公共服务的同时，兼顾非贫困村的查漏补缺，既确保补上农村全面小康的短板，又推动城乡基本公共服务均等化水平稳步提高，将是湖南全面建成小康社会乃至进一步建设高水平全面小康社会的一项重要任务。

（三）农业供给侧结构性改革由结构调整向全产业链融合转变

为探索一条有湖南特色的农业现代化道路，湖南省委第十一次党代会提出了打造以精细农业为特色的农副产品供给基地的要求，作为推进农业供给侧结构性改革的方向，并以实施乡村振兴战略为契机，大力推进品牌强农、特色强农、质量强农、产业融合强农、科技强农、开放强农“六大强农”行动，从而有力地推动了湖南农业由单一粗放的粮猪型农业向多元化的精细农业迈进。整体来看，以市场消费为导向的农业供给侧结构性改革已经成为

① 《省委经济工作会议在长沙召开》，《湖南日报》2019 年 12 月 21 日第 1 版。

共识，并引领着现代农业转型实践。一方面，在政策的引导下，很多地方大力推进农产品结构调整，打造优质特色品牌，形成了一县一特、一乡一品的格局，即使是传统的稻米、生猪也形成了如南县的稻虾米、道县的富硒大米、华容县的华容稻、宁乡花猪等质优价高、供不应求的特色品牌产品。另一方面，农业的多功能进一步拓展，新产业新业态快速发展，农产品精深加工、休闲农业、乡村旅游、民宿经济等蓬勃兴起，即使是传统的油菜、紫云英也被开发成为吸引游客的风景，农产品加工业销售收入进入全国前列，休闲农业经营收入保持快速增长，这些表明湖南的农业供给侧结构性改革已初显成效。

但同时也要看到，湖南农业生产经营仍以小农户为主要力量，面对千变万化的市场需求，往往存在信息不对称的问题，且在脱贫攻坚、主要农产品保数量供给等方面的压力下，也存在地方政府越位与缺位的问题，这导致全省的农产品同质化竞争、低端产品去产能难、休闲农业粗放发展等问题仍然突出。很多贫困村的扶贫产业实现了由无到有，虽然做到了因地制宜，但难以做到随行就市，同质竞争多、产业链条短。整体上看，各地农产品中的低端产品仍然较多、休闲农业中缺乏个性的多，一些地方特色农产品在全面推广后出现供大于求的局面，由于存在品牌优势不明显、销售渠道不畅、冷链物流设施缺乏等问题，大量优质瓜果、蔬菜等应季农产品在集中上市时，往往出现滞销，难以实现优价。因此，发展精细农业，推进农业供给侧结构性改革不是一个简单的增加特色、提高品质的问题，还是如何与市场消费需求精准对接甚至引领市场消费需求的问题。如何进一步深化、细化农业供给侧结构性改革，实现各项改革由点到面的全覆盖，围绕对接市场消费需求，以品牌建设为引领，提高农产品精深加工水平、农业设施装备现代化水平、农业标准化生产水平、农业绿色发展水平，提升农民组织化程度，培育农业产业化联合体，建立健全优质特色农产品销售网络，做强做特做精农村新产业新业态，从而构建起凸显精细农业特色、实现农业全产业链融合的现代农业体系，将是未来一段时间湖南推进农业现代化的必然要求。

（四）农民增收由依赖传统路径向激发新动能转变

在全球经济复苏缓慢，我国经济下行压力加大，智能机器替代劳动力，大宗农产品价格低位运行等复杂的环境因素影响下，农民持续增收的压力日趋凸显。无论从全国还是从湖南来看，农民收入构成中的经营性收入与工资性收入一直都占据着农民收入的主体。湖南是农村劳动力转移就业大省，城镇经济进入下行通道，尤其是2019年底暴发的新冠肺炎疫情，对城镇劳动密集型产业带来诸多不利影响，使传统的务工收入增长面临着巨大的压力，而近年来主要农产品市场价格总体低迷，在农资、人力成本上涨的情况下，农业生产效益整体呈下滑态势，农民的务农收入增长压力也不断增大。这些表明，支撑农民增收的传统动能正在走弱，如何摆脱传统路径依赖，激发农民增收的新动能，成为农业大省要应对的重要问题。

在促进农民增收方面，湖南一些县域进行了创新探索，如长沙县大力培育多类型特色小镇，推动工农互动、乡村一二三产业融合发展，壮大村级集体经济，不仅使农民工资收入增长，更使农民资产性收益大大增加、创业机会不断增多，形成了经营现金、务工薪金、房屋租金、集体股金、政府补贴金等多元收入齐头并进的格局，极大地拓展了农民增收的空间，成为全省农民人均可支配收入最高、城乡居民收入差距最小的县。武冈市大力推进重大富民产业项目建设，培育壮大农副产品加工龙头企业，注重在扶贫产业发展中建立贫困户利益联结机制，将易地扶贫搬迁与“扶贫车间”建设结合起来，保障贫困户的就近务工工资收入、安置区配套用房出租分红和政府生活补贴等多元收入，促进贫困人口多途径增收，连续多年保持了农民人均可支配收入的两位数增长。这些创新探索表明，促进农民增收需要摒弃传统的务农、务工增收思维，注重从农业产业链价值链上找寻农民增收的突破口，从乡村新产业新业态发展中探索带动农民增收的新模式，从农村产权制度改革中找到激活农民资产、促进资产资本化的新方式，从促进县域经济发展中拓展农民就业创业增收的空间，这些无疑是新形势下促进农民持续增收的新路径。因此，进一步挖掘、提升、推广基层新经验，从发展乡村富民产业、加快农村改革、促进县域经济转型等方面，激发农民增收的新动能，建立农民增收长效机制，将成为湖南推进乡村振兴的重要举措。

（五）乡村治理由注重管理服务向多元共治转变

党的十九大报告提出“加强农村基层基础工作，健全自治、法治、德治相结合的乡村治理体系”。[①] 近年来，围绕这一要求，湖南深入探索提升乡村治理能力与治理水平的途径，开展了基层组织提升行动、村级民主管理提升行动、村民自治实践深化行动、平安乡村建设行动等乡村治理“四大行动”，通过这些行动较好地解决了在过去一段时间内未解决的三大问题：一是通过党建引领，发挥党组织在乡村治理中的领导作用，解决了农村党组织软弱涣散问题，确保了政令畅通，党员干部联系群众、服务群众、引导群众的能力得到提升；二是通过下沉资源、服务，解决了政府与群众脱节、服务效能差的问题，为农民群众生产生活提供了便利，并增强了农民群众自我组织、自我服务能力；三是通过推进移风易俗、网格化服务管理等，解决了乡村不良风气盛行、黑恶势力横行的问题，营造了乡村稳定发展的环境。从整体上看，这些举措已经使乡村社会有了很大改变，但这仅仅是推进乡村治理体系与治理能力现代化的初始阶段，带有一定的管理与服务式治理色彩，虽然改善了党委、政府、群众的关系，提升了村级组织服务能力与服务积极性，较好地确保了乡村的稳定和谐，但农民群众参与的积极性还有待激发，各类主体的作用有待进一步发挥。

今天的乡村社会正在发生深刻变化，随着城镇化水平不断提高、特色小镇快速发展、新型农业经营主体不断增多、乡村社会组织不断建立，乡村的人口结构、生活方式正在发生变化，乡村利益主体多元、群众利益诉求多样。构建乡村治理共同体，既能充分表达又能协调解决各类利益诉求，形成推动乡村振兴的合力，是健全乡村治理体系的必然要求。在这方面，作为农

① 习近平：《决胜全面建成小康社会　夺取新时代中国特色社会主义伟大胜利——在中国共产党第十九次全国代表大会上的报告》，《人民日报》2017 年 10 月 28 日第 1 版。

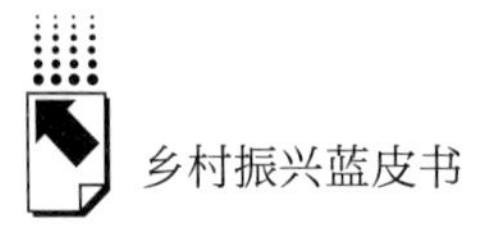

业大县的祁阳县实行“县统筹、镇负责、村为主”工作机制，以基层党建为引领，推动权力、资源、服务向基层下移，以“十星级文明户”创建为引领，激发了基层政府、村社干部、农民群众多方面的积极性；经济发达的长沙县大力推进构建以村（社区）党组织为领导核心，自治组织、监督组织为主体，群团组织、经济组织、社会组织为补充的“1+5”组织体系，将村民、市民、外来农民工等多类主体融合起来建立共治体系，较好地激发了各类主体参与治理、共建家园的积极性。这些县的典型做法为进一步提升乡村治理能力与治理水平探索了新路径，对于全省来说具有借鉴价值。因此，适应新的乡村社会变迁形势，按照建立健全党委领导、政府负责、社会协同、公众参与、法治保障的现代乡村社会治理体制的要求，构建多元主体共同参与、共同治理的乡村治理新格局，从而切实发挥农民的主体作用，形成推进乡村振兴的合力，应成为未来一个时期湖南推进乡村治理体系与治理能力现代化的重要方向。

四 推进湖南乡村振兴的对策建议

全面打赢脱贫攻坚战、补齐全面小康的“三农”短板，是湖南2020年推进乡村振兴工作的重点。必须对照中央一号文件的要求，结合本省实际，围绕补短板、保供给、促增收、强动力这条主线，以促进农业高质量发展和农民持续增收为着力点，多途径释放改革红利，全面激发农民主体的积极性和基层的创造性，确保农村同步全面建成小康社会。

（一）以农民需求为导向对标对表“补短板”

基本公共服务供给城乡均衡配置是落实农业农村优先发展总方针的基本要求。2020年中共湖南省委经济工作会议明确要求，以“全面小康决胜年”为抓手，推动努力实现“一脱贫三促进六覆盖”，按照乡村振兴战略的要求破除城乡二元结构，推进全面巩固脱贫攻坚成果的特惠性帮扶工作，与面向“解决相对贫困”问题的普惠性民生工程相衔接，形成巩固脱贫攻坚成果与推进乡村振兴相衔接的新格局。创新公共产品的供给形式，积极探索“公办民助”“民办公助”等供给方式，鼓励社会力量参与乡村公共产品的供给，形成政府主导的多元化、社会化公共产品供给体系。要按照农民需求，推进公共产品的供给与乡村需求对接。

1. 加快推动城镇优质教育资源向农村延伸

坚持公办民办并举，加快发展农村学前教育，多渠道增加农村普惠性学前教育资源供给。加强农村中心学校建设，因地制宜布局农村学校，加快改善办学条件，吸引城市优质教育下乡村，加快推进城乡教育均衡发展。加强农村教师队伍建设，推行城乡教师“县管校聘”机制，引导城镇优秀教师有序下乡村支教。切实提高中小学教师待遇，落实乡村中小学教师平均工资水平不低于或高于当地公务员平均工资水平的政策，着力提高乡村教师待遇，对乡村学校教师在职称评聘和晋级进修等方面进行倾斜，确保乡村教师的社会保险体系完整。扎实做好控辍保学工作，强化“三避免、一落实”机制，健全留守儿童关爱保护体系。实施农村学生营养改善计划，减轻贫困学生家庭的经济负担。

2. 不断完善农村社会保障体系

农村社会保障是关系农民切身利益的社会热点问题。进一步完善农村社会保障体系要从如下几个方面入手：一是完善城乡居民医疗保险制度。在城乡居民医疗保险省内异地就医联网直接结算的基础上，推进大病医保报销在省内异地就医联网直接结算。加大大病医保投入，做好农民重特大疾病救助工作，不让农民因病致贫、贫困户因病返贫。二是不断完善农村养老保障体系。定期提高农村居民基础养老金标准，探索从国有资本经营和增值收益中划转一部分资金，用于补充农村居民养老金资金池，积极引导有条件的农村集体经济组织为农村居民提供补充养老金。创新多元化照料服务模式，持续加大投入，在有条件的行政村，探索建立新型养老机构，为不具备自理能力的老人提供全天候服务。三是加强和改善农村残疾人服务。为农村残疾人提供就业支持，加快发展农村重度残疾人托养服务。充分利用现有养老机构、福利设施、医疗机构、农村集体闲置资源等，建立健全以社区为依托、托养中心为主体的农村残疾人托养服务体系，加强和改善农村残疾人基本公共服务。

3. 让每一个农民都喝上干净可靠的水

民以食为天，食以水为先。让农民喝上干净水要加快推进城乡供水一体化建设。一是创新农村安全饮水融资投入机制，因地制宜实施安全饮水全覆盖工程。围绕破解资金瓶颈，积极探索采用“BOT + ROT”的 PPP 融资方案。因村施策，通过管网延伸、单村工程、水池水井工程等方式解决全域农村安全饮水问题。二是推进城乡同水同网同质化。按以水源定规模、以规模定方案、以方案定建设，规划大水源、建设大水厂，实现区域规模化。以区域供水规模化为基础，稳步推进城乡供水一体化、区域供水规模化和工程建管专业化。三是完善农村安全饮水管理体系。全面推行乡镇行政首长、水厂厂长、水井井长的“三长”管护机制，对集中式供水工程落实行政、技术、安全三个责任人并挂牌公示，水池水井管护员定期组织人员对水池水井进行淘洗和日常维护。

4. 推进基层公共服务“一门式”改革创新

推进基层公共服务改革创新，是解决群众办事难问题的现实需要，是互联网时代提升基层治理能力现代化水平的客观要求，是加快政府职能转变、建设现代服务型政府的重要支撑。一是要推进“一门式”政务服务改革。借助信息技术，通过标准化、信息化、阳光化、数据化、人性化等“五化”建设，梳理、整合、再造政府部门行政审批事项，把不同部门的多个办事大厅向综合窗口集中，打造新型办事服务大厅，为群众提供更便捷、更高效、更简洁、更加人性化的政务服务。二是打造基层公共服务综合平台。基层公共服务综合平台是推进“一门式”便民公共服务的依托和载体。按照“机构人员统一、场所标识统一、流程内容统一、信息系统统一、经费保障统一”等“五个统一”要求，整合现有的各类基层公共服务平台，将面向群众的公共服务事项纳入县、镇、村（社区）三级综合平台集中办理。

5. 实现农村由“忧居”向“优居”转变

农村危房改造工作是党和国家保障民生的一项重要工作，在进入全面小康社会之际，湖南农村危房改造应从“忧居”转向“优居”，持续释放政策红利。一是狠抓质量保安全。继续加大对农村建筑工匠的培训力度，促进农村建筑工匠对农村危房改造的技术规范和质量要求有更加深入的了解，不断提高农村危房改造的施工技术水平。二是完善农村危房改造相关配套设施。引导危房改造户集中居住，统筹推进危房周边道路交通、供水排水、污染治理等配套设施建设，通过整体推进农村危房改造，促进越来越多的乡村“旧貌换新颜”。三是加强农村危房改造资金监管。实行危房改造资金“线上线下”双公示公开，将危房改造项目补助户主及资金额度等信息在地方政府官网的“惠民资金公示专栏”进行线上公示，同时在各乡镇、各行政村设立公示栏，进行线下公示公开，确保农村危房改造项目资金使用阳光透明。四是扎实治理农村环境突出问题。推进乡村环境治理补短板行动，因地制宜推进农村厕所革命，引导做好乡村垃圾分类，推进垃圾源头减量试点工作，加大推进农村生活污水治理力度，要优先解决集中居住地的乡镇所在地和中心村生活污水问题。有序推进“美丽家园”建设，支持乡村开展村庄清洁和绿化行动。对农村人居环境公共设施维修养护，鼓励有条件的地方进行适当补助。

6. 打通农民出行“最后一公里”

农村道路是制约贫困地区脱贫攻坚的最难“瓶颈”，要依据乡村对基础设施的实际需求，构建县域内外循环、城乡联通、快捷方便的城乡基础设施体系，全面解决群众出行难的问题。加快推动“四好农村路”建设，严格标准和循序渐进地推动基础设施投资向乡村倾斜，建设一批具有示范意义的“四好农村路”县、乡、村。在建制村通硬化路的基础上，对人口规模较大的自然村（组）道路有序推进硬化，切实加强农村道路交通安全管理。创新通自然村（组）路建设投融资模式，用好涉农资金整合使用政策，拓宽资金渠道。统筹用好地方各级财政资金、一般债券、乡村集体经济收入等各类资金，采取社会捐助、群众筹集等方式多元化筹集资金，支持通自然村（组）路建设。在强力推进工程进度的同时，建立完善质量监督体系，切实落实质量责任登记制度，确保农村公路建设质量安全。

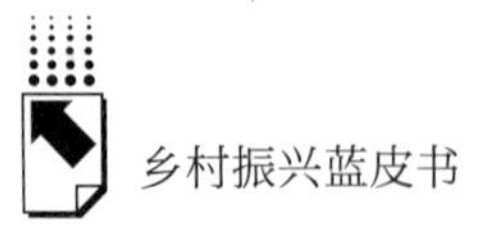

（二）突出市场导向，发展精细农业——“保供给”

坚持以市场为主导，突出解决湖南农产品同质竞争与低端农产品供大于求两大难题。结合湖南农业特点，加快发展精细农业，完善农业发展的功能定位，建立农产品区域发展的正面清单与负面清单，推进农业错位发展和特色发展，实现农产品数量、质量、价值量“三量齐升”，加快形成保供给的长效机制。

1. 建立区域农业产业布局的正面清单与负面清单

要立足各区域特色，推动区域资源优势和生态优势转化为市场竞争优势，形成差异化发展格局。对全省农产品建立优化品种结构正面清单和负面清单，明确每个区域政府支持种植的品种和相应品质要求，限制和限期退出禁止种植的品种，以优化区域农产品品种结构为基础优化区域农业产业结构，以有效破解长期以来存在的同质竞争和增产不增收的农业发展难题①。

2. 着力打造知名农产品区域品牌

品牌化是农业市场化与产业化进程中的一种必然趋势，是农业产业转型升级不可逾越的选择。一是加强农产品区域品牌建设。支持各地以优势企业和行业协会为依托打造区域特色品牌，引入现代要素改造提升传统名优品牌。引导长株潭地区、洞庭湖地区、湘南地区、大湘西地区四大农业板块，立足特色各异的资源禀赋、产业基础和传统农耕文化，培育竞争力强的区域农产品品牌。支持龙头企业依托区域公用品牌，发展特色农产品生产、加工、销售及品牌相关配套服务，构建完整的农产品区域公用品牌经济链。二是培育和提升农产品地理标志品牌。把地理标志品牌作为农产品区域公用品牌建设的重要载体，充分发挥地理标志农产品天然品牌化、区域性优势，加大地理标志农产品挖掘、培育、登记和知识产权保护力度，促进地理标志品牌与产业协同发展②。

---

① 陈文胜：《加快建立农产品区域正面清单与负面清单》，《湖南日报》2019 年 8 月 14 日第 8 版。

② 《湖南省人民政府推进农产品品牌建设的指导意见》，打印稿。

3. 构建符合区域产业发展定位的差异化农业支持保护机制

对于符合区域农业生产布局正面清单的农产品生产在农业投入保障、农业补贴补偿、可持续发展等方面给予大力支持，合理配置耕地、资金、科技等资源，实现效益最好、成本最低、见效最快，实现要素使用效益、效应最大化。支持符合区域产业发展定位差异化的农业龙头企业创建知名品牌，提高企业竞争力。加大同区域、同类产品品牌的整合力度，加大宣传和保护区域品牌力度，加大知识产权保护力度，严厉打击仿冒伪造品牌行为。支持符合区域产业发展定位差异化的龙头企业加大科技投入，培育一批市场竞争力强的科技型龙头企业。鼓励龙头企业开展新品种新技术新工艺研发，落实自主创新的各项税收优惠政策。鼓励龙头企业开展集成创新，引进国外先进技术和设备，提升关键技术和核心工艺水平。

4. 提升农业设施装备的现代化水平

湖南大宗农产品总量大，特色农产品品种丰富，但整个农产品效益与竞争力不强，农产品销售不畅问题还比较突出，特别是在疫情带来的物流运输影响和消费影响下，农产品买难卖难的问题更加突出。必须加快补齐因现代农业设施装备滞后、农业抗风险能力差、农产品当产期冷藏能力不足、物流成本高利润低的短板。一是加强“农产品出乡”的产销对接。建立农产品流通的特别绿色渠道，保证“菜篮子”“米袋子”等主要农产品出得村、进得城，防止农产品出现“卖难”和“买难”。加快健全“菜篮子”产销对接平台建设，统筹协调区域内蔬菜批发市场、涉农企业、种植基地、菜农及时准确提供产销信息，确保“菜篮子”供需对接。加强重要农产品产销对接服务，加大农产品生产、投放、调配力度，支持和引导湖南省农产品企业、合作社与城区各超市、农贸市场进行产销对接。二是推进农产品仓储保鲜冷链物流设施建设。完善全省农产品冷链物流布局，在全省建设一批骨干冷链物流基地，支持各类经营主体、服务主体建设冷链物流集散中心和产地预冷、分拣包装、仓储保鲜等设施，为农产品冷藏和流通提供设施支撑，用电实行农业生产用电价格优惠。逐步有序开放并全面规划布局建设农贸市场，加大对重要农产品价格趋势的监测力度，严防主要农产品市场恐慌、价格波动，确保市场稳定、人心安定。三是为农产品生产与销售对接提供完善的公共服务。整合现有资源，建设湖南省农业农村大数据中心，加快推广农业领域现代信息技术的应用，加快推进现代信息技术在农业发展中的综合应用，推广物联网、大数据、区块链、人工智能、第五代移动通信网络、智慧气象等信息技术，为推进湖南数字乡村试点建设夯实基础，提高农业产业信息化水平，降低农产品营销成本，解决农产品的买难卖难问题。四是加强耕地整治与保护。重点保护粮食生产功能区和重要农产品生产保护区，加快推进高标准农田建设，合理确定投资标准，加强对耕地整治工程的建设、验收、监督检查，确保耕地整治的实际效果。建立健全耕地环境质量监测网络，强化对耕地环境质量的动态监测，加强保护性耕作技术、生态肥药使用技术、生态循环种养技术的应用与推广，推行通过堆肥提升耕地质量，支持生产经营主体应用节水、节肥、节药、生态循环种养设施及技术，推动农业向低耗、高效、绿色方向发展。

（三）着力发展县域经济，增加农民就业机会——“促增收”

促进农民增收是首要的民生问题，在宏观经济下行背景下，要发挥县域经济的主导作用，增加就地就业机会，促进湖南省农民增收。在县域经济发展上下足功夫，大力发展富民乡村产业，推动县域经济高质量发展，为农民持续增收提供支撑。

1. 发展富民乡村产业

以农业农村资源为依托，以农民为主体，以农村一二三产业融合发展为路径，打造地域特色鲜明、创新创业活跃、业态类型丰富、利益联结紧密的乡村富民产业。创建国家现代农业产业园，加快构建市、县产业园体系，认定特色农产品优势区，建设一批农业产业强镇、“一村一品”示范村镇和休闲农业示范县。培育壮大龙头企业，支持龙头企业建设农产品加工技术集成基地和精深加工示范基地，打造一批产业化联合体；推进农村创新创业，制定社会资本投资农业农村指引，深入实施农村创新创业带头人培育行动，建好创新创业基地，推动将符合条件的返乡创业农民工纳入一次性创业补贴范围。

2. 引导更多资源要素向实体经济集聚

加快淘汰落后产能，大力发展新兴产业，推动互联网、大数据、人工智能同实体经济深度融合。推动制造业高质量发展，加大技术创新投入，采取有效措施推动制造业企业创新发展，提高企业创新力和竞争力。同时要处理好实体经济和虚拟经济的关系，采取有效的措施防止资金“脱实向虚”，引导资源要素向实体经济集聚①。加强资源统筹，引导金融、土地、信息化等资源要素向实体经济集聚，促进优化流动、提高配置效率。引导金融资源流向实体经济，增强金融服务实体经济能力。以解决实体经济融资难、融资贵作为全省金融改革试点的出发点和落脚点，发挥金融对实体经济的支持作用。鼓励金融机构与实体企业联合开展技术攻关，实行股权互持的方式，实现收益共享、风险共担。

3. 聚焦县域产业项目建设

继续深入开展“引老乡、回故乡、建家乡”主题招商活动，坚持扩大节会招商，突出精准招商。立足县域自身资源禀赋、产业基础、文化基因和区位优势，科学定位特色产业，扬长避短、厚植优势，实施差异化发展策略，形成错位竞争的布局。充分重视龙头企业的带动作用，对发展潜力大、协作带动能力强、市场竞争优势大的产业集群龙头企业，在政策、土地、资金等要素资源方面予以重点支持，以龙头企业带动整个产业链的延伸、完善，打造知名特色品牌。充分发挥中小企业在产业补链、扩大就业、增强活力等方面的作用，完善县域产业生态格局，助力县域经济保持可持续发展态势。通过技术改造、创新设计、“互联网 +”等途径，延伸产业链，提升价值链，推动传统产业转型升级。

（四）完善乡村人才培养和引进机制——“增活力”

实施乡村振兴战略离不开人才的支撑。调研发现，无论是贫困地区还是

① 陈启清：《以系统性策略防范系统性金融风险》，《经济日报》2019 年 4 月 30 日第 12 版。

非贫困地区，经营管理、科技、专业人才不足均是制约乡村发展的核心因素，补上乡村人才这一短板已是当务之急。要在人事制度上形成乡村人才优先的社会共识，敢于打破常规选人用人，在严管厚爱的前提下唯才是举，使能冲锋陷阵打硬仗的人才脱颖而出，全面增强乡村人才活力。

1. 加快各类乡土人才培养

按照本土化招生、本土化教育和本土化定向就业的原则，扩大定向招生、免费培养、定向就业的范围，定向培养各类乡土人才。把人才订单式定向培养政策覆盖到种养、加工、水利、林业、农机等各类技术人才，以及乡村建筑工匠与文化艺人、畜医、农村经纪人和从事社会事业管理或社会服务的乡土人才，壮大乡土人才队伍。整合各类农民培训资源，充分利用农业广播学校、科研院所、涉农院校、农业龙头企业等各类资源，构建多层次高素质农民教育培训体系。

2. 加大人才下乡引导力度

进一步加强乡村创新创业平台建设，优化人才返乡下乡创新创业的环境，探索公职人员返乡养老及担任、兼任乡村组织职务的志愿任职机制，推动人才下乡服务。创新人才下乡机制，完善人才下乡创新创业的环境、资源与政策支持，为乡村利用人才探索途径。

3. 探索建立从县到村的乡村振兴促进会

借鉴在“新村运动”中韩国政府积极鼓励多元化社会力量参与的经验，以乡村振兴促进会为平台，推动乡村振兴的社会资源和各界人力资源聚集，形成乡村振兴的社会合力，广泛吸纳社会资源和各界力量推进乡村振兴。

4. 加强人才城乡交流

完善县域内人才培养使用的统筹制度。有效组织城市科研人员、工程师、规划师、建筑师、教师、医生，采取灵活的方式下乡服务。在城市人才晋升职称、提拔时充分考虑其农村基层工作服务经历，形成人才城乡交流制度支撑。

（五）推进财政支农、农地制度、农业管理改革——“强动力”

全面深化改革是当代中国农村可持续发展的必由之路。改革开放以来特别是党的十八大以来，农村改革持续发力，极大地解放和发展了农村社会生产力，只有多途径释放改革红利，才能形成四两拨千斤的强大动力。

1. 完善创新乡村振兴的多元投入机制

创新财政支农机制，建立资金整合清单、项目任务清单、项目资金绩效清单，探索将中央和省级涉农项目资金的配置权、使用权完全下放到县（市、区），构建“资金——项目——绩效”闭合循环，一体化推进资金整合、项目任务、绩效管理。一是着力涉农财政开源。健全财政资金筹集机制，探索发行项目融资和收益自平衡的专项债券，拓展乡村项目建设资金来源。安排一定规模的一般债券支出支持乡村振兴项目建设。在乡村振兴专项债券发行上，各地应有序扩大发行规模。根据补短板的需要各省级部门要继续优化涉农资金使用结构。按照“取之于农、主要用之于农”的要求，调整完善土地出让收入使用范围，抓紧出台相关意见规范。二是引导工商资本下乡。推进多规合一，让工商资本投入有预期；搭建产业平台，让工商资本投入有依托；加强产业扶持、形成人才集聚，形成工商企业生存发展的良好市场环境。各级财政支持全面向惠农、富农、强农倾斜，支持农业企业优化农产品结构，打造农产品品牌，支持粮食、蔬菜等产业及涉农企业度过疫情影响难关；切实落实农业保险保费补贴政策，督促保险机构及时足额理赔。重点支持农业保险，有效降低农业生产风险。三是创新乡村振兴的金融支持。完善政府融资担保体系，拓展“惠农担”担保范围，推动“财银保”产品向所有县域拓展。支持县域金融机构适度扩大支农小额贷款额度。鼓励商业银行根据县域金融实际发行“三农”、小微企业等专项金融债券。对于小农户的小额贷款税收落实优惠政策。继续推动农资抵押融资改革，对温室大棚、养殖圈舍、大型农机、土地经营权等，创新抵押方式，允许依法合规抵押融资。加快推进农村普惠金融改革，积极开展农户、中小企业信用等级评价，加快构建县域普惠金融服务体系，加大更多免抵押、免担保、低利率、可持续的普惠金融产品投放县域市场的力度。重点解决县级筹资难题，出台硬核政策，给予县级统筹财政资金使用、融资平台建设、项目确定等自主权，有效激活县域经济发展活力。针对新冠肺炎疫情影响，对农业经营主体复工开工急需的资金，在金融政策上开辟融资绿色通道优先发放；对受疫情影响到期还款困难的经营主体予以适当延期；对出现正常生产经营资金周转困难的农产品生产供应经营主体，给予财政贴息补助贷款利息。四是着力营商环境优化。进一步完善农村市场体系建设，强化市场法律法规执法。健全社会投入引导机制，建立全省乡村振兴投资信息平台，完善产权保护机制，优化利益共享机制，建立乡贤引导机制，优化社会投入的环境。健全农民投入权益保护机制，调动农民参与乡村振兴的主体积极性。

2. 继续深化农村土地制度改革

土地是农民的命根子，是城镇化进程中留给农民的“最后一根稻草”。调研发现，湖南祁阳县在农村闲置土地整治中坚持“村为主”，将腾出的土地用于村庄内的公共设施建设和发展新产业新业态，得到广大农民的拥护。而一些地方热衷于推动农民集中居住，通过增减挂钩将腾出土地的收益主要用于城镇建设，损害了农民的长远利益。要加快制定符合湖南农业发展实际的设施农用地管理实施细则，避免形成新的设施农业发展政策风险。一是推进耕地占补平衡改革。引导和鼓励在村内运用耕地占补平衡政策提高村庄建设的规整性和美观度。推进乡村建设用地改革，有条件的村庄用好城乡建设用地增减挂钩政策、点状供地政策，增加村容村貌建设资金来源，拓展村容村貌建设的空间。改变过去部分地区将城乡建设用地增减挂钩收益用于化解地方债务危机的局面。以保护农民利益为核心，实施城乡建设用地增减挂钩所获得的收益，除开应有的成本以外，更多的应该用于乡村基础设施建设、完善乡村基本公共服务和基本社会保障，加强对耕地占补平衡的管理与监督，确保将新增耕地指标、城乡建设用地增减挂钩节余指标交易收益主要留在农村，用于所在村的基础设施建设、农民社会保障和村集体经济发展，不得作为县级政府的财政收入，在制度上确保农业农村优先发展。对农村集体建设用地简化审批审核程序，进一步下放审批权限。对于乡村建设用地审批，推进“多审合一、多证合一”改革。二是探索宅基地“三权分置”改革。探索宅基地“三权分置”有效形式，确保宅基地的集体所有权，保障农户宅基地的资格权，完善农民房屋财产权制度，对于农民房屋使用权适度放开。盘活村庄集体闲置建设用地，鼓励农村集体经济组织及其成员盘活利用闲置宅基地和闲置房屋，对闲置农房资源实行统一收储，通过出租、合作等方式盘活利用空闲农房，探索对增量宅基地实行集约有奖、对存量宅基地实行退出有偿。推进闲置宅基地与农房多元化使用，形成激活村庄内在发展活力、增加农民收入与提升村容村貌的多重效应。三是落实乡村产业发展用地政策。结合中央精神和湖南实践，将农业种植养殖配建的保鲜冷藏、晾晒存贮、农机库房、分拣包装、废弃物处理、管理看护房等辅助设施的用地，纳入农用地管理，制定适应湖南实际的辅助设施用地规模上限。加强农业设施用地监管，防止借农业设施用地为名，从事非农建设的违法行为。通过村庄整治、土地整理等方式节余的农村集体建设用地，在符合国土空间规划前提下，允许优先用于发展乡村产业项目。重点保障乡村产业发展用地，新编县乡级国土空间规划，应按照国家精神安排不少于10%的建设用地指标，在省级制定土地利用年度计划时，要着重保障乡村重点产业和项目用地，安排至少5%新增建设用地指标给农村。

3. 继续深化农业供给侧结构性改革

一是突出将品牌建设作为政策支持的重点。以农业供给侧结构性改革为主线，强化农业发展的生态规律要求，突出将具有高品质与市场竞争力的区域品牌作为完善乡村产业发展规划战略的重点与政府资金项目落地的依据。实施区域农业品牌发展战略，加快建立具有差异化竞争优势的农产品品牌体系，以“三区一园”为平台，推动农产品区域公用品牌、企业品牌、产品品牌协同发展，推动资源要素在品牌引领下集聚。二是加快建立精细农业发展考核体系。实现农业发展由“以量取胜”的低端路线向“高品质、高附加值、高盈利”的品牌路线跨越，形成从行政推动为主逐步走向政府引导下市场驱动为主的农业发展机制。以县为单位，委托第三方进行研究，建立农业精细高质量发展评价指标体系，采取实地测量、数据上报、第三方获取等多种方式获取每个县（市、区）农业发展数据，定期对各县（市、区）农业高质量发展进行评价，依据评价结果统筹分配农业财政奖补资金。三是加大农业科技支持力度，加大精细农业发展的科技支撑力度。以涉农市场主体为单位，加大科技创新支持力度，聚焦湖南省特色优质品种选育、农地重金属治理、农业节水节能、有机肥等重点领域，加大企业创新平台建设支持力度，加快突破核心技术。四是推进产业发展规划由自上而下向自下而上转变。在产业发展规划上，多倾听基层群众意见，多调研市场，多从市场和人民群众中寻找产业发展支持点，避免闭门造车、自上而下制定财政支持农业发展的政策。

参考文献

1. 中共中央党史和文献研究院：《习近平关于“三农”工作论述摘编》，中央文献出版社，2019。
2. 中共中央党史和文献研究院：《习近平扶贫论述摘编》，中央文献出版社，2018。
3. 习近平：《在党的十八届五中全会第二次全体会议上的讲话（节选）》，《求是》2016 年第 1 期。
4. 《中共中央　国务院关于实施乡村振兴战略的意见》，《人民日报》2018 年 2 月 5 日第 1 版。
5. 中共中央国务院：《乡村振兴战略规划（2018 ~ 2022 年）》，《人民日报》2018 年 9 月 27 日第 1 版。
6. 《湖南省 2019 年国民经济和社会发展统计公报》，http：//www. hunan. gov. cn/hnszf/zfsj/tjgb/202003/t20200319_ 11815838. html. 最后检索时间：2020 年 7 月 3 日。
7. 乌兰：《扎实做好农业农村各项工作》，《湖南农业》2019 年第 3 期。
8. 陈锡文、陈文胜：《以精细农业为取向　推进湖南农业发展现代转型》，《湖南日报》2019 年 12 月 24 日第 8 版。
9. 袁延文：《2019 年湖南省农业农村重点工作》，《湖南农业》2019 年第 4 期。
10. 袁延文：《以精细农业推进农业现代化》，《新湘评论》2019 年第 24 期。
11. 陈文胜：《补齐“三农”短板决胜全面小康》，《新湘评论》2020 年第 6 期。
12. 郭晓鸣、廖海亚：《建立脱贫攻坚与乡村振兴的衔接机制》，《经济日报》2020 年 6 月 5 日第 11 版。
13. 陈文胜：《脱贫攻坚与乡村振兴有效衔接的实现途径》，《贵州社会科学》2020 年第 1 期。
14. 陈文胜：《为乡村振兴提供内在动力》，《人民日报》2019 年 5 月 13 日第 9 版。
15. 陈文胜：《补齐农村人居环境短板》，《人民日报》2019 年 9 月 10 日第 5 版。

16. 陈文胜:《释放改革红利　推进农业现代化》,《经济日报》2019 年 1 月 16 日第 12 版。
17. 陈文胜:《乡村振兴战略目标下农业供给侧结构性改革研究》,《江西社会科学》2019 年第 12 期。
18. 陈文胜:《乡村振兴的资本、土地与制度逻辑》,《华中师范大学》(哲学社会科学版)2019 年第 1 期。
19. 蒋俊毅:《脱贫攻坚新阶段需积极应对“六个转变”新形势——湖南省精准脱贫的思考与建议》,《中国乡村发现》2018 年第 1 期。

区 域 篇

Region Reports

B.2
长沙市实施乡村振兴战略研究

王文强　陆福兴　丁爱群　郑谢彬*

摘　要：以分析长沙市实施乡村振兴战略的时代背景、现实基础、突出优势和主要问题为基础，研究提出了长沙市实施乡村振兴战略的主要思路、基本原则、发展目标以及发展绿色高质的都市农业、打造全域宜居的美丽乡村、建设与城市文化互融互促的乡风文明、构建多元共治的乡村现代治理体系、创建富裕美好的农民生活五大战略任务，并从财政支持、农业支持保护、农业科技创新、农村产权制度改革、农村创业创新、

* 王文强，湖南省社会科学院人力资源与改革发展研究所所长，主要研究方向：农村人力资源、现代农业；陆福兴，博士，湖南师范大学中国乡村振兴研究院教授，主要研究方向：农村政策法律、农业安全；丁爱群，湖南省社会科学院中国乡村振兴研究院副研究员，主要研究方向：农村经济；郑谢彬，湖南省社会科学院中国乡村振兴研究院助理研究员，主要研究方向：产业经济。本研究报告系长沙市统计局与湖南省社会科学院中国乡村振兴研究院团队合作的研究成果。

农村金融服务、要素配置、生态补偿、服务型政府建设等九个方面提出了政策建议。

关键词： 长沙市　乡村振兴战略　农业农村现代化

实施乡村振兴战略，是党的十九大作出的重大战略部署，是决胜全面建成小康社会、全面建设社会主义现代化强国的重大历史任务，是新时代“三农”工作的总抓手。新时代长沙市站在了高水平全面建成小康社会，全面建设社会主义现代化强市的新的历史起点上，必须充分发挥省会城市的优势，把实施乡村振兴战略摆在优先位置，切实抢抓新机遇，明确目标任务，加强制度保障，打造践行乡村振兴战略的先行区、样板区。

一　长沙市实施乡村振兴战略的背景与基础

实施乡村振兴战略，是广大农民群众的殷切期盼。长沙作为省会城市，全面实施乡村振兴战略，必须准确研判新形势，发挥自身优势，补齐自身短板，适应社会需求，趁势而上，顺势而为，努力开创农业农村发展新局面。

1. 实施乡村振兴战略的时代背景

长沙市实施乡村振兴战略，要立足新型城镇化与乡村价值提升的新机遇，担负起补齐短板与满足美好生活需要的新任务，坚持城乡融合发展与农业农村现代化的新方向，把国家战略与地方实践结合起来，为我国实现“两个百年”奋斗目标贡献长沙力量。

（1）新机遇：新型城镇化与乡村价值提升。随着我国新型城镇化的快速推进，以城镇为主的人口分布格局基本形成，标志着“乡村中国”进入了“城镇中国”的新时代。在城镇化发展的新阶段，一方面，工业化加速发展推进，城乡互动加快，在物质、技术、思想意识上积淀了带动乡村现代化发展的强大动力；另一方面，城镇化进一步高质量推进迫切需要乡村的独特价值与多元功能支撑，迫切需要乡村为缓解城市空间拥堵、解决城市生态环境问题、满足人们美好生活需要拓展新功能。显然，随着城镇化进程的不断推进，乡村在城乡发展中的整体价值得到快速提升，城镇在扩张的同时也为乡村发展注入了新动能，乡村发展进入大变革、大转型的关键时期，具有十分广阔的空间。因此，实施乡村振兴战略，坚持城镇化与乡村振兴双轮驱动，在加快推进城镇化的同时把乡村建设成为与城市共生共荣、各美其美的美好家园，是长沙作为省会城市率先基本实现现代化和全面建成现代化强市的必然要求，必然为乡村价值拓展与农业农村现代化带来前所未有的历史机遇。

（2）新任务：补齐短板与满足美好生活需要。农业农村问题是关系国计民生的根本性问题。新时代我国主要矛盾转换为“人民日益增长的美好生活需要和不平衡不充分的发展之间的矛盾”，这一矛盾的主要表现是城乡之间发展最不平衡，乡村发展最不充分，乡村成为新时代解决主要矛盾的焦点，补齐乡村发展短板成为我国全面建成小康社会、全面实现现代化最艰巨最繁重的任务。长沙市作为大城市，工业化、城镇化水平较高，但农业仍是四化同步的短板，农村仍是城乡融合发展的短板。补齐农业农村短板，满足城乡居民美好生活的需要，必须举全市之力，以强烈的责任感、使命感、紧迫感，大力实施乡村振兴战略，推动农业全面升级、农村全面进步、农民全面发展，增强广大农民群众的获得感、幸福感、安全感，高水平谱写乡村振兴的长沙篇章。

（3）新方向：城乡融合发展与农业农村现代化。世界发达国家的工业化、城市化实践表明，城市化前期大多会出现乡村衰退问题，而在城市化率达到70%以后，乡村衰退的问题才逐步得到解决。21世纪以来，我国取消农业税，推进“以工哺农、以城带乡”的城乡统筹发展战略，标志着我国工业化已经不依赖于农业的剩余了，城乡关系由对立进入了一体化发展阶段。党的十八大以来，我国开启新一轮改革，直面乡村发展难点，推进城乡户籍制度、公共服务并轨和农村产权制度改革，推动城乡发展处在了历史的新方位。当前，我国城镇化率已经超过60%，到了城乡融合发展的临界点。

城镇化的大势不可逆转，在加快推进城镇化的同时确保乡村与城市共同发展，成为提升城镇化质量和实现我国“两个百年”奋斗目标的重大战略选择。基于此，党的十九大要求坚持农业农村优先发展，建立健全城乡融合发展体制机制和政策体系，加快推进农业农村现代化，从而把工业与农业、城市与乡村整体纳入现代化进程中，明确了城乡关系的平等地位，明确了城乡融合发展是乡村振兴的方向，推进农业农村现代化是城乡融合发展的核心任务，确立了我国建设社会主义现代化强国的基本路径。作为省会城市，长沙城镇化率已接近 80%，城乡融合发展的基础已经十分牢固，实施乡村振兴战略的关键在于加快农业农村现代化步伐，推动工农互促、城乡互补、全面融合、共同繁荣的新型工农城乡关系在长沙率先实现。

2. 实施乡村振兴战略的现实基础

近年来，长沙市委、市政府坚持把“三农”工作作为重中之重，贯彻中央与省委、省政府强农惠农富农政策，大力推进农村改革创新，统筹推进城乡一体化发展，推动农业农村发展取得历史性成就，为全面实施乡村振兴战略奠定了坚实基础。

（1）现代都市农业发展格局基本形成。一是农业基础地位不断夯实，结构明显改善。全市第一产业增加值由 2015 年的 301.7 亿元增长到 2019 年的 380.2 亿元，年均增长稳定在 3% 以上。谷物等传统种植业所占比重明显下降，蔬菜园艺、水果、中药材等特色种植业所占比重不断上升。二是现代农业生产方式基本形成，综合生产能力明显提升。2019 年，全市农业机械总动力达到 607.75 万千瓦，每公顷耕地占有农业机械总动力为 22.2 千瓦，高出全省平均水平 45.6%，水稻耕种收综合机械化水平为 80.9%，较 2015 年上升 6.3 个百分点。当前全市已建有 4 家国家级现代农业产业园、51 家省级现代农业特色产业园、3 家省级现代农业产业园（集聚区）、2 个省级优质农副产品供应示范基地（示范片）；畜禽养殖标准化生产率达到 85%，推广测土配方施肥面积超过 500 万亩，农作物秸秆资源化利用率超过 80%。三是农产品质量不断提升，引领全省的中高端供给。2019 年，全市有效认证的“三品一标”达到 638 个，占全省的 15.3%。“一县一特”产业快速发展，绿茶、花猪、油茶、蔬菜、小龙虾和花卉苗木等六大产业链基本形成，其中宁乡花猪全产业链产值超过 30 亿元。四是产业融合发展程度不断提高，新产业、新业态蓬勃发展。累计创建星级农庄 187 家，2019 年全市乡村旅游年接待旅客量超过3000 万人次，较2015 年增长20%，农产品加工销售收入突破2500 亿元，较 2015 年增长 61.3%。五是新型农业经营体系不断健全，集约化经营成为主导。2019 年，全市新型农业经营主体总数达 2.8 万家，其中国家级农业产业化重点龙头企业达到 10 家，主板上市的农业企业达到 6 家，新型农业经营主体联结带动小农户能力不断增强。

（2）城乡统筹发展走在全国前列。早在 2004 年，长沙县在全国率先编制实施了“城乡一体化建设发展规划纲要”，2009 年长沙市全面布局推进城乡一体化发展，编制了“城乡一体化发展规划”，着力推进城乡规划、基础设施、公共服务、产业发展、生态环境、管理体制“六个一体化”，走出了一条具有长沙特色的城乡一体化道路。党的十八大以后，长沙又实施了统筹城乡融合发展三年行动计划，在暮云、大瑶、永安、灰汤、铜官、金井、沿溪、镇头、流沙河、花明楼、开慧、乔口、沩山、大围山、莲花 15 个乡镇开展城乡融合发展试点，有力地推动了城乡融合发展。当前，全市城乡基础设施加快对接，公共服务一体化成效显著。截至 2019 年底，全市行政村实现 100% 通水泥路，乡镇基本实现 30 分钟上高速，所有建制村全部通客运班线，城乡公交一体化基本实现，光纤宽带覆盖所有建制村，城乡居民养老、医保统筹一体化和大病保险全覆盖，城乡低保标准提高至每人每月 650 元，城乡居民养老保险待遇实现 14 年连调，城乡居民养老保险基础养老金上调至每人每月 198 元，全市城乡居民人均可支配收入分别达 5.52 万元和 3.23 万元，均稳居中部省会城市首位，城乡居民收入的比值为 1.7，为中部省会城市最低。

（3）农村改革创新引领全省。近年来，长沙市不断深化农村土地、集体产权、资金投入等体制机制改革，取得明显成效，在全省农村改革中发挥了带头作用，积累了有益经验。一是以“土地合作”创新农业生产组织机制，大力发展集体经济。宁乡市的“鹊山模式”探索了土地承包权、使用权和经营权“三权分置”情况下土地经营权关系的重构，实现了农村土地的统一整合、开发、经营，入选2016年全国十大改革案例。二是以“建设权证”创新集体土地流转，推动土地整体收益提升。浏阳市作为全国33个土地制度改革试点区之一，承担了农村宅基地制度改革、集体经营性建设用地入市、征地制度改革3项试点任务，取得的11项重要制度成果为全国提供了“浏阳方案”。三是以“带地入建”创新城乡融合发展机制，改善农村人居环境。望城区通过“带地入建”“增减挂钩”等创新机制，以承包地经营权流转收益与宅基地使用权互换，通过村内协调、跨村集中开展土地流转、宅基地置换新房、集体经营性建设用地上市交易，以及土地承包经营权抵押贷款融资等改革试点，以农村资源为纽带与城市资本有效对接，实现了用地节约和人居环境改善。四是以“资金整合”创新财政支农投入机制。长沙现代农业综合配套改革试验区2014年至2015年开展涉农资金整合试点，2017年建立涉农资金整合长效工作机制，在项目建设方面，探索了涉农资金多途径争取、集中区域使用、区域配套整片全面提升的模式，提升了基础设施配套水平；在产业扶持方面，以财政资金“拨改投”探索涉农产业扶持机制，探索财政资金由拨款扶持变为股份投资，以“政府引导、市场化运作、专业管理、产业示范”的创新模式，建立整套运行机制，整合产业扶持类资金设立了创投基金和创发基金，推动了产业发展和财政资金循环高效利用。

（4）美丽乡村建设不断迈上新台阶。近年来，长沙市着力推动乡村绿色发展，全域推进美丽乡村建设，大力推进农村人居环境整治，打造了美丽乡村建设的长沙样板。农村“五治”扎实推进，2019年改造无害化厕所22万户，实现农村旱厕全面清零，全面建立农村垃圾分类处置体系，垃圾分类减量行政村覆盖率达到92.8%；2018年、2019年共清理“一户多宅”“空心房”2.79万户，建成一批农民集中居住示范点。农村污染综合整治取得明显成效，严格实施水资源管理“三条红线”，将16万个小微水体纳入“河长制”责任体系，扎实推进重金属污染耕地修复治理和种植结构调整试点，全面实施禁养区规模养殖退出和畜禽养殖污染综合治理，农业废弃物资源化利用成为全国样板。实施“三年造绿大行动”，完成绿化建设3.45万公顷，2016年获评为全国农村生态环保示范城市，2019年全市森林覆盖率达到55%。

（5）乡村治理亮点纷呈。近年来，长沙各地不断创新理念，加强乡村治理体系建设，探索形成了诸多富有地方特色的经验做法。在农村基层党建方面，长沙县探索建立以“分片组建片区支部联合会，连片整体推进组织联建、产业联兴、文明联促、公益联办、困难联扶”为主要内容的“分片五联”新机制，着力构建以“党员活动多样化、活动场所标准化、工作程序规范化、党建工作信息化、支部作用实效化，强化组织保障、强化制度保障、强化财力保障”为主要内容的“五化三强”新体系，积极推行“党支部+合作社+科技特派员”新模式，充分激发了基层党组织的生机活力。在村民自治方面，宁乡市推进乡贤元素与村民自治有效结合，开展了社会贤达评选表彰活动，构建了乡贤议事会制度，使党委政府的导向、要求与群众的意愿、诉求在同一个平台上彼此互动，越来越多的乡贤为乡村发展贡献力量。在农村治安方面，长沙在省内率先构建了治安防控保险模式。2014年6月起，全市开展农村治安保险试点工作，已累计为115个乡镇（街道）的28.21万户家庭提供了93.83亿元的风险保障，受理报案7130起，共支付赔款793万元，让广大群众在遭受自然灾害后和意外（盗抢）事故发生后迅速得到经济补偿，有效地规避和化解了各类治安风险。

3. 实施乡村振兴战略的突出优势

长沙市城镇化发展迈入中后期转型提升阶段，城市辐射带动农村的能力不断增强，资源禀赋、区位条件和发展基础都为率先实现乡村振兴提供了良好条件。

（1）交通区位独特。长沙市既是湖南的省会，也是长江经济带的中心城市和全国性综合交通枢纽，目前，连接和贯穿长沙城区的有京港澳、长永、长吉、长张、长潭西、长株、长韶娄、岳临、长沙绕城等9条高速公路，京广、沪昆、厦渝三条高铁在长沙穿城而过，黄花机场年旅客吞吐量超过2600万人次，长株潭、长常、长浏、长潭（西环线）等城际铁路部分建成并通车。2019 年全市全社会运输周转量达到 671. 18 亿吨公里，比上年增长 14. 0%，比 2016 年增长 39. 7%。得天独厚的交通区位优势为发展都市农业提供了便利。

（2）创新能力突出。长沙市农业科技资源丰富，拥有省畜牧研究所、湖南农业大学、湖南省农业科学院、中国科学院亚热带农业生态研究所、湖南杂交水稻研究中心等一批科研院校，国家植物功能成分利用工程技术研究中心、作物种质创新与资源利用国家重点实验室培育基地、土壤肥料资源高效利用国家工程实验室、水稻国家工程实验室、杂交水稻国家重点实验室、柑橘资源综合利用国家地方联合工程实验室、兽用中药资源与中兽药创制国家地方联合工程研究中心等一批国家级科研平台。2019 年长沙获批创建国家知识产权强市，万人有效发明专利拥有量达到 29. 6 件，在中部省会城市中位居第一。

（3）人才资源丰富。作为中国最具幸福感的城市，长沙市一直都是人才汇聚的地方，近年来，随着发展环境不断优化和引才政策力度加大，人才集聚能力不断增强。2019 年长沙常住人口增长 24. 3 万人，年增速连续多年位列全国主要城市前列，丰富的人力资源为农业人才培育与发展提供了深厚的土壤。同时，近年来长沙市加强新型农业经营主体领军人才、新型职业农民培育，大力开展农村实用人才培训，已构建一支由新型农业经营主体领军人才、农业职业经理人、现代青年农场主、新型农业经营主体带头人、新型职业农民为重点的农业人才队伍，大学生、农民工、转业军人返乡创业蔚然成风。

（4）资金融通便捷。金融是一切产业发展的基础。长沙市拥有较为完整的金融体系，融资能力显著强于省内其他市州。2017 年末，全市金融机构各项存款余额 21048. 45 亿元，占全省的 40%；金融机构各项贷款余额 21248. 71 亿元，占全省的 50. 1%。民间投资日趋活跃，外资投入持续增长，2019 年，全市实际利用外资金额 63. 74 亿美元，占全省的 35. 2%，实际到位省外境内资金 1252. 44 亿元，占全省的 17. 6%。充裕的银行存款和活跃的投资为农业农村现代化提供了充裕的资金来源。

（5）政策优势明显。长沙市农村体制机制改革走在全省乃至全国前列，获得了众多政策支持。长沙现代农业综合配套改革试验区被正式确定为全国农村改革试验区，成为全国首个以区县为单位的农村综合性配套改革试验区。浏阳市成为湖南省唯一一个国家级土地制度改革试点区，被确定为全国深化供销合作社综合改革专项试点单位。雨花区被确定为全国农村集体产权制度改革试点单位。岳麓模式、天心模式、望城模式等三个土地流转模式获得全国推介。望城区还成功创建全国渔业健康养殖示范区，获评全国县域经济科学发展特色县（区）、国家可持续发展实验区和全国绿化模范区。长沙县获评国家级出口食品农产品质量安全示范区、国家生态县和全国农村生活污水治理示范县，并成功创立为首批国家级现代农业示范区之一。诸多的农村改革国家级试点落户长沙，为长沙乡村振兴提供了强有力的政策保障。

4. 实施乡村振兴战略需要突破的主要问题

相比长沙市的工业发展程度，长沙农业的发展显得滞后。这既因为工业化进程中必然产生的城乡二元经济之间的矛盾，也因为农业自身边际产出较低，更因为长期以来经济快速发展主导下的政策上的不重视。长沙市要实现乡村振兴，面临的问题仍较多，加快发展农业农村，已经刻不容缓。

（1）农产品供需结构性矛盾突出。稻谷品质不优，受重金属污染的影响，外销渠道不畅。经济作物品质不高，蔬菜以大宗低档菜为主，菜农市场信息匮乏，缺乏合理引导，易盲目投资扩种，导致蔬菜市场出现旺季有余、淡季短缺的现象。养殖业中生猪养殖一家独大，与市场日益增长的草食牧业产品需求不符，导致产品供给出现结构性失衡。同时“三品一标”产品占农产品总量的比例较小，与先进城市相比差距还较大。

（2）农业市场竞争力不强。当前，长沙农业生产存在规模小、分布散、品种杂等特点，产品与加工的要求、市场的需求不相适应，农业标准化建设面临标准意识不强、标准体系不完善、标准落实不均衡等问题。由于标准化程度不高，农业品牌化建设缺乏基础，全市叫得响的、竞争力强的、有带动力的品牌不多，农业上市公司实力不强，品牌效益亟待提升。

（3）农民收入增长低于全省平均水平。农民收入增速连续多年低于全省平均水平，2019 年长沙市农村居民人均可支配收入较上年增长 8.8%，较全省低 0.4 个百分点。城乡居民可支配收入的比值近年来未见缩小，绝对值差距由 2015 年的 16360 元扩大到 2019 年的 22882 元。收入差距的扩大导致了消费差距的扩大，全市城镇居民人均消费支出与农民人均消费支出的差距由 2015 年的 13799 元扩大到 2019 年的 16426 元。

（4）农村资源环境压力大。长沙市已经进入工业化中后期，在工业发展过程中，工业污染物造成的农业面源污染仍未消除，农业化肥、农药使用程度都较高，土地重金属含量高、水体富氧化等污染问题仍然比较突出。

（5）乡村文化建设滞后。长沙市农村经济发展取得了令人瞩目的成就，农村现代化和城乡一体化进程欣欣向荣，农民的生活环境和城里人渐趋一致。但物质生活条件的现代化并未让农民彻底告别小农意识等旧观念，大操大办、攀比消费等现象较为严重，毒和赌的现象在部分农村仍有出现。乡村公共文化服务体系不健全，一半以上的乡镇没有剧场、影视院、体育场馆，农民文化生活比较单调。

二　长沙市推进乡村振兴的战略任务

长沙实施乡村振兴战略要始终坚持农业农村优先发展，充分发挥长沙的区位、科技、人才、资金、市场、政策优势，牢固树立“省会担当”意识，科学谋划推进农业农村现代化的新布局、新任务，确保乡村振兴走在全国前列。

1. 发展绿色高质的都市农业

乡村产业要兴旺，农业是根本。长沙具有发展现代都市农业的优越条件和良好基础，未来的关键是以质量为导向，提高市场适应能力和竞争力。必须坚持质量兴农、品牌强农理念，构建与市场需求相适应的现代农业结构和区域布局，优化农产品供给结构，推进产业深度融合，构建绿色高质、智慧高效的现代都市农业发展格局。

（1）基于特色优势优化区域产业布局。作为省会大城市，圈层发展特

征较明显，以此为基础引导都市农业合理布局，通过农业空间优化引导农业产业相对集中、农业产业链有序衔接和农业基础设施相应配套，是乡村产业兴旺的有效保障。为此，根据区域农业发展特色与资源禀赋，需要重点打造“三圈六廊”的都市农业发展格局。

打造“三圈”。一是中心区都市品质农业圈。以隆平高科园为核心，依靠现代工业和现代科技，重点发展高科技、高附加值农业，以满足都市居民生活需要与农业体验需求为导向，加快提升设施农业发展水平和一二三产业融合发展水平。二是扩散区近郊高效农业圈。以长沙现代农业创新示范区、长沙现代农业综合配套改革示范区、望城国家农业科技园、宁乡农业科技园等为支撑，重点发展高产优质高效的绿色农业，大力发展农产品加工业，引导农业结构由传统单一的大宗农产品结构调整为多元协调的种养加结构。三是外延区远郊特色生态农业圈。依托特色山水田园资源，重点发展观光旅游、休闲疗养、民俗文化体验性农业，充分挖掘农村休闲度假、旅游观光、养生养老、创意农业、农耕体验、乡村手工艺等资源，推动旅游产业与农业的深度融合。

建设“六廊”。一是建设现代农产品加工走廊。加快农产品加工业转型升级，促进农产品种养、初加工、精深加工及综合利用加工协调发展，有效延长农业产业链，重点提升望城经开区、长沙经开区、浏阳经开区、浏阳两型产业园的农产品加工业发展水平。二是建设优质水稻走廊。突出粮食安全生产核心区建设，着力打造沩水河沿岸优质稻走廊，将其建设成为长沙高档食用优质稻开发核心示范区。三是建设优质茶叶走廊。重点建设长沙县茶叶走廊，以金井毛尖、金鼎银毫、高桥红茶等优质品牌为核心，逐步实施品牌整合战略，形成茶叶产业化优势，促进产业不断优化升级。四是建设优质水产走廊。重点建设望城区优质水产走廊，加快推进标准化养殖，形成一批辐射广、带动力强的渔业产业特色基地，打造以鱼为主体的美食休闲文化。五是建设花卉苗木走廊。重点建设浏阳－长沙县花卉苗木走廊，不断提高苗木和精致盆景的品质，打造中南地区最大的花卉苗木基地，大力发展观赏农业。六是建设优质水果走廊。重点建设浏阳大围山优质水果走廊，围绕浏阳金橘、大围山梨等地理标志产品，做大浏阳大围山水果旅游节影响力，形成以大围山国家森林公园旅游、大围山峡谷漂流、狮口战地漂流、特色农庄休闲为主体，水果采摘为补充的乡村旅游格局。

（2）坚持绿色优质，推进农业结构调整。立足城乡居民消费结构升级对农产品优质化、多样化的需求，调整优化农业产业结构、产品结构，提高农产品供给档次，是长沙都市农业发展的必然要求。长沙市应以市场为引导，发挥区域比较优势，依靠科技进步实现产品结构调整和升级，大力发展名优特新经济作物，加快油茶、茶叶、蔬菜、水果、药材、水产、畜禽、种子等八大产品结构战略性调整。

一是加快推进高标准茶园建设，做优怡清源、金井等湘茶品牌，积极开发沩山毛尖、金井绿茶等高档精品茶、名优茶、有机茶和出口茶。二是做强浏阳“中国油茶之乡”的品牌效应，加快完善油茶选、引、繁、育等良种繁育体系，提高优质种苗的生产供应能力，重点开发油茶营养食品、茶皂素、蛋白奶等医药化工产品，提高油茶附加值。三是提高“菜篮子”保障水平，重点发展叶类生产基地、特色蔬菜种植基地、食用菌生产基地和绿色有机蔬菜生产基地等四大优势蔬菜产业。四是大力发展特色水果，围绕浏阳金橘、大围山梨等地理标志产品，加大选种与培育种植力度，积极引进和培育高档时鲜水果，加快以设施栽培为主体的特色水果采摘园建设。五是提质药材产业，依托浏阳国家生物医药园，发展金银花、罗汉果、板蓝根、玉竹、铁皮石斛等高效中药材生产基地。六是深入推进水产健康养殖，大力推进集中连片池塘标准化改造，发展高效设施渔业、精品渔业。七是推行畜禽标准化生态养殖，加快建设宁乡猪、大围子猪标准化生态养殖基地，建设标准化家禽产业区，培育规模养殖专业户，大力发展草食牧业，扶持建成一批肉牛、肉羊和奶牛规模养殖场。八是加快推进“种业硅谷”建设，打造种子产业基地，加强宁乡花猪、罗代黑猪、浏阳黑山羊等地方品种资源的保护与利用。

（3）强化标准化建设，提升农产品质量安全水平。农业标准化是指围绕农业制定和实施以国家标准为基础，行业标准、地方标准、企业标准相配

套的产前、产中、产后全过程系列标准的活动。推进农业标准化，是提高农产品质量、实施农产品品牌战略的重要抓手。长沙市应将农业标准化建设作为质量兴农的重点，提高农业生产专业化水平和农产品质量安全水平。

一是加强农业标准化建设。以标准引领农业高质量发展，加快农业生产、流通、加工、农业社会化服务等领域基础标准制定和全面推行，积极创建国家蔬菜质量标准中心。着力推进果菜茶标准园、畜禽标准化示范场、水产健康养殖示范场建设，打造标准化生产基地，形成一批示范引领作用明显的标准化示范点。二是推进“食安长沙”建设。以瓜果、蔬菜、畜产品、水产品等“菜篮子”产品为主，狠抓农产品质量安全，健全县、乡、园区基地三级农产品质量安全检测体系，推动政府、部门、生产经营者各司其职，建立“从农田到餐桌”的全过程监管体系。健全农产品产地准出和市场准入制度，利用物联网、二维码、卫星定位等技术，加快建立健全农产品质量全程监测预警、安全追溯体系和重大事故应急处理机制。

（4）着重产业融合，提升农业整体效益。产业融合是农村产业发展的新趋势。在工业化、城镇化的带动下，传统的农村一二三产业边界逐渐模糊，产业互动融合催生出许多新产业新业态，为拓展农业功能、提升农业价值带来了巨大机遇。长沙作为省会城市，一二三产业融合具有坚实的基础和广阔的市场空间，应将产业融合作为农业现代化的主攻方向，深度挖掘农业的多种功能，推动农业“接二连三”，形成产业链相加、价值链相乘、供应链相通的“三链重构”格局，全面促进现代都市农业的提质升级，提高农业综合效益。

一是推进农产品加工业集群发展。促进农业与科技的融合，通过农业高新技术的开发、引进和推广，大力发展农产品加工业，推进资源性产品向初加工、精深加工产品转变。着力培育一批产业链长、关联度大、带动力强的龙头企业，立足现有园区建设一批起点高、功能全、规模大、效益佳、带动力强的农产品加工示范园区、研发基地和企业总部基地，促进湘菜食材加工、休闲食品、粮油及肉蛋奶制品、茶制品、中药材、林特产品、果酒饮品等农副产品加工业集群做大做强，打造中部农产品加工中心。二是实施休闲农业精品工程。大力发展美丽观赏农业、趣味体验农业，打造一批油菜花海、彩色稻田、花卉走廊等观赏基地，建设一批农业科普、农耕体验、农家烹饪等现代农庄。引导发展休闲农业新产业新业态，依托现有产业和景观资源，推动文化创意产业向农业延伸，发展创意农业、体验农业，结合自驾游、健康养生等消费趋势，着力建设休闲观光园区、森林步道、康养基地、乡村民宿，打造中部地区乡村休闲旅游目的地。三是加快发展“互联网+”现代农业。利用互联网全面改造传统农业，运用大数据、云计算、物联网等科技手段助推现代农业发展，加快推进农业生产智能化、经营网络化、管理数字化、服务信息化，推动移动电子商务和农村电商平台跨越式发展，实现农业全产业链融合发展。

（5）突出品牌引领，增强农业核心竞争力。农业品牌建设贯穿农业供给全过程，覆盖农业全产业链、全价值链。随着消费结构的转型和农产品市场竞争格局的变化，市场竞争的制胜法宝已不再取决于产品供给能力与效率，而是取决于是否拥有高品质和差异化的品牌优势。因此，加快“湘”字号和“长”字号品牌创建，打造农业“金字”招牌，是长沙提高农业竞争力、实现高质量发展的必然要求。

一是大力培育区域品牌、企业品牌和产品品牌。建立完善长沙农产品品牌目录制度，引导农业企业、专业合作社、家庭农场、农户等各类经营主体，围绕地域特色突出、产品特性鲜明的特色农产品，推进适度规模生产和产业化经营，打造一批全国知名的区域公用品牌。支持优势农业龙头企业实施产业整合，积极创建国家级、省级农业品牌标识，打造一批全国知名农业企业品牌。围绕地方特色农业资源与优势产业，推进“三品一标”认证，扶持打造一批特色明显、影响较大、价值较高的知名农产品品牌。二是强化品牌的引领带动作用。推动品牌培育与特色优势产业发展相结合，引导各类经营主体以品牌经营为纽带开展各种联合与合作，开展标准化生产，提升品牌的辐射带动能力，提升农业整体竞争力。三是加强品牌的宣传、保护与动态管理。加强“三品一标”产品管理，加强对区域公用品牌的授权、监督和管理，构建优胜劣汰的品牌动态管理机制。推进自然地理条件相似地区的

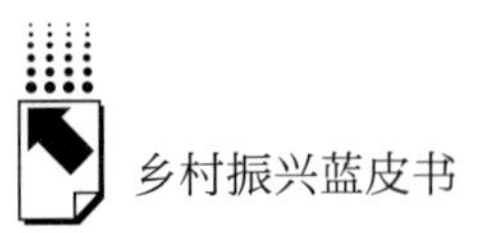

同类农产品品牌整合，支持品牌企业开展跨区域行业整合，扩大品牌影响力。加强对农业品牌的宣传，充分利用长沙的交通优势、媒体优势，促进农产品品牌形象传播与营销推广，扩大品牌影响力。

（6）强化社会化服务，构建现代农业经营体系。发展农业社会化服务体系，以专业化、市场化的服务替代一家一户的个体生产经营，是提高农业资源利用效率和投入产出能力、促进小农户与现代农业有机衔接的有效途径。长沙地处丘陵地区，其农业的土地规模化经营面临着自然条件的限制，以服务规模的扩大来突破土地规模的限制，是推进农业现代化的内在要求。因此，需要加强农业服务主体的培育，将分散运行的农业经营主体和服务主体重组，培育成为高效运转、利益共享、风险共担、竞争力强的农业联合体，从而优化土地资源配置，提高劳动生产率，提升农民持续增收能力。

一是加强农业服务主体培育。推进基层农业公共服务体系建设，进一步健全农技推广、动植物疫病防控和农产品质量安全监管“三位一体”公共服务体系，构建全覆盖的“一站式”基层农业公共服务中心，健全县、乡镇、村三级的农业公共服务网络。扶持兴办农业产业链各个环节上的各类服务型农民专业合作社、服务型农业企业、涉农中介服务组织。支持农业科研院所和高等院校开展农业技术推广服务。二是推进农业服务模式创新。引导社会化服务组织推进农业生产全程服务，推行“专业化服务 + 标准化生产”，针对农业生产过程中的育种、育苗、播种、收获、加工、销售等环节，积极引入第三方服务，引导小农户进入现代农业发展轨道。引导各类服务主体，探索采取土地信托、代耕代种、联耕联种、土地托管、股份合作等服务方式，提升专业化服务水平。引导分散的农业服务主体采取各种联合的方式，整合服务资源，采取规模化集中供给服务的方式，拓展服务的区域范围，提高服务的专业化程度。三是强化流通服务体系建设。着力建设大型批发市场和大型物流企业主导的农产品快速通道，规划发展符合现代消费习惯的超市、连锁、配送、“互联网 +”等新兴流通渠道，改造面向普通大众的农贸市场渠道，大力发展以农业龙头企业为首的一体化流通渠道，建立高效的农产品现代流通业态，保障农产品供给过程通畅、高效、安全、便捷。四是继续推进农技下乡。推广示范好水稻集中育秧、水稻高产创建、病虫害专业化统防统治、测土配方施肥等增收增效技术。推动实施“科普惠农兴村”计划，围绕优势主导产业和特色产业加强技术攻关和示范推广。

2. 打造全域宜居的美丽乡村

良好的人居环境是广大农民的殷切期盼。长沙快速工业化、城镇化进程中，乡村生态环境承受着沉重的压力。必须牢固树立绿水青山就是金山银山的理念，把城乡环境保护与治理紧密联系起来统筹推进，科学划定耕地、林地、湿地、水源地和水系等生态保护红线，切实加强对自然生态空间的整体保护，推动“蓝天、碧水、净土三大保卫战”全面向农村延伸，以治厕、治垃圾、治污、治房、治风为抓手，坚决打赢污染防治攻坚战，优化农村人居环境，打造全域生态宜居的美丽乡村，为城乡可持续发展提供生态屏障，为城乡人口安居乐业拓展生态空间。

（1）以土壤修复管护为关键优化农村生态系统。在长期的快速发展中，长沙的乡村土壤生态系统破坏面较大，特别是一些城郊土壤质量严重下降，污染超标现象突出，影响了土壤的生产能力和农产品质量安全。因此，加强土壤修复管护是长沙建设生态宜居乡村的重点和难点。一是开展土壤污染普查建档。开展对全市各区域的耕地地力调查与评价、农用地分等定级、地质元素调查、农田土壤养分状况调查、土壤污染调查等，摸清全市的土壤资源数量、土壤类型及分布、土壤生产性能，调绘出各类土壤类型图和土地利用现状图，结合农作物协同调查，建立农产品产地土壤环境质量档案，为乡村农业区域规划提供科学依据。二是开展土壤污染监控。对现有土壤的变化进行密切的监控，了解土壤中各种有害物质的来源、危害程度和分布规律，尤其是弄清耕地重金属污染的类型、范围、程度、分布等状况，在此基础上建立以“基础点位－特定点位－背景点位”为点位类型的土壤环境质量监测网络，对重要敏感区（如蔬菜粮食种植基地）和土壤高风险区（如重污染企业周边）进行加密监测、跟踪监测。三是大力推进重金属污染耕地修复。加强耕地—作物系统重金属迁移转运机理研究，重点突破耕地重金属污染监测、污染源解析、污染物迁移转化等相关基础性技术，探索利用功能纳米材

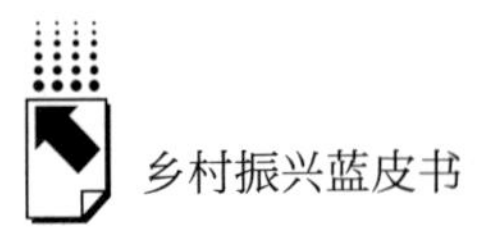

料和微生物技术降解土壤有机污染物和重金属污染的新技术新方法。把耕地保护、生态修复、农田建设结合起来，构建数量、质量、生态“三位一体”的耕地保护新格局，建立管控、建设、激励多措并举的耕地保护新机制。

（2）以农业面源污染治理为抓手加强田园生态保护。农业面源污染是“石化”农业快速发展的必然结果。加强农业面源污染防治，是治理农村污染的重要任务。一是加大农业面源污染综合防治力度。坚持城乡统筹同规划同治理，制定出面源污染治理的时间表，推行源头控制、过程拦截、末端治理与循环利用相结合的综合防治。重点加强养殖污染防治、农业废弃物资源化利用，大力推广施用有机肥、生物防治和节肥节药技术，采取措施分区防治农业生产污染，加快恢复农产品产地生态环境。二是推广生态养殖模式。严格按照生态功能区布局，做好规模养殖业的规划控制，加快规模养殖退出禁养区步伐。在考虑环境容纳度、土壤净化能力的同时，从严监管养殖业造成的污染；将畜禽养殖业纳入日常环境管理，严格执行环境影响评价、排污收费等制度，杜绝畜禽粪便直接排放现象。积极推广“养殖—沼气—种植”的生态农业模式，建设规范化、标准化养殖场，引进清洁的养殖技术，实现畜禽养殖废物处置的“资源化、减量化、无害化、生态化”。三是构建生态型种植体系。着力加强农作物病虫害防治上的绿色防控技术应用，大力推广使用高效、低毒、低残留农化产品；把化肥、农药等化学品的投入和化肥、农药等农资市场管理和生产、销售、使用纳入农业生产全过程的管理监控。实施化肥、农药减量增效行动，大力发展绿肥种植，推进有机肥生产与资源利用，积极推广以农家肥为主的测土配方施肥，推广应用农业防治、生物防治、物理防治等绿色防控技术。大力发展生物链循环农业，因地制宜推进果、林、地立体间套种、农户庭院立体种养等。

（3）以生活垃圾治理为重点推进人居环境整治。生活垃圾是农村污染的主要来源之一，是乡村生态环境保护的老大难问题。要加强规划管控、制度创新、队伍建设，完善农村人居环境管护的长效机制。一是完善农村生活垃圾处理机制。开展农村生活垃圾整治行动，改善环卫设施，建立健全符合农村实际、方式多样的生活垃圾收运处置体系，积极推进生活垃圾就地分类和资源化利用，推进行政村垃圾分类投放、集中收集处理的全覆盖，实现生活垃圾集中处理和无害化处理全覆盖。二是加强农村生活污水治理。推进城市污水管网向农村延伸，加强污水净化设施或集中式污水处理设施建设，推广污水生态化处理技术。以“房前屋后”“河塘沟渠”为重点实施清淤疏浚，逐步消除屋前屋后和村边河塘的黑臭水体。三是因地制宜推进“厕所革命”。依据乡村集中与分散居住的不同特征，把乡村厕所改造成不同类型的无害化卫生厕所，加快实现乡村户厕和公共厕所生态化无害化。

（4）以城乡污染同治为核心保卫蓝天碧水净土。对于大都市郊区来说，生态环境污染有很大部分来自城市和工业。因此，生态保护与治理必须城乡同治，突出重点，营造天蓝水碧地净的城乡宜居环境。一是加大城乡重大污染源的联合治理力度。对城乡垃圾焚烧、秸秆焚烧、汽车尾气、工厂排污等重大污染源，要厉行城乡同治的机制，进行联合治理。二是加强城乡河流综合治理。建立完善覆盖到村的四级河长、湖长组织体系，统筹陆地水域、岸线水域、水量水质等保护管理，推行工业、农业和生活节水，减少污水废水排放，推进河湖水系连通、中小河流治理、农村生态清洁小流域建设，巩固提升水生态文明建设成果。防止城乡污水污染河流，确保河湖山塘碧水长流。三是推进城乡工业污染源联合整治监管。进一步加强乡村小化工、小制革、小漂染等“十五小”企业和“新五小”企业专项清理，严格环境标准，实行城乡一体化监督。四是实施城乡生态保护与修复重大工程。开展城乡联合修复自然生态系统、涵养水源、保持水土、净化水质、保护生物多样性等活动，实施城乡湿地修复工程，对集中连片、破碎化严重、功能退化的自然湿地进行修复和综合整治，有效遏制自然湿地萎缩和河湖生态功能下降趋势。

（5）以特色村镇为依托打造乡村宜居特色。乡村的美是通过每一个乡村独特的个性与特色展现出来的。建设美丽乡村不能“千乡一面”“千村一面”。长沙市乡村历史文化悠久，应结合各地文化特色与资源优势，加强规划引领，着力打造特色各异的美丽乡村。一是结合资源禀赋打造特色小镇。要抓住资源优势和特色，依托乡村生态资源和文化资源，以发展园林旅游、河湖生态观光、温泉度假旅游、野生动物驯养繁殖等产业为依托，建设一批特色小镇。立足望城区古镇古村特色，长沙县的田园综合体特色，浏阳市的美丽乡村特色，宁乡市的康养产业特色，因地制宜打造一批特色小镇，形成产业特色鲜明、生态环境优美、功能配套齐全、发展活力充沛、人文气质彰显的湖湘特色小镇体系。近期重点建成20个左右具有全国影响力的市级特色小（城）镇，其中5个以上入选全国特色小（城）镇名单，10个以上获批省级特色小（城）镇。二是加强美丽乡村示范片区建设。以浏阳市、宁乡市、望城区、长沙县、岳麓区、开福区、雨花区为重点区域打造若干个美丽乡村示范片区和美丽乡村精品线路。建设岳临高速百里美丽乡村示范走廊，体现地域特色，挖掘文化内涵，彰显乡村风情，努力将长沙建设成为全省、全国美丽乡村的示范样板。三是强化村容村貌管理彰显宜居特色。以保障农民基本生活条件为底线，以美丽宜居为导向，全面推进农村特色民居建设。清理整治农村无序建房，完善农村宅基地管理和审批制度，强化农村住房建设管理，加大监督执法力度，开展乱搭乱建专项治理，严格规范新建房屋规划管控，全面清理农村违法建筑。因地制宜引导农民集中居住，进一步探索“带地入建”模式，鼓励建设体现湖湘风貌的特色民居，提升乡村建筑特色与品质。推进村庄亮化工程、绿化工程，整治村内公共空间和农户庭院环境，营造洁净、舒适的生活环境。

3. 建设与城市文化互融互促的乡风文明

乡村振兴，既要塑形，也要铸魂。长沙市乡风文明既有优秀的传统文化内涵，又深受城市文化的深刻影响。乡风文明建设要坚持物质文明和精神文明一起抓，坚持传统文明与现代文明互补，城市文明与乡村文明互融，培育具有现代乡村风味和长沙地方特色的文明新风、良好家风、淳朴民风，加快形成长沙市乡村文明新风尚。

（1）大力弘扬乡村优秀传统文化。乡村优秀传统文化是乡村发展的灵魂，是乡村数千年遗传下来的丰富遗产。大力弘扬乡村优秀传统文化，凝聚长沙市民的乡愁农情，是长沙市乡风文明建设的重要内容。一是推进传统村落保护工程。加大对靖港、铜官、乔口、文家市、沩山、中和、大围山、黄材、沙田、巷子口等历史文化名镇，彩陶源村、新开村、开慧村等历史文化名村，楚东村、丹桂村、巷市村、白沙村等传统村落，以及传统建筑、农业遗迹、灌溉工程遗产等的保护力度。二是传承发展农耕文化。充分利用长沙市千年古都的传统文化资源，结合乡村的文化特色，深入挖掘乡村优秀传统农耕文化蕴含的思想观念、人文精神、道德规范，在保护传承基础上不断赋予其新的时代内涵。推进乡村记忆工程，挖掘乡村特色文化符号，加大乡村文化地标要素的保护。大力保护有地方特色的物质文化遗产，加大对戏剧、曲艺、技艺和民间传说等非物质文化遗产的保护力度，积极培育非物质文化遗产传承人。三是挖掘红色文化与革命文化资源。深化长沙县、宁乡、浏阳、望城等乡村革命历史人物的精神内涵研究，加强革命历史文化教育基地建设。扶持乡村红色文化旅游开发，推动红色旅游与民俗旅游、生态旅游、研学旅游等相结合，推出“新时代长沙红色乡村”等旅游线路，丰富红色旅游产品体系，打造全国一流的红色文化旅游目的地。四是建设具有长沙精神的乡村文化。把吃得苦、敢于创新的长沙精神融入乡村文化建设，挖掘乡村农耕文明的长沙精神，把农耕文化、现代乡愁与长沙精神有机结合起来，讲好长沙故事，打造独具长沙特色的现代乡情乡愁。

（2）引导提升农民群众文明素养。农民群众是乡风文明的承载者，他们素质的高度决定了乡风文明建设的高度。要以社会主义核心价值观为引领，以培育新时代新农民为着力点，积极推进新时代文明乡村建设，弘扬时代新风，凝聚起乡村振兴的强大精神力量。把现代精神文明要求融入村民思想道德教育，加强对村民的爱国主义、集体主义、社会主义教育，大力弘扬体现长沙特色的时代精神、改革精神。着力营造“守信光荣、失信可耻”的舆论氛围，引导提升农民诚信品质。加强道德讲堂、科学讲堂等各类宣传文化阵地建设，充分发挥好新乡贤作用，着力凝聚道德力量、传播主流价值，引导农民崇尚科学，形成科学健康的生活方式，提升文明素质。

（3）树立现代乡村文明新风。文明新风是一个传承和发展的动态过程，乡风文明建设既要结合城市现代文明，也要吸收其他各地优秀的乡风民俗进行改造，形成符合时代的乡村新风。深化新乡风新民风建设，推行乡风民风评议活动，引导广大农民形成现代家风，把农民家庭建设成为新时代文明风尚的堡垒。把文明乡风写进村规民约，设立乡风文明榜，形成德业相劝、过失相规、守望相助、患难相恤的社会风尚。深入开展移风易俗行动，深入整治农村社会不良风气，反对彩礼、人情、建房等攀比之风，反对自私自利不遵守社会公德的行为，抵制大操大办、买码赌博、庸俗表演、厚葬薄养等陈规陋习，清除各类封建迷信活动。

（4）提升乡村公共文化服务质量和水平。加快推进城乡公共文化服务一体化，推动城市公共文化服务向农村延伸，全面提升农村公共文化服务水平。一是加强乡村公共文化载体建设。建设乡村综合性公共文化服务中心，全面打造标准化基层综合性公共文化设施和场所。有条件的中心村可以适度超前规划建设现代化文化设施。吸引社会资金投入农村文化设施建设，推广政府购买公共文化服务，引导社会力量参与提供公共文化服务，提高农村文化服务水平和效率。二是增加乡村文化产品供给。加大对“三农”题材文艺创作生产的支持力度，不断推出优秀文艺作品。深入开展文化下乡活动，把更多优秀的文艺作品、图书杂志、文艺活动、体育活动等送到农村，丰富农民文化生活。大力推行“菜单式”“订单式”公共文化供给服务，推动公共文化服务精准化，更好地满足农民文化需求。三是培育壮大乡村文化队伍。鼓励组建乡村民间文艺社团和业余文化队伍，扶持培育乡土文化人才，不断壮大文化志愿者和群众文化活动积极分子队伍，采取优惠措施激励优秀高校毕业生从事基层公共文化服务工作。

（5）广泛开展乡村文明创建活动。以文明创建为引领，培育基于传统文化的文明乡风民风，通过创建活动推进乡风文明形象化可触摸。一是深入实施道德传承工程。突出儒家传统道德教育，开展诚信、尊老爱幼等传统道德传承宣传活动，综合运用各类平台宣传先进典型。制定村民文明行为准则和道德模范评选标准，开展寻找最美乡村教师、最美志愿者、最美新乡贤、工匠、医生、村官等活动。二是深入开展“学雷锋，做长沙好人”活动。利用雷锋故乡的便利，广泛开展学雷锋，做长沙好人的各种竞赛活动，发现身边好人、最美人物，完善长沙好人、好人之星、道德模范逐级提升的选树链条，不断扩大榜样模范群体数量。三是开展文明争先创优活动。开展“最美家庭”“好婆婆”“好媳妇”等文明创建和主题活动，推出一批文明示范家庭，塑造新时代的良好家风。四是深化文明村镇建设。开展评选文明村镇活动，加强动态管理，总结推广先进典型经验，打造一批各具特色的示范典型。

4. 构建多元共治的乡村现代治理体系

乡村振兴，治理有效是保障。要坚持自治、法治、德治“三治融合”，着力打造共建共治共享的乡村善治格局，确保乡村社会充满活力、和谐稳定。

（1）探索村民自治的有效实现形式。村民自治是“三治融合”的核心，是村民当家做主的保障。村民自治要按照各村的实际情况和不同传统风格，实现村民广泛参与当家做主，管理好自己的事情。加强农村基层群众性自治组织建设，健全村民会议、村民代表会议、村民议事会、村民理事会、村民监事会等，推动农民实现自我管理、自我教育、自我服务。积极推进村民自治实现形式创新，探索村民小组自治试点，在有条件的区域，探索社区联村自治，推行以社区为自治主体的多村联合自治方式。引导进一步完善提升村规民约，增强村规民约解决农村事务的功能，发挥村规民约在乡村治理中的基础性作用。

（2）全面推进乡村法治建设。加大乡村普法力度，完善乡村法律服务体系，帮助农村干部群众树立依法治理理念，强化法律在乡村治理中的权威地位。加强乡村法治宣传教育，加强法治宣传一条街、法治书屋、远程教育等法治宣传阵地建设，开展“法律进村庄（社区）”活动，大力宣传与农民群众生产生活密切相关的法律知识，不断增强农村干部群众的法治观念。继续实施农村“法律明白人”培养工程，大力培养农村“法治带头人”，增强乡村治理引领力量。大力开展法治文化活动，构建覆盖乡村的法治文化体系。增强基层干部法治意识，规范农村基层行政执法程序，将政府各项涉农工作纳入法治化轨道，探索建立乡镇（街道）综合执法平台，推动执法力量下沉。完善乡村公共法律服务体系，推进村（社区）司法行政工作室建设，全面落实“一村一法律顾问”，加强对农民的法律援助。完善农村治安防控体系，加强治安突出问题排查整治，深入开展扫黑除恶专项斗争，加强平安智慧村庄（社区）创建。落实社区服刑人员、刑满释放人员管理制度，健全政府主导、社会参与、家庭扶持的帮扶机制，使其尽快融入社会，预防重新违法犯罪。加强反邪教、社区戒毒、严重精神障碍患者服务管理工作，强化乡村留守老人、妇女儿童等法制教育与服务，提高其自我防范意识和能力。

（3）优化乡村德治环境。坚持德治为先，以德治滋养法治精神，让德治贯穿乡村治理全过程，提高村民自治的自觉性和道德水平。利用各类教育宣传渠道，大力弘扬社会主义核心价值观，挖掘创新乡村道德规范，深入宣传道德模范、好人好事，引导农民诚实守信、敬老爱亲、勤俭持家，实现家庭和睦、邻里和谐、社会稳定。深入开展倡文明树新风、移风易俗、文明创建、道德评议等活动。引导群众性自治组织规范发展，发挥其植根群众、联系群众、服务群众的优势，形成群众问题由群众解决的新机制。推广建立“两代表一委员”接待室、“五老人员”调解工作室等化解矛盾做法，形成全民参与社会治理的共建共享共治格局。加强社会心理服务体系建设，在全市村庄（社区）设置心理咨询室，聘请专业社会工作者或心理辅导人员、志愿者，开展心理健康宣传教育和心理疏导。

（4）引导新乡贤参与乡村治理。乡贤文化积淀了我国千百年来乡村基层治理智慧，在维系地方社会的文化、风俗、教化方面发挥了有效作用。新乡贤是现代乡村发展的产物，他们参与乡村建设不仅带来资源资金，而且为乡村带来现代文明，是乡村治理的重要资源和宝贵财富。一是做好新乡贤下乡的顶层设计。利用省会城市优势，出台相关的激励措施，为“新乡贤”反哺故里提供良好的体制机制、基础条件支撑。结合乡村需要，有针对性地动员和引导新乡贤返乡发挥余热，根据需要给予一定的资金配套扶持，强化精神荣誉鼓励，鼓励新乡贤参与乡村振兴。二是搭建新乡贤参与乡村治理的平台。鼓励和支持乡贤参与乡村公共建设和公益事业；鼓励和支持乡贤参与农村基层组织建设，特别是基层民主协商和民主监督；积极搭建乡贤引领乡风良俗的平台，通过乡贤调解员、乡贤理事会等形式，传承和弘扬乡村文明。三是解决新乡贤返乡下乡的后顾之忧。从制度层面解决新乡贤的退休待遇异地领取问题。鼓励各村因地制宜，探索路径，创新机制，可将农村闲置的村委会房屋、办公设备利用起来，提供给新乡贤使用，让越来越多的新乡贤回得去、留得住、干得好、过得舒心。

（5）凝聚乡村社会组织治理合力。发挥乡村社会组织的功能，引导社会组织参与治理和监督，形成乡村治理的强大合力，是提升乡村治理能力的重要保障。提高农民组织化程度，积极培育合作经济组织，带动农民发展特色优势产业，促进农民增收，壮大集体经济，夯实组织治理基础。培育各类中介组织，为农民群众提供市场信息、生产经营咨询等中介服务，畅通农产品流通渠道，构建组织联系和信任。引导行业协会自律，引导农民在自愿的基础上，组建各种行业协会，建立行业自律准则，发展新型合作组织和农民经纪人队伍。弘扬志愿者精神，积极发展农村社会工作和志愿服务，着力满足农民个性化、多样化需求。

5. 创建富裕美好的农民生活

创建富裕美好幸福的农民生活，是长沙市乡村振兴的根本任务。

（1）推动农民多渠道就业增收。农民增收是生活富裕的前提。面对经济发展的新形势，要积极拓展农民就业创业增收空间，促进农民更高质量和更充分就业，确保农民收入持续增长。一是强化乡村就业创业服务。建立完善城乡一体的公共就业服务制度，加强对农民就业的技能培训、组织引导，积极开展就业服务专项活动。着力选拔培养就业创业导师，组建一批就业创业指导专家服务团队，为农民提供就业创业辅导。加强乡村创业创新园区、基地和孵化实训平台建设，为农民就业创业提供服务。二是优化就业创业环境。完善政府、工会、企业共同参与的协商协调机制，构建和谐劳动关系，监督指导用工单位依法与农民工签订劳动合同，提高农村转移人口就业质量，加大对欠薪企业的惩处力度，切实维护农民工劳动报酬权益。建立创业风险防范机制，鼓励开发相关保险产品，按规定将返乡创业人员纳入就业援助、社会保险和救助体系，使返乡创业有后盾、能致富。三是强化就业产业

支撑。鼓励农民就近创办农业企业，降低农民创业门槛和经营成本，支持农民采取合作、联合、参股等方式发展一二三产业经营项目，引入众包、众扶、众筹、众智等新模式，帮助农民提升创业质量。深入实施农村新型社区和特色产业园区“两区共建”，大力发展乡村特色产业，振兴传统工艺，培育一批家庭工场、手工作坊、乡村车间，促进乡村经济多元化。通过财政补贴、政府购买服务、税收优惠等政策，鼓励和支持农民工等返乡和市民下乡创业创新，引导返乡人员组建创业创新团队，培育形式多样的产业联盟或产业化联合体。

（2）推进城乡基本公共服务均等化。加强基本公共服务供给是提高农民幸福指数的根本保障。要加快构建覆盖城乡、普惠共享、公平持续的基本公共服务体系，确保农民群众能够享有更好的教育、更高水平的医疗卫生服务、更可靠的社会保障。一是优先发展农村教育事业。完善城乡统一的义务教育经费保障机制，逐步提高生均公用经费标准，统筹城乡教师资源配置，逐步建立义务教育学段教师农村学校服务期制度，使城乡之间、学校之间教师交流轮岗制度化。加快学前教育改革发展，提高农村学前教育普及普惠率。加快发展面向农业农村的现代职业教育，统筹优化职业教育城乡布局。二是推进健康乡村建设。健全乡村医疗卫生服务体系，加强乡镇卫生院和村卫生室标准化建设，推进城乡医疗卫生资源均衡配置。建立区域全民健康信息平台，实现医疗服务、公共卫生和医疗保障等信息全市互联共享，以大数据支撑群体疾病预测和个性化服务。健全和完善家庭医生签约服务，稳步扩大家庭医生签约覆盖面，签约服务优先覆盖老年人、孕产妇、儿童、残疾人、慢性病、结核病、严重精神病患者、贫困人口、计划生育特殊家庭等重点人群。加强基本医疗保险、大病保险、医疗救助、疾病应急救助等制度的有效衔接，推动医疗商业保险、补充保险覆盖全部人口。不断完善农村居民基本医疗保险门诊统筹制度，逐步提高政策范围内住院费用报销比例。三是健全农村社会保障制度。完善城乡居民基本养老保险制度，建立城乡居民基本养老保险待遇确定和基础养老金正常调整机制。全面落实被征地农民社会保障资金，实行“先保后征”政策。突出社区居家养老，重点推进医养结合，推动农村各类养老服务设施质量提升，全面建成以居家为基础、社区为依托、机构为补充、医养相结合的养老服务体系。统筹城乡社会救助体系，进一步做好医疗救助和临时救助工作，确保农村群众突发性、紧迫性、临时性基本生活困难得到及时救助，基本生活得到有效保障。

（3）加快城乡基础设施互联互通。要继续把基础设施建设重点放在农村，按照规划同步、建设同质、投入同量、管护同标的要求，全面提升农村道路、水利、电力、燃气、物流、网络等基础设施建设标准。一是推进城乡交通物流一体共建。推进全市“四好”公路建设，实施自然村通水泥公路建设和提质改造，加快实现水泥（沥青）路通村达组。实施城乡公路联网提速行动，推动农村公路枢纽的互通联结。加大农村公路养护力度，推进城乡公路设施一体化管理。全面推进城乡客运公交化和城乡公交一体化建设，鼓励发展镇村公交，促进乡村公交与城市公交的紧密对接。整合优化现有物流要素资源，以邮政快递、商贸、供销、交通等物流设施为基础，加快推进农村物流网络节点建设，加强冷链设施建设，培育一批实力雄厚的冷链物流企业，建设一批冷链物流园区，全面提升农村流通服务能力和水平。二是提升城乡水安全保障能力。加快推进水利基础设施建设，切实提高城乡水安全保障能力，基本消除防洪减灾重点薄弱环节，实现水旱灾害基本可控。三是推进城乡信息互联互通。综合运用多种技术手段，持续推进农村地区移动和固定宽带网络建设。引导移动、联通、电信和广电等运营企业加大农村网络建设投资，进一步提高农村地区光纤宽带接入能力，全面实现农村地区移动宽带网络全覆盖。建设信息进村入户平台，完善农村消费信息服务、市场信息服务、“三农”政策信息服务、农村生活信息服务等系统和手机 App，推动服务手段向移动终端延伸，服务方式向精准投放转变。推动远程医疗、远程教育等应用普及，建立空间化、智能化的新型农村统计信息综合服务系统，弥合城乡数字鸿沟。四是推进城乡能源互用互补。进一步推进农村能源结构调整，深化农村能源服务体制机制创新，构建清洁高效、多元互补、城乡协调、统筹发展的现代农村能源体系。加快新一轮农村电网升级改造，推动供气设施向农村延伸，形成以电网为基础，与天然气管网、热力管网等互补衔接、协同转化的能源设施网络体系。支持绿色能源示范村镇、可再生能源集中供热等重大工程建设，重点支持生物质供热、规模化生物质天然气、规模化大型沼气、太阳能、地热能、风能等技术的推广应用，鼓励多能互补系统工程的示范应用，提高农村清洁能源自给率。

（4）推进农业转移人口市民化。进一步提高近郊乡镇城镇化水平，推进有条件的农业人口就近就地成为新市民。一是加快推进农民城镇落户。进一步加大户籍制度改革力度，建立中心城区与县市城镇的差别化落户政策，最大限度放开县市城镇落户，逐步取消中心镇（小城市）的农民进镇门槛，按照在实际居住地登记户口的原则，实行城乡户口登记管理一体化，推进农民工进城落户融入城市。二是确保进城农民平等享受城镇公共服务。加快推进城乡公共服务均等化进程，确保进城农民平等享受教育、就业、医疗、社保、住房等基本公共服务；完善城乡公共服务的接转制度，推进农民社会保障城乡一卡转续，逐渐实现基本社会服务城乡一体化。三是完善农民市民化激励机制。切实落实农民土地权益，推进土地经营权有序流转，保障农民的土地收益权；加大集体产权与宅基地成员权的保护力度，确保进城农民集体资产的收益权和宅基地的使用权，完善进城农民有偿转让乡村集体权益以获得进城资源的鼓励政策。

（5）大力发展农村新型集体经济。农村集体经济是壮大农村经济、增加农民收入的重要力量，是乡村振兴的重要依托，是农民共同富裕的重要基础。一是完善集体经济管理体制。推动建立独立核算的新型村级集体经济组织，制定规范的集体经济组织章程，明确集体经济组织法人地位。借鉴外地走合作化和集体化道路的典型经验，支持村级集体经济组织领办、参办专业合作社，参与组建股份制企业，因地制宜创新集体经济的实现形式。二是选好集体经济带头人。培养发展集体经济的优秀农村人才，通过群众选举、公开竞聘、组织委派等方式，选派有口碑、有责任心、懂经营、会管理的高素质人才进入村两委班子，成为集体经济的带头人；抓好乡村经管干部队伍建设，提高其政治地位和经济待遇，提高乡村干部指导集体经济发展的能力。三是推进集体经济多元化发展。鼓励和支持集体经济组织入股土地合作社，依托土地合作社发展多种形式的股份合作，形成集体经济发展的多样化模式。依托区位、交通、资源等比较优势，因情制宜，因村制宜，按照“镇抓产业、村抓特色”的思路，集中发展一批竞争力强的特色集体经济产业项目。推行“农业＋电商，＋旅游，＋文化，＋养生”，拉长产业链，提升价值链，让集体和农民有更多的收入。四是建立集体经济发展的长效机制。发挥乡村党组织对集体经济组织的领导核心作用，强化农村集体资金、资产、资源“三资”监管，防止集体资产流失。推进新型村级集体经济发展示范村建设，发挥典型带动作用。从资金上和政策上支持村级组织带领群众致富，走合作化、集体化道路，充分调动他们的主观能动性和创造性。对集体经济薄弱村，建立既输血又造血的机制，夯实发展集体经济的根基。

三　长沙市推进乡村振兴的政策建议

实施乡村振兴战略，必须强化制度供给。确保乡村振兴的质量，应当聚焦重点，转换动力，更好地发挥政府作用，进一步健全政策供给体系，打出政策“组合拳”，充分发挥政策在乡村振兴中的保障和推动作用，促进乡村振兴战略的落地生效。

1. 实施农业农村优先发展的财政支持政策

坚持农业农村优先发展是党中央的明确要求，是长沙实施乡村振兴战略必须始终坚持的根本原则。坚持农业农村优先发展首先要坚持农业农村优先投入，解决好乡村振兴“钱从哪里来的问题”。必须发挥政府财政的基础作用，确保农业农村是财政支出优先保障的领域，确保财政资金投入力度不断增强、投入总量持续增长，投入与全市乡村振兴目标任务相适应。

（1）确保财政投入优先。坚持把农业农村作为财政保障和预算安排的优先领域，推动公共财政以更大力度向“三农”倾斜。一是健全财政投入优先保障制度。确保公共财政投入农业农村的力度不断增大，重点支持都市现代农业、集体经济、耕地保护、农田水利基础设施建设、高标准农田建设、粮食（油菜）规模化生产财政奖补、政策性农业保险补助、农业科技信息建设、田园综合体建设、脱贫攻坚、培育新型经营主体等，并设立专项补助保障困难村干部和村级组织运转、开展经济薄弱村扶持项目补助，确保全市财政投入农业农村的总量都有每年较大幅度增加、结构更优化，与全市乡村振兴目标任务相适应。二是建立建设用地跨区域调整机制。加快各县市的土地整治、高标准农田建设，推动发展较为缓慢的乡镇新增耕地指标向城区调剂，签订土地增减挂钩节余指标流转协议，将指标流转收益全部用于当地农村的聚居点建设、产业发展等，缓解城区用地指标紧缺状况，相对贫困乡镇可获得发展资金，通过调剂实现双赢。三是盘活财政存量资金。建立存量资金定期清理评估机制，强化投入农业农村的结转结余资金清理，通过收回以前年度结转结余资金并将其全部纳入预算统筹安排，化“零”为“整”，从存量上减少结余结转资金，提升财政资金供给效率，避免形成“二次沉淀”。

（2）加强涉农资金整合。推动乡村振兴，除了要确保财政优先投入外，还要调整优化支出结构，提高支出的有效性和精准度，着力解决涉农资金目前存在的多头管理、交叉重复、使用分散等问题，提升财政资金的质量和效益。要加快出台《长沙市涉农资金统筹整合的实施意见》，指导县级政府推进行业内资金整合与行业间资金统筹相互衔接配合，统筹整合各层级、各行业、各渠道、各领域的涉农资金，投向农业农村最急需、最迫切、最关键的领域和环节，提高财政支农资金效益。

一是推进覆盖各类涉农资金的“大专项 + 任务清单”管理。在财政涉农专项转移支付资金和涉农基建投资资金两大专项的基础上，合理设置任务清单管理，对约束性任务和指导性任务实施差别化管理。下放涉农项目审批权限，充分赋予县（市区）政府统筹使用财政涉农资金的权力，支持县（市区）政府以乡村振兴战略规划为引领，在完成约束性任务的前提下，因地制宜在同一大专项内调剂使用资金，切实提高财政涉农资金使用合力。二是优化财政资金使用方向和使用结构。突出财政优先支持绿色生产，新业态、新技术、新模式集成创新，适度规模经营等方向，对利于构建符合长沙实情的现代农业产业体系、生产体系、经营体系，能推动全市农业产业链整合和价值链提升的重点区域、重点项目、重点新型农业经营主体优先扶持，对农业结构调整、农产品加工、新产业新业态发展、品牌打造、智慧农业发展等项目类别予以重点扶持。引导奖补资金与乡村振兴目标相结合，促进财政奖补政策落地。三是加强对整合资金的统一管理。建立对清理整合后的资金的统一管理机制，科学合理确定财政资金支出方向和绩效目标。完善支农资金预算制度，加强预算执行，从源头对补贴类、项目类以及救灾类涉农财政资金进行约束，分类制定支出措施。建立与整合相适应的绩效评价制度，逐步由单项任务绩效考核向行业综合绩效考核转变，推动绩效评价结果、预算安排和资金分配双挂钩，以评价结果为导向分配和奖励支农资金，对工作成效突出的地方在资金安排上予以适当倾斜。建立健全常态化监管机制，对重点资金、项目和区域加强审计监督，严厉查处违法违规违纪问题并追究责任；加强融资风险防控，规范地方政府举债融资行为，避免出现借乡村振兴的名义违法违规变相举债的现象。

（3）发挥财政资金引导作用。推动乡村振兴需要创新财政引导机制，合理引导社会资金的投入，形成多元投入的合力。一是设立长沙乡村振兴母基金。按照“政府引导、市场运作、科学决策、防范风险”的基本原则，由长沙市财政出资作为政府引导基金，向长沙银行、华融湘江银行等各类金融机构，长沙市以及各县（市、区）政府投资平台公司，有实力的投资公司，大型涉农企业，社会资本等募集资金共同设立长沙乡村振兴母基金。母基金通过设立各类专项子基金，投资休闲农业、乡村旅游、文创产业、特色小镇、田园综合体等乡村振兴具体项目，为乡村振兴注入新动能。

二是创新政府引导社会资金投入模式。探索“先建后补”新模式，对社会资本投向农村基础设施和公用事业领域的，进行政策性奖补；推广政府与社会资本合作模式，对公共服务建设项目优先采用 PPP 模式；推广政府购买服务模式，对农村垃圾的收运管理、优秀民办文艺团体开展公益性演出等项目，通过政府购买服务的方式交由专业化队伍承担，实现投资主体多元化。推行担保贴息、农业信贷担保、以奖代补、民办公助、风险补偿、政策性保险等其他多种模式，引导和撬动更多金融和社会资本投向农业农村，为乡村振兴提供更加可持续的资金来源。

2. 健全绿色生态导向的农业支持保护制度

以绿色生态为导向的农业支持保护制度是推进农业绿色发展的“指挥棒”。要从制约农业可持续发展的重点领域和关键环节入手，进一步提高农业补贴政策的精确性、指向性和实效性，促进农业资源合理利用与生态环境保护，引导和支持长沙市都市农业往绿色高质方向发展。

（1）完善生态农业补贴制度。大城市农业发展面临的环境污染、农产品安全问题及潜在的威胁，迫切要求政府实施积极的财政补贴政策，引导农业绿色发展，形成推进农业绿色发展的长效机制。一是加快完善生态农业补贴的政策体系。制定《建立以绿色生态为导向的农业补贴制度改革方案》的长沙市实施细则，因地制宜完善现有农业补贴政策。二是建立精细农业和绿色农业导向补贴机制。将绿色生态理念贯穿于农业各项补贴政策设计与实施全过程，绿色发展是转移支付“大专项 + 任务清单”改革中的任务清单和绩效评价的重要内容，利用现有资金渠道对于深松整地、节水灌溉、秸秆还田离田等绿色发展的项目实行敞开补贴，将增量资金重点向精细农业和绿色生态农业倾斜。三是统筹农业补贴与环境保护资金，增加对农业生态环境保护的投入，加大对湿地、退耕还林、还水以及农用地土壤整治修复等投入，加大对发展节水灌溉、雨养农业的补贴力度，稳步推进农业水价综合改革。

（2）构建支持市场导向的产品结构调整政策。设立长沙市农业结构调整风险基金。该基金以政府财政资金为主导，主要用于支持全市农业产业结构和农产品结构以市场需求和区域特色优势为导向进行调整，对优质品种、高端产品、村镇特色产品生产经营进行补贴，适度扩大对优质稻谷、有机蔬菜瓜果、特色高效园林作物生产的支持，在重金属污染严重耕地发展花卉苗木生产等，促进农业供给结构与市场需求相匹配。

3. 推进提高农业供给质量的科技创新体制改革

科技创新是农业发展的第一推动力。推进乡村振兴对农业科技创新提出了新的要求。适应农产品消费结构转型，提高农业供给质量，加快农业现代化步伐，需要发挥长沙科技资源丰富的优势，明确农业科技创新的目标和方向，提高农业科技创新能力与科技成果应用水平。

（1）明确农业科技创新的目标和主攻方向。科技创新必须以市场需求为导向，围绕如何提高土地产出率、劳动生产率和绿色发展水平开展。要瞄准农业科技前沿，在特色优质农产品品种选育、农村新产业新业态发展、农产品质量安全控制、土壤分类普查与污染治理、农业节水节地节能、生态肥药推广和绿色发展、农业标准化与大数据建设等方面加强重大科技创新平台部署，加快突破关键核心技术。加大农业适用新技术的供给力度，大力推广农药化肥替代技术、特色种养及加工技术，加强农机装备的科技供给，依托“互联网+”、大数据、物联网技术和平台，帮助经营者打通生产和需求间的信息壁垒，促进市场供需均衡。

（2）加快建设与市场相适应的农业科技创新体系。把长沙的产业优势与省农科院、湖南农业大学等高校与科研院所的科技优势、人才优势紧密结合起来，培育符合现代农业农村发展要求的创新主体，布局全链条协同创新基地，推动农业提质增效。加大对适应需求的农业科技创新的支持力度，实施重点农业科技项目联合攻关，提高农业科技研发活动的针对性和精准性，从顶层和源头上确保农业科技成果供给更加符合农业农村的实际需求。

（3）加强对农业科技成果转化应用支持。一是加大对农业科技成果转化和推广应用的支持力度。建立科学的科技成果评价体系和科技成果转化激励体系，促进各级政府科技专项经费向科技成果转化倾斜。搭建高效的农业科技成果转化平台，畅通农业科技成果转化渠道，让农业科技成果真正从实验室走向田间地头，与需求匹配。二是健全农业科技服务体系。推进农业产学研一体化建设，打造农科教结合基地，加强乡镇农业服务中心和农技服务队伍建设，构建市、县、乡、村四级联动的现代农业科技服务体系。创新公益性农技推广服务方式，引入项目管理机制，推行政府购买服务，支持社会力量广泛参与农业科技推广。继续深入推行科技特派员制度，加快农业科技成果转化。

4. 深化增加农民财产性收益的农村产权制度改革

长沙农民收入水平远远高于全省平均水平，但主要收入来源于工资性收

入和经营性收入，财产性收入占比较低，其根本原因在于农民的财产权利缺失和财产权利不完整，而农民的财产产权还是影响农业转移人口市民化的关键因素。因此，需要加快推进农村产权制度改革，赋予农民更多财产权利，实现农民财产的自主流转和市场化交易，为增加农民财产性收入和推进城乡要素双向流动提供有力保障。

（1）发展多种形式的规模经营。对于长沙这样户均耕地面积少，土地小块、零散特征明显的地区，发展多种形式的适度规模经营，是构建现代农业体系的必然要求。一是加快土地流转。要深化农村承包地“三权分置”改革，维护农民集体对承包地发包、调整、监督、收回等各项权能，激活土地经营权的诸多权能，促进农村集体和农户所拥有的各项土地财产权有效实现。引导农村土地有序流转，落实中央第二轮土地承包到期后再延长 30 年的政策，科学确定本地区土地规模经营的适宜标准，鼓励农民在自愿的基础上签订长期的土地流转合同，保持流转的稳定性。建立完善“村组合作社、乡镇服务站、县（市）农交所”等土地流转服务平台，促进农村土地经营权有序流转。鼓励规模经营业主与农户建立稳定合理的利益联结机制，探索实物计租、货币结算、租金动态调整、土地入股保底分红等利益分配办法，保护流转双方合法权益。二是培育壮大新型经营主体。培育壮大农民专业合作社，促进合作社的规范发展，引导组建联合社；支持农业产业化企业做大做强，支持兼并重组、强强联合，组建大型企业集团；大力培育家庭农场。进一步探索新型经营主体与农民的合作形式，鼓励农民以承包地入股组建土地股份合作社，因地制宜推广“鹊山模式”。探索全程托管（土地托管）、代耕代种、联耕联种、农业共营制等新型合作模式。统筹兼顾培育新型农业经营主体和扶持小农户，引导龙头企业、农民合作社、家庭农场和种养大户分工协作组建农业产业化联合体，把小农生产引入现代农业发展轨道。

（2）盘活提升农村“三块地”资源价值。具有生产资料和生产要素双重身份的土地是农民最宝贵的财富，在明晰土地产权的基础上盘活提升其价值，是激活主体、激活要素、激活市场的核心动力。一是深化“三块地”

改革。进一步推进国家批准的农村土地征收、集体经营性建设用地入市、宅基地制度改革试点，适时扩大试点范围、推广有益经验。二是探索农宅合作社建设模式。探索宅基地所有权、资格权、使用权分置改革，落实宅基地集体所有权，保障宅基地农户资格权和农民房屋财产权，适度放活宅基地和农民房屋使用权，在符合农村宅基地管理规定和城乡规划的前提下，鼓励农户以宅基地使用权及农房财产权入股发展农宅合作社。三是开展利用集体建设用地建设租赁住房试点。在全市范围内加快完成农村集体资产清产核资，摸清各村集体资产家底，按照资源性资产、经营性资产和非经营性资产等三类不同特性资产分类管理。选择一批租赁住房需求较大、村集体经济组织建设意愿较强、资金来源较好、镇政府监管和服务能力较强、村委会工作得力的村进行试点，村集体经济组织可以通过自行开发运营、联营、入股等方式建设运营集体租赁住房。四是加大农村闲置地的整理与开发力度。建立健全利用农村零星分散的存量建设用地的制度，允许返乡下乡人员和当地农民合作改建自住房、城镇居民与当地农民合作建房，鼓励社会资本采取租赁、入股等方式盘活闲置农房，发展乡村民宿和客栈。加强乡村新增用地管理，严格土地用途管制，鼓励利用新增地发展农村新产业新业态。

5. 实行全方位的农村创业创新扶持政策

农村创业创新是乡村振兴的强大动力。随着农业农村的资源价值日益显现，农村创业创新浪潮正在逐步兴起。长沙作为省会城市具有吸引各方面力量到农村创业创新的良好条件，应该在推动农村创业创新工作中勇于开拓、大胆创新，加强政策引导与扶持，使农村创业创新成为乡村振兴的强大动力和农业农村现代化的重要引擎。

（1）完善创业创新服务体系。通过完善农村创新创业的支持政策，营造创新创业的浓厚氛围，强化政策供给，充分激活各类城乡生产资源要素，激发农村的创新创业活力。一是简化市场准入。简化前置审批事项，针对农村创业创新设立注册登记“绿色通道”，免收登记类、证照类等行政事业性收费，提供有针对性的创业辅导、政策咨询、集中办理证照等服务。二是推进创业培训行动。实施返乡创业创新培训行动计划，推进青年农场主培训、新型农业经营主体带头人培训、农村实用人才培训、新型职业农民培训，将培训经费纳入地方财政预算。推进培训方式的多元化。探索采用政府购买服务方式，鼓励有条件的社会力量开展农村创业创新培训，加强实训基地、田间学校建设，支持农民专业合作社、专业技术协会、龙头企业等主体承担培训任务。三是扩大专业服务供给。鼓励大专院校、科研院所、行业协会和社会中介组织，对农村创业创新所需的研发设计、技术推广、检验检测、市场拓展以及政策、资金、法律、知识产权、商标等提供专业化服务。四是完善创业创新的社会保障政策。返乡下乡人员可在创业地按相关规定参加各项社会保险、缴存住房公积金、将子女纳入城乡居民基本医疗保险参保范围，子女可在创业地接受普惠性学前教育和义务教育等。对返乡下乡人员初始创业失败后生活困难的，给予一定的社会救助，创造宽容失败的政策环境。

（2）强化创业创新用地保障。一是保障返乡下乡创业创新用地。优先保障返乡下乡人员发展乡村旅游、绿色养老、产品加工、农村产业融合以及农产品冷链、初加工、烘干、仓储、机库等产业和项目所需设施建设用地完善配套的设施农用地。二是鼓励返乡下乡人员盘活闲置土地。对于到乡村发展的投资人员、离退休回乡参与乡村建设的公职人员，按照“一地一策”思路，允许依托自有和闲置农房院落发展“农家乐”，允许和当地农民合作利用宅基地改建自住房，着力挖掘农村房地存量和闲置资源。鼓励村集体将村庄整治、宅基地整理等节约的建设用地采取入股、联营等方式，支持和参与农村创业。

（3）打造创业创新发展平台。依托各类农业园区基地建设返乡下乡人员创业创新孵化园区（基地），培育打造一批省级示范农村创业创新园区（基地），推动各类农业园区进入“全国农村创业创新园区（基地）目录”，增强各方面支持政策的引导性、精准性和协同性，引导资源向园区集中。支持设在乡村的产业园区、小企业创业示范基地、众创空间、创业创新孵化器等开辟专门区域，为返乡下乡人员提供创业创新空间，吸引各类资源要素向乡村集聚。加快供销合作社改革，打造综合性农业服务公司，创新农资服务方式，推进服务的规模化，促进由“卖商品”向“卖服务”转变，使其在农村创业创新中发挥更大的作用。加强农村创业创新信息服务，构建全市统一的农村创业创新信息平台，为创业创新提供高效便捷的信息服务。

6. 引导形成多层多样的农村金融服务体系

农村金融服务是长沙金融服务体系中的薄弱环节，应着力加强对金融的政策引导，建立多层多样的农村金融服务体系，促进普惠金融落地，实现农村金融贷款投放的持续增长，不断满足农业农村发展的资金需求。

（1）完善金融支农组织体系。制定相关优惠政策，引导各种金融机构在农村设立分支机构，引导符合条件的商业银行、农村商业银行等在乡村发起设立村镇银行，合理布局村镇银行设点。支持鼓励在乡镇设立小额贷款公司，将村村通的便民服务取款点发展成为金融小超市，实现村级全覆盖，让村民更便捷地获得金融服务。鼓励并规范发展农村资金互助合作组织，推进农民合作社内部资金互助试点，严格落实监管主体和责任，增加农村资金有效供给，发挥对乡村振兴投资主渠道的补充作用。

（2）创新金融支农产品和服务。鼓励农村金融机构在信贷投放计划安排上向农村倾斜，从农村吸储的资金主要用于农业农村发展。探索开展农业产业链和供应链金融服务，依据茶叶、花卉苗木等长沙优势和特色农产品，以供应链的核心企业为中心，捆绑整条产业链上的上下游中小企业、农户和消费者，提供支持农业供应链的系统性金融解决方案，形成“公司 + 农户 + 银行”的农业金融新模式。引导金融机构探索扩大担保物范围试点，针对农业农村发展创新金融产品，提高金融服务水平，支持金融机构将宅基地使用权、集体经济组织股权、农民土地经营权、林地承包经营权、大中型农机具、商标权、专利权、股权、债权、应收账款、汇单、订单、保单、仓单等纳入贷款担保的抵质押物范畴。

（3）加大资本市场融资力度。长沙资本市场服务农业农村有较好的基础，涉农企业在资本市场融资力度较大，但是仍有较大的拓展空间。支持符合条件的涉农企业通过发行上市、再融资、新三板挂牌和并购重组等方式融资。深入推进农产品期货期权市场建设，稳步扩大“保险 + 期货”试点，为涉农企业提供新型避险工具。探索“订单农业 + 保险 + 期货（权）”试点，促进“粮食银行”发展。积极推进债券的发行，申请由省级政府代为发行项目收益与融资自求平衡的乡村振兴专项债券，债券资金用于乡村振兴项目建设，支持改善农村居住环境、基础设施和交通条件，发展特色产业和民生事业。引导设立金融支农天使投资基金品种。利用长沙市农业农村发展基础、各种资源优势，积极引进天使投资者，鼓励国内、省内其他地方的游资向长沙市农村朝阳产业、有发展前途和投资价值的项目流动。

（4）创新培育金融支农新业态。通过积极培育与乡村振兴需求相匹配的各类金融新业态，有效扩大金融在农村的服务面，增强农民发展生产的金融获得性。大力发展移动金融，加速手机银行、手机信贷等移动金融应用，普及网上银行，减少还款成本，解决片区物理网点及银行机具布局和镇村的金融服务覆盖不足问题。积极发展互联网众筹支农金融，借助互联网金融，通过各类互联网平台集聚社会资本和商业贷款，通过互补式合作，将零散资本集中引进农业农村，实现支农的社会化，扩大资金供给量。紧抓大型商业银行大力发展移动金融的机遇，构建良好的网络银行信用，争取获得各类“快贷”产品的贷款发展农村产业。

（5）建立农村信用体系。农村信用体系建设是长沙社会信用体系建设的重要组成部分，是“信用长沙”行动的重要内容。建立农村信用体系，有利于推进普惠金融在农村的落实，推进农村融服务方式创新，弥补抵押担保不足，解决农村贷款难问题。一是建立健全农村信用档案。以“信用长沙”建设为契机，以政府为主导，相关部门配合，金融行业先行，逐步健全全市农户和农村经济主体信用信息收集、共享、评价和应用四大体系。二是开展信用创建活动。继续推进“三信”（信用乡、信用村、信用户）创建活动，加快信用转化为可以融资的资格。开展农业大户与合作社信用评级创建活动，将评级结果与贷款审核相结合，打通便捷融资通道。推进涉农企业诚信等级评定，开展农产品质量安全诚信示范企业、品牌信用企业等各类评选活动，建立失信书面通知制度，向失信企业发出信用记录提示通知书并进行惩戒。三是完善农村信用担保体系。探索组建长沙市农业信贷担保机构，主要从事农业贷款担保以及对县域政策性农业担保机构再担保业务。支持各县（市、区）加大本级财政投入，组建县级农业担保机构，加强对农业的信贷担保，探索建立以县为主、省市适当补助、县域封闭运行的农业贷款风险金制度，持续推动农业担保业务向基层一线延伸。四是探索发展农村信用协会，引导产业大户在自愿基础上注册成立信用协会，由财政配套风险基金，引导银行给协会成员发放贷款。

（6）完善农业保险制度。农业是自然风险与市场风险兼具的产业，激发农村创业活力必须把农业保险作为应对农业风险的重要手段。推进乡村振兴必须提高农户参保率，根据农产品市场风险特点和保障需求，推出有效的保险产品，为农业农村现代化保驾护航。一是不断扩大农业保险覆盖面，提高风险保障水平。实施保险补贴支持政策，加大对专业大户、家庭农场、农民合作社的保险支持力度，降低其自缴保费比例，减轻保费负担，提高保障水平。二是增加特色农业保险品种。针对长沙优质稻谷、茶叶等差异化竞争力强的产品、特色加工类产品、高附加值与多功能产业产品等，开发相应的保险产品，强化对特色农业的风险保障。以政府补贴为支撑，探索和推广粮食、生猪、蔬菜、茶叶等特色农产品的目标价格保险。三是探索建立农产品收入保险制度。研发设计以保障收入为基础的收入保险品种，对农民生产损失实行全成本保障，弥补生产者因自然灾害导致的产量损失和因价格下跌而造成的收入损失。

7. 构建有利于人才和资本下乡的要素配置机制

构建有利于城乡资本、技术、人才等要素双向流动的体制机制，是乡村振兴的前提。长沙需要发挥作为省会城市的人力资源与资本优势，以破除城乡要素流动体制机制障碍为重点，加快构建有利于人才和资本下乡的要素市场化配置机制，为乡村振兴提供强有力的保障。

（1）构建城乡人才双向流动机制。引导人才下乡，关键是要创造良好的环境，构建双向流动的体制机制，确保人才“来得了、待得住、用得好、流得动”。要把乡村人才资源开发纳入长沙市整体人才发展计划，实施乡村人才振兴工程，大力培育乡土人才，鼓励和引导城乡各类人才投身乡村建设。落实《长沙市建设创新创业人才高地的若干措施》，加大农业科研人才的培育与引进力度，加强农技推广人才队伍建设。加快出台激励政策，推动形成城市医生、教师、科技、文化等专业人员定期服务乡村的机制。建立委托定向培养机制，对愿意到农村工作的高考生，签订协议，优先招生、优先选择专业、优先推荐就业。推动人才管理职能部门简政放权，保障和落实基层用人主体自主权，推行“岗编适度分离”新机制，建立乡村急需紧缺人才援助机制，鼓励符合要求的公职人员回乡任职。加强“三农”工作干部队伍的培养、配备、管理、使用，构建城乡双向的干部交流机制，把到农村一线工作锻炼作为培养干部的重要途径，注重提拔使用实绩优秀的干部，形成人才向农村基层一线流动的用人导向。

（2）引导工商资本下乡。长沙工商资本较为雄厚，合理引导工商资本下乡，并以此带动人才下乡、技术下乡，将为乡村振兴注入强大动力。加快出台《长沙市引导和规范工商资本下乡的意见》，在土地流转、配套设施建设、融资保险、税费减免等方面制定扶持政策，吸引工商企业下乡投资。培育有吸引力的项目，鼓励工商企业投资农产品加工、生物种业、田园综合体、特色小镇等领域项目建设，通过项目建设带动资本流入农村。拓展工商资本进入领域，探索建立政府与社会合作共建和政府购买公益服务等机制，支持工商资本进入农村生活性服务业，支持社会资本以特许经营、参股控股等方式参与水利、农垦等项目建设运营。加强对工商企业租赁农户承包地的监管和风险防范，建立健全资格审查、项目审核、风险保障金制度，防止企业巧立名目骗取国家农业补贴、通过各种花招变更土地用途和损害农户利益。

8. 建立市场化多元化的生态补偿机制

建立市场化、多元化生态补偿机制是实施乡村振兴战略的重要组成部分，是生态文明制度建设的核心内容，能有效激励和促进乡村绿色发展。长沙市已经开展了生态补偿制度的探索，未来需要推广探索经验，进一步加快改革创新，为建设生态宜居美丽乡村提供制度保障。

（1）落实农业功能区制度。细划全市的优化发展区、适度发展区、保护发展区等农业发展区域，明确区域发展重点。加快划定粮食生产功能区、重要农产品生产保护区，创建特色农产品优势区，明确区域生产功能。加大重点生态功能区转移支付力度，完善生态保护成效与资金分配挂钩的激励约束机制。

（2）健全耕地保护补偿机制。明确以县（市、区）政府为责任主体，加快完成全市永久基本农田的划定，对土地利用总体规划确定的永久基本农田和其他一般耕地保护进行资金奖补，重点补偿高标准基本农田、永久基本农田示范区，加大对农村集体经济组织保护耕地的以奖代补资金投入力度。以高标准农田建设面积、耕地保有量面积以及基本农田保护面积等为依据，支持省级返还新增建设用地有偿使用费分配向耕地保护重点区域倾斜，专项用于耕地保护和农村土地综合整治等。设立耕地保护激励专项资金，通过制定差别化的耕地保护绩效评价体系，每年对耕地保护绩效突出的县（市、区）、乡（镇）以及村级集体经济组织进行资金奖励和表彰。

（3）构建森林保护补偿制度。推进天然林保护政策全覆盖，采取停伐补助和奖励政策，对未纳入以往政策保护范围的实施补偿，对非天保工程区国有商品林实行全面停伐补助，对非天保工程区集体和个人所有商品林实行停伐奖励。建立健全天然商品林管护补助标准动态调整机制，根据每年的财力情况适当提高补偿补助标准。探索建立生态产品购买、森林碳汇等市场化补偿制度。开展重点生态区商品林赎买改革试点，逐步探索赎买、租赁、改造提升、合作经营等改革路径。选择在一批林场开展林业碳汇交易试点，逐步实现生态、经济、社会三大效益的有机统一。推行生态建设和保护的以工代赈做法，提供更多生态公益岗位。

（4）构建湘江水域禁捕补偿制度。对湘江流域水生生物保护区实行全面禁捕，加快出台保护区退捕转产具体实施方案。制定减船转产和渔民退出补偿机制，落实对户籍在辖区内、有合法捕捞证的退捕渔民每户每年给予适当转产过渡补助，引导渔民逐步退出天然捕捞。加快转变养殖方式，降低养殖密度，大力发展生态健康养殖。积极开展对专业渔民的技能培训，帮助渔民转产转业，引导他们进入养殖业、运输业和第三产业。

（5）探索流域横向生态补偿制度。推进湘江流域上下游区域合作，推

动流域内上下游相邻市、县间建立流域横向生态保护补偿机制，在加强联防联控、联合执法、合力治污等方面明确责任，共同维护流域生态环境安全，实现保护水质、共同发展的目标。

9. 建设党全面领导下的高效廉洁服务型政府

坚持党的领导是做好农村各项工作的根本保证，建设党全面领导下的高效廉洁服务型政府是落实、制定好政策，把全市农业农村优先发展的要求落到实处、引导全市农村健康发展的坚强保障。

（1）加强党对农村工作的领导。实施乡村振兴战略是党和国家的重大决策部署，必须完善领导体制机制，确保乡村振兴有序进行。要健全党委统一领导、政府负责的农村工作领导体制，按照党政一把手是第一责任人、五级书记抓乡村振兴的要求，落实领导责任制。各县（市、区）委书记要当好乡村振兴“一线总指挥”，乡镇党委书记要把实施乡村振兴战略作为核心任务和主要职责来抓，充分发挥村党组织在乡村振兴中的战斗堡垒作用。分级分类建立乡村振兴项目清单、投入清单、任务清单、考核清单，确保目标任务的落实落地。

（2）加强农村基层党组织建设。农村基层党组织建设是农村改革发展稳定的重要保证。要建强农村基层党组织，加大在农村企业、农民专业合作社、农村社会组织中建立党组织的力度，根据村组调整状况及时调整优化党组织设置和隶属关系。落实好全面从严治党要求，健全农村党风廉政建设工作体系，加强农村基层干部党风廉政教育，持续整顿软弱涣散村党组织。加强农村党员队伍建设，着力培养优秀的党组织书记，选优配强村“两委”班子，鼓励政治性、组织性、纪律性强的农村能人、退伍军人进入村“两委”班子，探索优秀书记跨村兼职、优秀机关干部下乡脱产任职等方式，加大后备干部培养力度，推动党组织队伍优化提升。促进基层党组织担负好直接教育党员、管理党员、监督党员和组织群众、服务群众的职责，引导广大党员发挥先锋模范作用。

（3）推进基层政府职能转变。实施乡村振兴战略需要基层政府进一步提高服务能力和服务水平。一是进一步明晰政府与市场边界。尤其是厘清县乡政府和村民委员会、农村集体经济组织之间的权责边界，充分发挥市场在资源配置中的决定性作用，加快推动各种要素自由流动，激发各类市场主体活力，充分发挥政府作用，推进依法行政。明确把政府服务重点放在优化经济环境、农民基本权益保护、社会民生等方面。二是优化政府服务。深入推进“放管服”改革，整合优化公共服务和行政审批职责，全面推行“只上一张网、只进一个厅、最多跑一次”等做法，打造“一门式办理”“一站式服务”的综合服务平台，提高行政效能，优化农业农村发展环境。三是创新服务供给方式。引导农村集体经济组织、农民专业合作组织等承接政府的购买服务项目。全力推进“互联网+政务服务”模式，积极探索“基层受理+网上审核+快递送达”工作方式，增强政务服务的透明性、规范性、便捷性。通过网站、微信微博、移动客户端等信息化手段建立村民与政府的双向沟通机制，实现基层政府服务供给与村民需求的协调一致。

参考文献

1.《中共中央 国务院关于实施乡村振兴战略的意见》，《人民日报》2018年2月5日第1版。

2.《中共中央国务院印发〈乡村振兴战略规划（2018～2022年）〉》，《人民日报》2018年9月27日第1、10、11、12版。

3. 中共中央党史和文献研究院：《习近平扶贫论述摘编》，中央文献出版社，2018。

4. 陈文胜、王文强、陆福兴：《湖南乡村振兴报告（2018）》，社会科学文献出版社，2018。

5. 陈文胜：《实施乡村振兴战略走城乡融合发展之路》，《求是》2018年第6期。

6. 陈文胜：《以“三治”完善乡村治理》，《人民日报》2018年3月2日第5版。

7. 陈文胜：《农民主体地位与乡村治理现代化》，《湖北民族大学学报》（哲学社会科学版）2020年第1期。

8. 陈文胜：《实施乡村振兴战略要避开八个误区》，《湖南日报》2018年5月26日第7版。

9. 韩长赋：《大力实施乡村振兴战略——认真学习宣传贯彻党的十九大精神》，《理论参考》2018年第4期。

10. 韩俊：《强化乡村振兴的制度性供给》，《北京日报》2018 年 3 月 12 日第 14 版。
11. 商金芳、马亚敏：《以乡村文化建设为抓手　推动乡村振兴战略深入实施》，《共产党员（河北）》2018 年第 18 期。
12. 王文强：《找准农业供给侧结构性改革关键》，《经济日报》2017 年 3 月 13 日第 16 版。
13. 王文强：《论中国农业发展方式转变》，中共中央党校出版社，2015。
14. 周家纬：《着力推进乡村“七个振兴”》，《楚雄日报》2019 年 6 月 19 日第 3 版。

B.3

从脱贫攻坚向全面小康与全域乡村振兴迈进

——贫困县（市）武冈市的改革创新实践之路

陈文胜　蒋俊毅　彭秋归*

摘　要： 坚决打赢脱贫攻坚这场输不起的“战争”，让老乡实现小康，早已成为普遍共识。但打赢脱贫攻坚战之后，扶贫政策到期、扶贫干部归队，交完“卷”脱了贫的贫困地区又该何去何从？武冈市把巩固脱贫攻坚成果与推进乡村振兴相衔接，从实现短期脱贫向解决长期相对贫困、从特惠性帮扶向普惠性民生、从到村到户为主的支持向县域经济发展为主迈进，走出了一条从脱贫攻坚向全面小康与全域乡村振兴迈进的成功实践之路。

关键词： 武冈市　脱贫攻坚　全面小康　全域乡村振兴

武冈市地处湘西南、邵阳市西部中心，是革命老区、武陵山集中连片贫困地区县（市）。长期以来，经济社会发展水平相对滞后，乡村普遍存在基

* 陈文胜，博士，湖南师范大学中国乡村振兴研究院院长、中央农办乡村振兴专家委员、省委农村工作领导小组“三农”工作专家组组长，主要研究方向：农村经济、城乡关系、乡村治理；蒋俊毅，湖南省社会科学院副研究员，主要研究方向：区域经济、资源与环境经济；彭秋归，湖南省社会科学院马克思主义研究所助理研究员，主要研究方向：马克思主义中国化、湖湘文化。

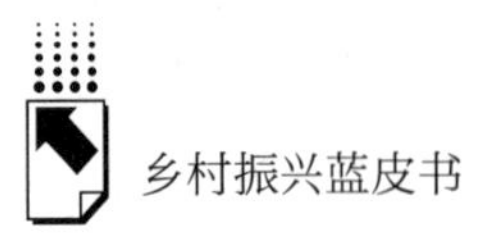

础设施落后、公共服务水平不高、基本社会保障不足等突出问题，2014 年全市贫困发生率达 12.7%，C、D 级危房有 1.42 万户，全市 163 所农村学校中有水泥操场的不足 20 所，乡村没有一处文化活动场所，全市 18 个乡镇（街道）只有 1 个街道设有政务服务大厅，99% 的村没有独立的卫生室。近年来，为了打赢脱贫攻坚战，实现全面建成小康社会目标，武冈市全面深入贯彻落实习近平总书记有关扶贫工作的系列重要论述精神，围绕补短板、强弱项、激活力进行改革创新，取得显著成效，2018 年实现全市整体脱贫摘帽。截至 2019 年 11 月，贫困人口已脱贫 89814 人，综合贫困发生率降至 0.35%。2018 年农村居民人均可支配收入达到 12130 元，比 2014 年增长 59.69%，增幅高于全国、全省平均水平，走出了一条从脱贫攻坚向全面小康与全域乡村振兴迈进的成功实践之路。

一　以农业农村优先发展为取向补齐“两不愁三保障”短板

武冈市坚守社会民生底线，紧紧围绕“两不愁三保障”标准，对标 2020 年全面建成小康社会目标，按照农业农村优先发展的总方针，在补齐农村民生短板上取得了实际成效。

（一）吃穿有靠：建立确保困难群众吃穿不愁的社保兜底制度

由于部分贫困人口完全或部分丧失劳动能力，必须由社会保障来兜底，武冈市把社会保障兜底作为贫困户的最后防线，持续加大对重点人群的救助力度，没有劳动能力的贫困人口的基本生活得到了有力保障。

1. 落实“两线合一”，“兜牢”民生底线

按照“应保尽保、应兜尽兜、应退尽退”的原则，科学制定相关方案，明确各年度社会保障兜底工作任务、工作目标及工作措施，全面推开社会救助兜底保障分类保障工作，将建档立卡范围内所有保障对象认定为社会救助兜底保障对象，并进一步细分为一、二、三类进行管理与服务，全面实现农

村低保标准线和扶贫标准线“两线合一”。通过精准识别，确定农村低保对象14437户23017人，2014年到2019年，农村低保标准从2800元/年提高到3720元/年，基本达到与扶贫标准线相统一。2014年以来，共发放低保资金3.04亿元，其中发放兜底保障资金7891万元，实现了应保尽保、应兜尽兜。

2. 加大救助力度，保障特殊困难群众生活

持续加大对残疾人等特殊困难群众的救助力度，2017～2019年共资助残疾人大学生和残疾人家庭大学生148名，资助残疾人高中生和残疾人家庭高中生595名，共资助109.81万元；残疾人两项补贴实现应补尽补，2019年前8个月有8410人享受重度残疾人护理补贴，6226人享受残疾人生活困难补贴。高度重视残疾人等特殊困难群众社会保障工作，2015～2019年累计为18413个重度残疾人代缴基本养老保险，代缴198.12万元，2018～2019年累计为21290个残疾人代缴城乡居民医疗保险，资助377.92万元，较好地保障了残疾人等困难群众的基本生活。

3. 聚力补齐短板，实施“两不愁三保障清零”行动

在全市范围内对兜底保障对象、特困人员在吃饭、穿衣、住房、教育、医疗保障上进行全面摸底，加强政策保障，确保有衣穿、有饭吃、住房安全，全面享受教育补贴，适龄儿童不失学、不辍学，加入医疗保险，享受医疗补贴救助。在吃穿方面由市民政局每年安排救助资金800万元左右、大米2.5吨、棉被3000床和衣裤3500套解决困难；在住房保障方面，对确有住房不安全、需要重新改建的，由住建部门专项改造，对小问题开裂或漏水进行全面维修，确保住房安全；在医疗保障方面，兜底保障对象住院医疗按不低于85%比例报销到位，特困人员按100%报销到位；在教育保障方面，确保救助资金到位，对确有上学不方便、在家的适龄残疾儿童进行送教上门。

（二）就业有厂：以扶贫车间为着力点推进贫困人口在家门口实现就业

就业扶贫是“造血式”扶贫的重要方式。武冈市以扶贫车间为抓手，

将贫困人口嵌入产业发展的链条中，仅一年左右的时间，建成扶贫车间 107 家，在建 45 家，提供就业岗位 5200 余个，目前已吸纳贫困劳动力就业 1033 人，带动就业 4200 人，平均年增收 1.8 万元/人，为实现贫困人口在家门口就业探索了新路子。

1. 将联点压实责任与政策支持结合起来，构建上下协同的工作机制

一方面，坚持把扶贫车间建设与脱贫攻坚工作成效挂钩、与领导干部评价挂钩、与各级党组织战斗力凝聚力评估挂钩，层层压实责任，市领导负责抓一个乡镇推进，市直机关及乡镇一把手负责抓一个村推进，每一位责任领导都负责建成至少一个“扶贫车间”，每一个“扶贫车间”均有领导作为责任人。另一方面，加强政策措施协同。全面落实场地、物流、就业、创业、一次性岗位和社会保险等方面的补贴政策，加强贷款担保、利率优惠等方面的金融扶持，此外，针对贫困劳动力就业技能水平不高、就业初期工资偏低、就业扶贫车间建设经费紧张等实际情况，市财政在十分紧张的情况下安排 900 万元专项资金用于扶贫车间建设，在全省率先新增两类补贴：一是学徒期稳岗补贴，对扶贫车间新吸纳的贫困劳动力前三个月每个月补贴 300 元稳岗补贴，帮其稳定就业，助其从生手向熟手过渡；二是一次性建设补贴，对扶贫车间按照吸纳贫困劳动力人数给予 1 万 ~3 万元一次性建设补贴，缓解扶贫车间建设初期资金压力。加强培训支持，推行以工代训模式，让贫困人口在工作中得到培训，政府将培训费直接拨给扶贫车间，并建立激励机制，每年综合扶贫车间投入资金、吸纳贫困劳动力人数和带动就业人数等情况，评比 10 家先进扶贫车间，分别给予每家 3 万 ~10 万元的奖励，较好地调动了劳动力供需双方的积极性。

2. 将创新乡镇商会招商模式与激活民间潜力结合起来，引导形成有活力、能持续的扶贫产业车间

一方面，打造依托乡镇商会招商扶贫车间模式。倾力打造“一乡一商会”，每个乡镇都成立一个商会，每个商会都安排一定的工作经费，利用商会自身的优势，牵线搭桥、整合资源，建设扶贫车间，实现“引老乡、回故乡、建家乡”。目前已建成的 107 家扶贫车间，全部是由商会会员直接建

立或是由商会会员引进建立。另一方面，以市场需求为导向因地制宜定位扶贫车间产业。在产业选择时始终坚持有市场、有渠道、好销售的方向，瞄准相当一部分武冈籍企业家在珠三角地区经营电子信息产业的市场基础，重点发展以电子信息产业为主要依托的扶贫车间，生产一些技术门槛较低的劳动密集型电子产品及零配件，拓展服装鞋帽加工、工艺品制作、玩具加工、箱包加工、现代种植养殖等行业，实现了小产业与大市场的对接，确保扶贫车间稳定见效。

3. 将就业扶贫与易地扶贫搬迁后续帮扶结合起来，保障贫困人口便利就业

一方面，充分利用易地扶贫搬迁安置小区一楼为厂房或商铺的优势，以整体打包招租或分散出租的形式，将易地搬迁安置区建成扶贫车间集聚区，在实现贫困人口就业的同时促进了工业化进程、提高了城镇化水平。另一方面，就地取材，创造性利用现有资源，将一些闲置的旧村部、旧学校加以改造后建成扶贫车间。通过依托安置区为主建设扶贫车间的方式，使贫困人口实现了“楼上安家，楼下上班”，甚至有的残疾人坐在轮椅上实现就业，从而极大激活贫困户就业脱贫的热情。

（三）安居有房：形成“五统一”“四步走”的困难群众住房难破解机制

确保贫困人口住房安全是打赢脱贫攻坚战的关键。武冈市按照“选得准、建得起、搬得进、反响好”的工作要求，大力实施农村危房改造工程，创造性形成“五统一”“四步走”工作机制，累计投入资金 3.16 亿元，帮助 13948 户农户解决了基本安全住房问题，住房保障达到 100%，农村危房问题得到全面解决。

1. 精准规划：确定“五统一”模式

根据本地实际情况，采取政府帮建的“五统一”模式，解决 D 级危房或无房户改造问题。一是统一政策。农村危房改造户建设标准为 1 人户 35 平方米补助 31325 元，2 人户 45 平方米补助 40275 元，3 人户 60 平方米补助 47700 元，4 人户 72 平方米补助 57240 元，5 人户 90 平方米补助 71550

元，以此类推人均不得超过 18 平方米，自行加建后人均面积不能超过 25 平方米。二是统一规划。房屋施工图纸由市住建局规划设计，房屋按一层设计建设，超层数按程序审批，整体统一布局、风格、功能，体现武冈地域特征和传统特色。三是统一程序。严格按照“四步走”即“确定对象—三通一平—爱心施工—搬迁安置”的程序规范操作。四是统一建设。合理确定“生活就业就学便利型、残疾人伴亲伴友型、互帮互助型、交通条件改善型、集约节约土地型、生活资源恶劣治理型、煤矿采空区综合治理型、地质灾害防范型”8 种类型，科学划分 7 大区域，组织 7 家建筑企业分片包干，平价采购并配送建筑材料，按“零利润、献爱心”原则统一帮扶建设。五是统一指挥。市里成立指挥部，统一调度、指挥和督办，确保了危房改造的规范有序。

2. 精准施策：形成“四步走”工作程序

一是确定对象。严格按照同时具备“居住唯一性、住房危险性、经济特困性”三个基本条件，通过“户主申请—村组评议—乡镇审核—市里认定”程序，公开、公平、公正确定农村危房改造对象。二是三通一平（通水、通电、通路和场地平整）。各乡镇（街道）督促村组协调危改户选址，坚持就近、节约用地原则，以农户自愿、方便为主，连片建设，报市危改指挥部批准开展“三通一平”。三是爱心施工。由市住建局发动建筑施工企业进行帮扶建设，采取实物材料成本加农民工工资加企业运营成本补贴方式，包干负责危房改造。四是搬迁安置。危房改造完成后，部分特别贫困户还存在装窗、刷墙、垒灶、拉电、通水、购置基本生活用具等困难，各乡镇党委负责动员乡村两级党组织和党员干部搞结对帮扶，动员相关部门、企业主、富裕户等各方面力量出钱出力，帮助改造完成的贫困户搬进新居，切实解决危房改造“最后一步路”问题。

（四）疾病有医：创新健康扶贫模式的全域三级联动乡村医疗体系

为加强贫困地区医疗保险和医疗救助，解决贫困人口看病难、看病贵、因病致贫、因病返贫等问题，武冈市围绕“基本医疗有保障”目标，重点实施“三大工程”，建立健全医疗保险和医疗救助制度，精准打赢打好健康扶贫攻坚战。

1. 实施“筑网”工程，解决“看得上病”问题

为做到“小病不出村、常见病不出乡、大病不出市”，实施了“筑网”工程，加强基层卫生网点建设，使县域内就诊率稳定在94%左右。一是全域实施村卫生室的“网底”工程。以“健康按揭”方式向国开行贷款1.05亿元，一次性建成全部299个标准化村卫生室，组建315支“乡支持、村为主”的家庭医生签约服务团队，目前，建档立卡贫困人口签约率达100%，全市居民签约率达72%，做到了每年为慢性病患者开展1次免费体检及4次随访服务，全面保障贫困人口享有基本医疗卫生服务，基本实现小病不出村。二是全面推进乡镇卫生院的“网点”工程。提质改造全市14个乡镇卫生院，新建6个示范性乡镇（中心）卫生院，聘请343名专业技术人员充实到乡镇卫生院。同时，推进县域医疗卫生一体化管理，市人民医院、市中医医院与所有乡镇卫生院建立紧密型医共体，建设4家示范性分院，完善基层首诊、双向转诊、急慢分治、上下联动的分级诊疗模式。通过多线联网，基本做到常见病不出乡。三是全力抓好市人民医院“网纲”工程。市人民医院新建住院门诊医技综合大楼38000平方米，增加床位500张，能基本保障大病不出市。

2. 实施“强网”工程，解决“看得好病”问题

为提高健康扶贫质量，系统解决“看得好病”的问题，实施了“强网”工程。一是主攻村医队伍提质难题。专门成立村医选拔、培训、考核委员会，对村医队伍实行精细化管理。近年通过农村订单定向培养医学本科生5人、本土化培养乡村医生110人、本土化培养基层卫生大专学历人才72人。全市基本形成了一支结构合理、工作稳定、技术出色的乡村医疗队伍。二是构建县级医院和乡镇卫生院村级卫生室坐诊制度。派驻274名县级医院专家、274名乡镇卫生院技术骨干在村卫室坐诊，重点保障公共卫生、基本医疗、健康管理和规范转诊等服务基本到位。三是不断提升市人民医院服务能力。加强重点学科建设，与省级三甲医院合作建立10个专科医疗联合体，

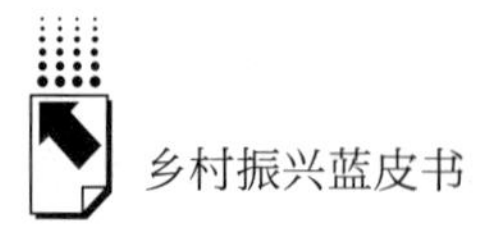

聘请20余名专家教授定期坐诊、培训医生，2018年12月市人民医院由省卫健委授牌为“三级综合医院”。贫困户集中救治的大病和其他应保障的重病均可在市人民医院得到救治。

3. 实施“托网”工程，解决“看得起病”问题

“看得上病”“看得好病”，都要建立在“看得起病”的基础上，人民群众才敢看病。为此，实施了贫困群体先治病后结算的“托网”工程。一是切实减轻贫困人口就医负担。构建“基本医保 + 大病保险 + 扶贫特惠保 + 医疗救助 + 医院减免 + 政府兜底”六道医疗保障线，鼓励社会爱心帮扶，严格执行基本医保（含大病保险）和扶贫特惠保个人缴费部分财政补贴有关政策，贫困人口住院基本医保起付线降低了50%、报销比例提高了10%，大病保险报销起付线降低了50%、报销比例提高了10%，医疗救助兜底对象不设起付线，切实减轻贫困人口就医负担。二是主攻资金整合管理难题。专门成立资金管理小组，每年按照项目建设资金、治病保障资金、队伍建设资金等方向，促进方案的制定、资金的使用和工作的落实，同时加强对“小病大治、过度医疗”及恶意套取保障资金等腐败问题的惩治。三是全面推进医疗保障改革。成立医药卫生改革专项小组，推进贫困户医疗保障改革，在医技队伍一体化建设、村医与贫困户联系机制考核、项目统规统建、一站式结算服务、村卫生室村用乡管、违规使用医保资金一票否决等关键工作上敢改善改，保障健康扶贫政策顺利实施；创新“先诊疗、后付费”服务模式，推进“一站式”即时结算，落实垫付制度，严格管控费用，确定单病种收费标准，规范转诊和集中定点救治，确保农村贫困人口县域内住院实际报销比例达85%，保障大病得到医治，基本医疗需求有保障。

（五）读书有教：建立财政优先投入乡村教育的教育扶贫机制

教育是阻断贫困代际传递的具有长远意义的治本之策。扶贫先扶智，治贫先治愚，为此，武冈市实施教育扶贫战略，财政优先投入乡村教育，推动各类教育协调健康发展，并建立了从学前教育到高等教育的家庭经济困难学生资助政策体系，近5年累计发放各类资金3.67亿元，资助家庭经济困难

学生41.83万人次，切实保障了贫困人口学有所教。2018年，武冈被国务院教育督导委员会认定为义务教育基本均衡县（市），被湖南省人民政府授予“教育强县（市）”称号。

1. 建立“双线四包”责任体系，实现控辍保学全覆盖

建立控辍保学台账，实行动态监控管理。强化学籍管理，严把休学、转学手续关，详细记载在校学生信息；充分利用湖南省教育扶贫“一单式”操作信息管理系统，对所有建档立卡学生信息摸准核实，确保控辍保学精准到位。落实义务教育控辍保学“双线四包”责任体系。每学期开学，学校向当地乡镇（街道）上报疑似辍学情况，由各乡镇（街道）向未按时入学的学生家长下发《限期送子女返校就读通知书》，通过“双线四包”组织专人督促其送子女按时入学；切实关爱残疾儿童和留守儿童，保障进城务工随迁子女平等接受义务教育，实现九年义务教育入学率100%、巩固率100%，全市适龄儿童无辍学、失学现象。

2. 健全乡村办学的投入体系，建立乡村教育优先发展机制

一是让乡村校园“美”起来。近年相继投入13.5亿元，全面完成163所农村薄弱学校改造，乡村小规模学校和乡镇寄宿制学校等“两类”学校办学条件得到极大改善，一大批农村学校焕发新颜，成为孩子们学习成长的乐园。二是让乡村学校“智”起来。重视教育现代化水平提升，先后投入1.2亿元，建成“三通两平台”。全市乡村学校均实现“校校通”“班班通”等全覆盖、校园安监系统全覆盖，使农村学校师生足不出户便能共享优质教育资源。三是让乡村教师素质“强”起来。近三年共补充乡村教师1519名，实现农村中小学教师全员培训，优质学校与农村薄弱学校结对帮扶，有力地夯实农村教师队伍。优先保障农村教师享受各项补贴政策，教师的职称评聘、晋升等积极向乡村教师倾斜，大力实施公租房工程，使广大乡村教师安心从教、乐心从教、舒心从教。

3. 创新职业教育发展体系，全面优化职业教育结构

努力办好职业教育与培训，使职业学校成为全市新型农民培养培训、新技术培训与推广、农村贫困劳动力培训和普及高中阶段教育等的重要基地。

近年来，市职业中专投入6000余万元新建实训大楼、学生公寓、综合楼、大礼堂、多功能报告厅、标准田径运动场等，投入2000万元进行校园提质改造，成功创建国家级农村职业教育和成人教育示范县（市）。不断完善中等职业教育结构，引导初中毕业生合理分流，普职分流比例为1∶1。落实好国家中等职业学校学生助学金等资助政策，吸引更多农村学生接受职业教育。各职业学校建立了校企合作长效机制，开展“订单式”培养，实现校企深度融合，家庭贫困的学生98%以上就读校企合作班，毕业后100%到合作企业工作，月工资不低于3500元。实施贫困人口就业拓展培训，认真做好初中或高中毕业未能升学的建档立卡贫困户人员登记造册，分期分批对其进行培训，近5年共完成技能培训22427人次。

（六）年老有养：构筑多元投入、向乡村倾斜的城乡养老体系

随着人口老龄化程度不断加深，养老问题进一步凸显。武冈市积极构筑养老、孝老、敬老政策体系和社会环境，推动养老事业多元化、多样化发展。目前，城乡居民养老保险登记参保达42万人，基本养老保险覆盖率达到100%。

1. 有序推进养老保险制度改革，做到城乡居民能保全保

有序推进机关事业单位养老保险制度改革，积极开展原试点期间个人账户的清理工作，把不属于新制度参保范围的参保人员养老保险关系转入企业社保。做好社会保险费征收管理的对接工作，按期划转机关事业单位和城乡居民养老保险费征管职能。严格落实降低社会保险费率相关政策，下调城镇企业职工基本养老保险单位缴费比例至16%。

2. 全面提质改造乡村敬老院，做到农村“特困人员”能养全养

实施精准扶贫过程中，对敬老院进行提质改造、创新管理。改造后，敬老院实现了“八有”：有安全住房、有舒适环境、有可口美食、有休闲场所、有劳动菜园、有生活补助、有医疗服务、有精细管理，容纳特困人员、贫困对象、空巢老人等6类群体。实行3类费用管理模式，即特困人员入住费用由政府负担、贫困对象入住按特困人员标准供养、有小康型养老需求的

按1000～2000元收费，采取劳动创造一点、个人筹一点、社会捐一点、政策补贴一点的4种方式落实经费。管理服务按自理、半护理、全护理3类模式进行。2018年，敬老院提质改造一期完成湾头桥镇、龙溪镇、荆竹镇中心敬老院等改造，新增养老床位200张；二期2个项目已封顶，新增养老床位150张，到2019年9月，全市共拥有公办养老床位1200余张，供五保老人、困难群众入住。

3. 积极引导民间资本参与养老事业，做到社会养老能扶全扶

大力拓展社会养老床位，保障老年人生活权益，按照养老机构放管服改革工作要求，政府采取按床位奖励、资金自筹的方法推进，在养老模式上推行康养房、医养房、护理房，以适合相应人群居住。2019年共扶持新增社会养老机构3家，增加养老床位120张，云山康养医院项目已立项实施，新增医养结合养老床位200张，到2019年9月，全市拥有民办养老床位2000余张，同时在各乡镇（街道）社区，建设日间照料中心，拓展日间老人托养服务，多渠道、多方位保障老年人生活权益，促进全市养老事业健康向上发展。

（七）饮水有源：推进农村饮水安全保障、巩固、提升工程建设

保障农村饮水安全是脱贫攻坚的重点工作。为了让农村居民喝上放心水，武冈市坚持超前谋划部署，多方筹措资金，全面推进农村饮水安全保障、巩固、提升工程建设，全市农村居民饮水安全覆盖率达到100%。

1. 分类推进，实施安全饮水的全覆盖工程

通过实地调查、多次复核，建立贫困户安全饮水台账，做到安全饮水“不漏一户，不掉一人”。在全面规划的基础上因村施策、因人施策，通过管网延伸、单村工程、水池水井工程等方式解决安全饮水问题。近年共实施行业扶贫安全饮水项目982个，其中管网延伸51处，投入15900万元，受益人口568815人，实现69483名贫困人口饮水安全；单村联村（单组联组）工程72处，投入7470万元，受益人口102425人，实现18213名贫困人口饮水安全；水井水池工程820处，投入3110万元，受益人口52865人，实

现 4625 名贫困人口饮水安全；投入 580 万元，提质改造了原有 39 个水厂的配套相关设施。

2. 两手发力，建立安全饮水的“三化”工作机制

一手抓扶贫一手抓巩固提升，两手同时发力。一是统筹水资源利用，推进城乡同水同网同质化。按以水源定规模、以规模定方案、以方案定建设，规划建设大水源、大水厂，实现区域规模化，实现日产水 18 万吨目标。全市以四个中型水库为主水源，以四大片的区域供水规模化为基础，稳步推进城乡供水一体化、区域供水规模化和工程建管专业化。二是创新融资投入，推进区域供水一体化。围绕破解资金瓶颈，经财政部批准同意，采用“BOT +ROT”的 PPP 融资方案，融资近 8 亿元，新建及扩建的四个规模化水厂全面开工，预计 2020 年全市自来水普及率达到 85% 以上，供水保证率达到 95% 以上，水质合格率全面提升。三是实行市场化运作，推进供水服务平台专业化。组建了湖南武冈湘水水务有限公司，负责建设、营运、管理，水利部门逐步实现由运动员向裁判员角色转变。这种“三化”模式得到了省水利厅的高度认可并向全省推广、向水利部推介。目前为止，全省已有 30 多个县市区到武冈学习取经。

3. 强化保障，健全城乡一体的安全饮水管理体系

出台了《武冈市农村安全饮水工程运行管理暂行办法》等多个文件，不断完善管理机制，确保供水安全。一是全面启动饮用水源地保护划分工作。二是全面推行了乡镇行政首长、水厂厂长、水井井长的“三长”管护机制，对集中式供水工程落实了行政、技术、安全三个责任人并挂牌公示，对水厂的各项制度、各种标牌、制水流程、药品管理、各种资料等有明确规定，规范水厂管理，对水井水池工程明确了管护员、安全员、保洁员并挂牌公示，以乡镇（办事处）为单位汇总备案，水池水井管护员定期组织人员对水池水井进行淘洗和日常维护。三是成立了专门的水质检测中心，明确专人负责，对集中式供水工程每季度常规检测一次，对面上水井水池实行目测初检和分批采样送检相结合，保证每个村不少于一处水井检测。四是制定了集中供水工程应急预案，保障供水安全可靠。

（八）组织有力：着力围绕精准扶贫创新发动群众脱贫帮困的基层党建模式

精准发挥党员干部在脱贫攻坚中的中坚作用是实现高质量脱贫的重要保障。近年来，武冈市把干部驻村扶贫作为脱贫攻坚的重要抓手，坚持尽锐出战，充分发挥各级基层党组织和党员干部服务中心、服务基层、服务群众的战斗堡垒和先锋模范作用，全面构建“千斤重担众人挑”的干部扶贫大格局，为全市脱贫摘帽提供了坚强的组织保证。

1. 以精准选派为基础筑牢脱贫攻坚基层堡垒

着力于打造有战斗力的帮扶干部队伍，坚持因村派人、因产业发展派人，努力实现驻村帮扶全覆盖。仅 2018 年全市派出驻村工作队 301 支、包村科级干部 294 人、第一书记 301 人，实现了全市 301 个有贫困人口的村（社区）派驻工作队全覆盖，副科级以上干部包村帮扶全覆盖，派驻单位工作队员村均 3 人以上的全覆盖。下派党员帮扶干部 6485 人，实现党员干部结对帮扶建档立卡贫困户全覆盖。特别是创新人才帮扶，成立以科技挂职副市长为团长的科技扶贫专家服务团，明确 28 名成员（其中含 5 名省级科技特派员，13 名“三区”科技人才以及 10 名武冈本土农技人员）到村指导产业扶贫，从农业、畜牧部门选派 85 名市级科技特派员，直接对接每个贫困村，促进群众增收。通过干部人才的“下沉”，带动全市脱贫攻坚提质，努力建设永不撤走的“工作队”。

2. 以扎实的工作作风提升脱贫攻坚的质量和成效

坚持把改进作风作为压实结对帮扶的重要举措，坚决压实责任、强化管理、严格督导，推动全市形成了扶贫帮困的强大合力。着力健全责任体系，把脱贫攻坚工作确立为“书记工程”，建立了市乡村三级党组织书记负责的精准扶贫责任落实机制，着力构建“市领导联系抓、组织部门专门抓、乡镇党委主要抓、派出单位协助抓”的责任体系。切实加强日常管理，制定驻村帮扶管理办法，按月下发驻村帮扶工作要点，落实积分管理、选派召回等工作制度，建立责任清单、任务清单、问题清单、整改清单“四张清

单”，依托武冈扶贫 App 推行扶贫情况动态跟踪，不仅做到扶贫干部到岗，而且做到用劲出力。严格督导考核，成立 18 个脱贫攻坚帮扶促进组，以“四不两直”方式下沉到村开展工作，全面落实“市里一周一调度、乡镇一周两调度、村级及时调度”工作机制，将驻村帮扶工作纳入市直单位党建责任制考核指标，将驻村干部个人年度考核与派出单位年度党建考核挂钩，推动形成“一人驻村，全局帮扶”的驻村帮扶新局面。通过综合施策，确保结对帮扶纪律之弦不放松，推动帮扶任务全面落实。

3. 以“一述职两评议”引导党员群众参与帮扶成效评价

帮扶措施实不实、帮扶成效好不好？要让党员群众来评价。武冈市坚持以人民为中心，以群众满意度为评价标准，创新帮扶“一述职两评议”制度。帮扶责任人就年度帮扶工作开展情况，包村科级干部就全村建档立卡贫困户脱贫工作情况和卡外重点对象帮扶措施及成效，村支部书记就全村 2014 年来脱贫攻坚工作开展情况，分别向全体党员和村民主评议小组成员作述职报告，村支部党员对帮扶责任人帮扶情况和包村科级干部、村支部书记的工作报告进行评议测评，村民主评议小组成员对当年拟脱贫户脱贫达标和以前已脱贫户脱贫质量进行民主评议。既面对面算清贫困群众的脱贫小账，又实事求是汇报全市的摘帽大账，让每一名群众都实实在在感受到脱贫攻坚带来的实惠和变化，有效提升老百姓的获得感和满意度。

二　以全面小康社会为目标探索城乡同步发展新路径

小康不小康，关键看老乡。全面建成小康社会的主要任务是破除城乡二元结构，缩小城乡差距，推动“四化”同步发展，必须按照党的十九大提出的推进城乡融合发展的要求，加快推动形成工农互促、城乡互补、全面融合、共同繁荣的新型工农城乡关系。近年来，武冈市着力在巩固强化事关人民群众长远利益的城乡基础设施、基础产业和基本公共服务上下功夫，努力探索城乡同步全面小康新路子。

（一）突出以基础设施建设、基本公共服务、基本社会保障为主要内容，建构城乡平等发展的体制机制

探索城乡同步发展，首先要从根本上改变乡村从属于城市的现状，破解城乡融合发展的体制机制障碍。武冈市坚持城乡同步、全市统筹，围绕基础设施和公共服务“两个完善”大力实施民生攻坚工程，为城乡平等发展创造基础条件。

1. 以水电路改造升级为着力点，缩小城乡基础设施差距

着眼改善农村基础设施条件，在全市统筹推进安全饮水达标提质、农村道路通畅安全与农村电网升级改造工程。五年累计投入16.82亿元，完成饮水安全巩固提升建设项目982个，全部完成85个贫困村和214个非贫困村的电网改造任务并对60个村进行了提质升级改造，新修建农村公路776.23公里、提质改造农村公路340.76公里、加强安全保障工程521公里，实现农村公路通畅率100%，全市农村基础设施得到根本性改善，城乡水电路基础条件差距明显缩小。

2. 以信息化与农村人居环境为突破口，筑牢未来城乡同步高质量发展基础

面向未来发展需要和人居环境改善需求，大力推进宽带乡村、覆盖优化、拉远建设工程，实现全市299个行政村4G信号全覆盖、全市行政村光纤宽带覆盖率超过95%；加大人居环境整治投入，2019年武冈市财政预算安排14786万元，全面保障优化农村人居环境支出，实现农村环境设施配套、管理机制大升级，农村垃圾无害化集中转运处理率96%以上，遴选出省级、邵阳市级美丽乡村示范点13个，“五美”乡村格局由点及面逐步形成，全市城乡在面向未来发展的基础条件上基本实现了同步提升。

3. 以完善公共服务为重要举措，提升城乡共享发展水平

着眼于满足人民群众日益增长的精神文化需要、安全需要和高效政务服务需要，着力推进文化惠民、科技惠民与筑牢保障网工程。2016年底，全面启动村级综合服务平台建设，新建158个、提质改造141个，实现299个行政村（居）平台全覆盖，截至2019年3月，299个村级综合服务平台已

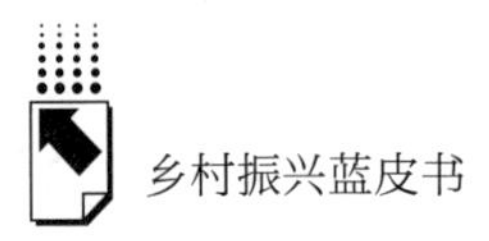

全部投入使用，共提供村务、党务、公共服务事项68000余件，为群众办理各类便民服务21000余件，受理率100%，办结率100%，群众满意率达98%以上。新建成村级文化广场137个、提质改造100个，每年送戏下乡、文艺惠民演出120场以上，服务群众10万人次；实现了对85个贫困村的科技帮扶全覆盖，开展各类涉农培训500余期，培训农民2万余人次，在全市建立了10个农村农业信息化工作站点，组织实施50多项实用技术在贫困村推广，成功创建国家级星创天地1个，省级星创天地2个；全面织牢了困难群众“保障网”、优抚安置对象“暖心网”、人民群众“放心网”。

通过以村级综合服务平台为主的公共服务体系建设，基本实现了群众“办事不出村、诉求不出村、政策咨询不出村、看病不出村、矛盾调处不出村”，有效打通了服务群众“最后一公里”，推动了全市农村基层治理中基层组织由管理型向服务型转变、治理体系由粗放型向集约型转变、农村经济由传统型向现代型转变，全市城乡居民共享改革发展成果的基础进一步夯实。

（二）赋予贫困群体多元发展机会，设点布局以区域小城镇建设为目标的易地扶贫搬迁工程

易地扶贫搬迁不仅要改善人居条件，更要实现可持续发展，不仅要通过搬迁解决住的问题，更要能通过搬迁从根本上解决贫困户就业和发展问题。武冈市在推进易地扶贫搬迁时，始终突出不能为搬迁而搬迁，而是从贫困户稳定脱贫和区域长远发展来谋划易地搬迁扶贫点的建设，切实把易地扶贫搬迁与正在推进的城镇化建设统筹考虑，科学选点布局，努力实现“搬出渴望、搬出文化、搬出产业、搬出尊严、搬出动力、搬出秩序”，将易地扶贫搬迁转化为推动城镇化的有力措施，转化为促进贫困户发展的重要机遇。

1. 以科学规划引领扶贫搬迁与小城镇建设相融合

科学规划搬迁安置，紧扣“产业兴旺、生态宜居、乡风文明、治理有效、生活富裕”目标，按照“四避开、五靠近”的原则科学选择搬迁安置点，优先将易地搬迁扶贫点选在村镇商业活动中心区域，统筹推进集中安置

区的道路、供电、供水、路灯、垃圾处理、活动场所等基础设施建设，超前将安置小区的一楼都建成后续帮扶配套用房，全市突出集镇、交通主干道聚集安置15个，园区聚集安置1个，乡村、村委会周边聚集安置1个，通过易地扶贫搬迁安置小区的建设，促进人口集聚、商业集聚与要素集聚，实现了易地扶贫搬迁集中安置点与小城镇建设有机融合。

2. 以推动安置小区产业发展带动搬迁贫困户就业脱贫

围绕“一村一品”产业发展要求，结合每个安置区的区位优势和产业基础，采取“龙头企业带动一批、合作社带动一批、金融扶贫带动一批、资产租赁带动一批、转移就业带动一批”的模式发展产业，引导农户管理提升已建成的产业基地，积极参与培育蔬菜基地、药材、电子商务、乡村旅游、扶贫车间等新兴产业，全市在易地扶贫搬迁安置点建成规模蔬菜基地3个、扶贫车间25个，新增就业岗位1000余个，基本实现了搬迁农户“搬得出、稳得住、能致富”。

3. 以激活安置小区市场潜力保障贫困户多元收益

把搬迁后的稳定脱贫作为易地扶贫搬迁的重点，实施搬迁后续帮扶“一户一策”，通过提供就近就业机会使搬迁贫困户获得稳定工资收益，通过市场出租安置区帮扶配套用房和收益分红使搬迁贫困户获得稳定资产收益，通过在安置区旁按每户20平方米的标准流转土地用于自耕，通过发放燃气优惠卡等方式使搬迁贫困户有基本生活保障，综合运用“十大帮扶”措施使搬迁贫困户获得多元稳定收益，为促进搬迁户自发创业、激发搬迁户的新活力创造有利条件。

4. 以创新安置小区管理增强搬迁贫困户认同感和幸福感

以服务便民为目标在全市集中安置区设置管理机构，建立人居环境提升机制，开展日常监督管护制度。发挥建成的活动场所的阵地作用，深入开展精神文明、健康娱乐、知识宣传等活动，提高了群众对乡村振兴战略的认识，共同营造幸福、和谐、美丽家园建设氛围，努力增强搬迁贫困户对安置小区新生活的认同感和劳动致富的幸福感。

（三）推进重大项目引领的“四化”同步发展，为全面小康注入强劲动力和有力支撑

贫困地区要从根本上摆脱落后的面貌、建成高质量的全面小康社会，必须始终以发展为第一要务。在新常态下推进区域发展，关键是要在推进新型工业化、新型城镇化、农业现代化和信息化同步发展中培育形成新的增长点，有效化解各种“成长的烦恼”。对武冈市而言，影响区域发展的最弱环节是工业化的严重滞后。近年来，武冈市精准定位工业化弱项，在提升区域工业化质量上下大力气，以重大项目建设为引领，全面增强工业带动能量，形成了“大的产业顶天立地、小的产业铺天盖地”的新格局，为全面建成小康社会注入了强劲动力，为全市“四化”同步发展提供了有力支撑。

1. 以发展龙头企业为引领，推动区域工业化全面提速

针对全市工业龙头企业缺乏、带动能力不强的弱项，坚持全面创新、开放带动，主动对标“五个100”产业工程，成功引进帝立德智能制造、大北农、百威啤酒、云峰海螺等投资上10亿元的富民强市产业项目，引进红星美凯龙等3个500强企业及一批科技创新人才，全力建设百威英博、种养循环生态农业等12个重大产业建设项目，大力建设全自动化热保护器智能制造等3个重大科技创新项目，基本形成3个税收过亿元企业三驾马车并驱格局，带动实现了全市工业在宏观经济下行背景中的逆势增长，2018年全市规模工业实现利润30345万元、利税40862万元，分别同比增长23%和20.6%。

2. 以工业化与农业现代化有机结合为依托，拓展县域经济发展空间

坚持把工业化带动作为脱贫攻坚的有力措施，注重将工业发展与农业现代化结合起来，发挥特色养殖、卤菜工业等基础优势，引进带动万人以上增收的温氏养殖等项目2个，推动乡乡嘴食品、华鹏食品、陈氏福元卤业、菁芗米业、奥华啤酒、亚太食品、法新食品、博伟食品、鑫德生态农业等一批农副产品加工龙头企业发展壮大，华鹏、乡乡嘴、武冈卤菜等商标被评为中国驰名商标，卤菜食品产业吸纳了10万人就业，产值突破30亿元，武冈因

此被评为全国食品工业强县（市）。

3. 以壮大新兴产业为内生动力，培育新的经济增长点

着眼长远发展，努力培育和形成经济新增长点，积极发展数字经济、电子商务、楼宇经济等新兴产业和业态，积极培育移动互联网、现代物流、文化创意等战略性产业，大力发展金融、保险、信息等生产性服务业。抓住湖南—东盟美食节暨春季乡村旅游节等契机，推进云山、古城开发，推进全域旅游发展，2018 年全市各景点共接待国内外游客 248.5 万人次，同比增长 45%，实现旅游收入 138000 万元，同比增长 51%。

4. 以优化营商环境为支撑，促进产业加速集聚

出台《振兴武冈实体经济三十条》等招商优惠政策，按照“最多跑一次”要求，建立了“一站式”政务服务中心，19 个部门线上并联审批，成立企业服务中心，为企业提供“母亲式服务”。借力“沪洽周”“邵商大会”“天下武商一家亲”招商联谊会等平台，积极走出去、请进来，2018 年、2019 年成功引进科盛装备制造、利航电子产品、瑄斌科技、育嘉电子、保税物流等 19 个产业项目，投资金额超 60 亿元，推动形成企业加速向武冈集聚的良好态势。

（四）实行公共服务重心下移，重构乡村现代治理体系与服务平台

基层公共服务是促进社会和谐、保障人民群众基本权益的重要基础工程，着眼于长期存在的群众办事难、基层管理薄弱、乡镇执法缺位等突出问题，武冈市坚持以贴近群众、服务群众和便利群众为方向，全面提升基层政务服务水平，大力推进基层政务服务改革创新，优化农村综合执法，推动全市公共服务重心下移，全面构建起以人为本、便捷高效的乡村现代治理体系与服务平台。

1. 以“新政改”为龙头带动全市基层政务服务改革创新

把建设乡村两级新型政务服务（便民）中心作为巩固和完善基础政务服务的重要抓手，按照“新建政务服务中心面积不少于 500 平方米，升级改造的面积不少于 300 平方米”的标准，建成了 18 个乡镇街道政务服务中

心、16 个美好社区便民服务中心、299 个村级综合服务平台，实现了全市基层综合服务平台“全覆盖”，以“新政改”为切入点整合乡镇原“七站八所”的政务和行政资源，将其统一纳入服务平台，全面实行政务公开和便民“一站式”服务，通过阳光操作、规范运行，有效推进了政府转变职能，强化了政府服务功能，推动了政务服务重心下移，让基层群众能够真正公开平等地享受到效能政府、阳光政府提供的优质服务。

2. 以促进群众增收为目标大力推进乡镇经济发展综合功能平台建设

针对农村居民就近开展商贸活动的广泛需求，按照“七个统一”流程操作，以按揭的模式向国家开发银行争取中长期低息贷款，每个乡镇投资2000 万元左右，以电子商务交易中心、小商品交易市场、客运中心和物流中心为标配，根据需要增加易地扶贫搬迁、文化活动场所等多项功能增配，新建 7 个乡镇街道经济发展综合功能平台，为农村群众就近提供一个无阻碍、全天候的农产品交易平台，让群众田里、栏里、山里、土里生产的产品能有效对接市场，提升产品价值，打开了群众发展产业、创业致富的市场大门。

3. 以乡镇街道综合执法中心建设为基础推进农村执法体系改革

以“统一规划、统一建设、统一调度、统筹运行”模式推进 18 个乡镇街道综合执法中心建设，推行联合执法与委托执法相结合的工作模式，推进执法重心下移、执法力量整合，建立权责统一、规范有序、高效便捷、保障有力的乡镇综合执法服务工作体系，实现了“及时发现、快速反应、有效应对”的执法目标，有力解决农村执法难题。

4. 以全国首创“一村一辅警”为抓手推进农村安全防控机制创新

从 2016 年开始，在全国率先试点实施以“一村一辅警”为主要内容的农村警务战略，所有行政村全部建立“一村一辅警”工作站，推动实现了农村治安秩序好、安全防范好、法制宣传好、服务群众好、警民关系好的“五好”工作目标，走出了一条基层治理创新的有效路径，试点经验在邵阳市推广后，被写入中办、国办印发的《关于加强和改进乡村治理的指导意见》中，在全国推行。

三　以供给侧结构性改革为动力构建全域乡村振兴新格局

贫困地区要稳定脱贫、建设高质量全面小康社会，必须向改革要动力，向创新要活力。不仅需要政策的强力推进和必要“输血”，更要着眼长远，始终把握住市场在配置资源中起决定性作用的总方向，充分运用好市场机制，努力使区域要素在市场经济中得到激活，让区域经济发展符合市场规律，从而增强区域发展内生动力。近年来，武冈市在脱贫攻坚中始终注重科学处理好政府与市场的关系，尤其是突出发挥好市场力量，坚持以供给侧结构性改革为动力，将脱贫攻坚与乡村振兴结合起来，形成了全域乡村振兴新格局。

（一）发挥市场对城乡产业融合的决定性作用，以现代市场机制激活乡村产业振兴的内生动力

对贫困地区而言，扶贫产业在具有商品属性的同时也具有一定的公共产品属性，如果没有政策引领和组织推动，则难以启动；如果没有社会力量的广泛参与，没有充分发挥市场机制的作用，脱离了产业的市场属性，则难以持续。扶贫产业发展只有融入统一大市场，同时又契合当地要素禀赋、产业基础、交通区位等具体实际才会有生命力。武冈市在产业扶贫的实践中，始终坚持突出市场方向，注重依托自身优势与特色形成市场竞争力，实现扶贫与市场的充分对接。

1. 以资金为杠杆推动乡村产业对接市场

武冈立足本土的资源禀赋与产业基础，建立了“一村一产业”扶持基金，支持各乡村因地制宜发展特色产业，通过有限的引导资金，引导要素向符合市场发展方向的产业集聚。倾力打造“一乡一商会”，依托商会吸引遍布海内外的武冈籍商人回乡发展产业，通过精准招商，促进了小产业与大市场的对接，推动乡村产业发展融入大的市场格局中。

2. 以地方特色为导向形成农产品的品牌市场竞争力

在产业扶贫中坚持特色发展、适度规模发展，围绕生猪、铜鹅、牛羊、卤菜、脐橙、药材等传统特色优势产业，采取“公司或合作社 + 生产基地 + 农户或贫困户”的模式，建成了500多个农业产业基地，其中中药材、油茶、黄金葛、脐橙等特色农林产业基地达到6.4万亩，土鸡万羽养殖场18个、生猪标准化养殖示范基地9个、大型标准化制种基地9个、铜鹅示范场7个、黔邵花猪万头养殖示范基地3个，实施温氏养鸡、大北农等重大产业项目，建成温氏养鸡场15个，年出笼鸡800万羽，温氏养鸡产业通过委托帮扶和小额信贷股份合作，与贫困户3031户10079人建立起利益联结机制，年增收2000余万元。特色产业发展为乡村产业振兴奠定了坚实基础，2018年全市实现特色产业总产值35.6亿元。

3. 以融合发展为抓手培育乡村新产业新业态

依托旅游资源优势举办了2018年湖南春季乡村旅游节，建成云山自驾游露营基地等县级示范项目，打响了荷塘、里仁、浪石等重点旅游村及伴山湾等乡村旅游景点品牌，推动了休闲农业与乡村旅游业快速发展，直接带动218户873人稳定增收205万元。把“互联网 +”新经济形态引入农村，实施武冈市电子商务进农村综合示范项目和武冈市电子商务扶贫专项行动，培育电子商务企业62家，建成市级电子商务公共服务中心1个，村级电商扶贫服务站163个，增加电子商务从业人员1217人，85个贫困村电子商务得到全覆盖，2019年1～10月实现电子商务交易额16.52亿元，疏通了小农户与现代农业对接的通道。

4. 以新型农业经营主体为主导激发乡村产业振兴动力

培育扶持新型农业经营主体发展，支持引导贫困群众自发组织专业合作社发展产业，全市共有农民专业合作社、家庭农场等新型农业经营主体494家参与产业扶贫，实现了所有自然村产业扶贫专业合作社全覆盖。强力推进“一村一龙头”项目，培育扶贫龙头101个，覆盖100个村，与贫困户1478户3178人建立起利益联结机制，实现贫困户增收2518万元。在新型农业经营主体的带动下，广大群众参与现代农业的积极性明显提高，乡村产业振兴的内生动力得到提升。

（二）推进公共产品与公共服务的供给侧改革，以政府职能归位改善影响农民生活富裕的薄弱环节

近年来，武冈市在脱贫攻坚和全面小康社会建设中，注重强化政府提供公共服务的职能，持续增加教育、医疗等公共产品和公共服务供给，在改善影响农民生活富裕的薄弱处、关键处、紧要处取得了实效。

1. 以增强基本公共服务保障为基点推动政府职能回归

坚持把提供公共产品和公共服务作为政府的主要职责，着力强化政府保基本、兜底线的职责，加大基本公共服务投入力度，强化政府资金向社会公共服务倾斜，确保公共财政用于教育卫生、文化体育、节能环保、社会保障、道路交通等10大民生项目支出占总支出的76.08%，特别是突出了教育、医疗两个人民群众最为关切的重点领域。

2. 以提高基本公共服务质量为导向推进公共服务供给机制创新

坚持政府主导，不断深化公共服务供给机制和供给方式创新，充分吸引和激活社会资源兴办公益事业，不断提高全市公共服务质量。如在教育领域，围绕提供高质量、高水平教育目标，积极引导和推进社会优质教育资源进入武冈，新建湖南师大附属武冈实验中学、思源实验学校等名校，新增6000多个学位，推动教育水平上档次；在公共卫生领域，在横向整合部门资金、纵向统筹后期财政刚性投入资金的基础上，以15年期“健康按揭”方式贷款建设标准化村卫生室，全面保障了贫困人口享有基本医疗卫生服务；在安全饮水上，积极推进和实施城乡供水一体化PPP项目，引进社会资本，为全市安全饮水奠定坚实基础。

3. 以提高基本公共服务效率为目标健全城乡公共服务供给体系

着眼于解决公共服务效率低、群众办事难的突出问题，武冈市按照“优化配置、服务均等、一站式办理、阳光操作、规范运行”原则，以搭建乡村两级政务服务网络为抓手，开展基层政务服务改革，全面提升基层政务

服务平台，实现了服务中心“全覆盖”，从根本上解决了群众办事找不到人、办不成事、干部管理缺位的问题，确保进“一扇门”能办所有事，打通服务群众最后一公里，切实解决了群众办事难问题。

（三）坚持以人民为中心的发展理念，以促进农民的权利保护为导向完善城乡现代治理体系

人民对美好生活的向往，就是我们的奋斗目标，任何时候都不能忘记。近年来，武冈市始终坚持把以人民为中心的发展思想作为全市脱贫攻坚奔小康的基本原则，在制定扶贫政策、谋划农村发展、发展农业经济、推进农村改革时始终牢牢坚持落实以人民为中心的发展思想，以促进农民的权利保护为导向完善城乡现代治理体系。

1. 以建立多元利益链接机制让贫困群众充分享受收益权

武冈市在脱贫攻坚和推进乡村振兴的实践中，把充分保障人民群众收益权和提高贫困群众收入水平作为基本出发点，注重在产业发展、乡村建设中建立贫困户利益链接机制。如在产业扶贫中采取直接帮扶、股份合作、委托帮扶等模式发展产业，实现67503名贫困人口稳定就业和增收；在项目建设中按“户贷户用户还”、政府投入、招商引资等办法建设重大扶贫项目，使20574名贫困人口受益，增收2700万余元；在易地扶贫搬迁中结合“扶贫车间”建设，建立安置服务中心，充分保障贫困户的就近务工工资收入、安置区配套用房出租分红和政府生活补贴等多元收入。通过多措并举，充分保障贫困群众收益权，使困难群众获得实实在在的利益。

2. 以全面加强乡村环境整治使农民充分享受生态环境经济价值

武冈市把改善人居环境、建设美丽乡村作为保障农民权益的重要方面，始终坚持新发展理念，坚持生态优先，开展农村环境卫生大整治行动，着力营造干净整洁、舒适优美、规范有序、文明和谐的农村人居环境，推进全市产业生态化、生态产业化，在乡村环境综合治理和美丽乡村建设基础上，积极推动乡村旅游、生态旅游发展，拓宽了上万人增收渠道，转变了老百姓“靠山挖山”的传统观念，使农民在重新享受优美生态环境的同时获得生态收益。

3. 以强化基层党建促进乡村自治质量提升

坚持党建与脱贫深度融合，以加强党的基层组织建设为引领优化乡村自治方式、丰富乡村自治内容、提升乡村自治质量。选好村级“领头雁”，通过村支两委换届调整，形成以务工经商能人、农村致富能手、转业退伍军人、大学生村官等为主体的村级班子，建立村干部的责任清单、权利清单、服务清单、负面清单“四张清单”，形成上级党委政府监督、村务监督委员会监督、群众监督的三级监督体系，提高乡村治理能力；推进规范自治，全市制定村规民约315个，成立村级红白喜事理事会315个，有效加强农村社会自我约束、自我管理，基本做到矛盾不出村；创新社区服务，推行村级集中服务日制度，主动上门为群众提供服务。通过政府引导、巩固基层、强化自治，推动全市乡村精神面貌发生显著变化，加快形成乡风文明、治理有效的新格局。

（四）着力脱贫攻坚、全面小康与乡村振兴的有机衔接，以全域乡村振兴推动城乡共同繁荣

区域发展是一个连续的动态过程，只有从更广阔的历史视野和更全面的系统视角来谋划和推动发展，才能实现从一个阶段到另一个阶段的科学发展和成功跨越。脱贫攻坚、全面小康与乡村振兴是一个具有内在联系的战略进程，脱贫攻坚战是全面建成小康社会的底线任务，脱贫攻坚、全面小康是乡村振兴的重要基础，乡村振兴是实现稳定脱贫和高质量全面小康的重要途径。在推进全市发展中，武冈市注重全过程思维和全局谋划，坚持将脱贫攻坚、全面小康与乡村振兴结合起来，以全域乡村振兴来推动城乡共同繁荣。

1. 在顶层设计上将脱贫攻坚、全面小康与乡村振兴通盘谋划

将脱贫攻坚、全面小康的主要目标、主要任务纳入全市乡村振兴规划当中，把构建现代农业体系、加强农村基础设施建设、改善农村生态环境、优化农村治理和改善保障社会民生等主要任务作为乡村振兴要解决的突出问题，系统进行谋划，通过规划强化乡村振兴的底线思维，通过规划

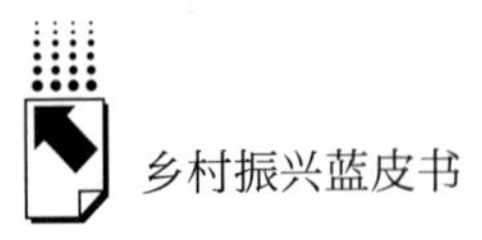

推动形成在乡村振兴中全面稳定解决脱贫攻坚问题和补齐全面小康建设短板的共识。

2. 坚持践行以发展解决区域贫困问题的科学理念

在推进脱贫攻坚和全面小康社会建设时，始终坚持发展是第一要务，牢固树立只有发展了才能根本解决脱贫攻坚难题、实现全面小康的理念，注重推进产业扶贫与强化全市基础产业的对接、推动易地扶贫搬迁与区域城镇化的对接、强化农村基础设施建设与生态宜居美丽乡村建设的对接、促进基层党组织建设与乡村高效治理的对接，通过一系列的超前谋划，有力夯实了全面小康社会建设和乡村振兴的基础，为全面乡村振兴创造了重要的物质和思想条件，为全域乡村振兴赢得了先机。

3. 统筹推进组织建设和脱贫攻坚深度融合

注重在脱贫攻坚、全面小康与乡村振兴中全面加强党的领导，把夯实农村基层党组织同推进乡村振兴、脱贫攻坚紧密结合起来，深入推进抓基层党建促脱贫攻坚、促乡村振兴，全面强化农村基层党组织领导核心地位；注重激活市场主体扶贫动力，积极探索扶贫合作社等组织形式，依托龙头企业、大户做实委托帮扶，通过土地托管、吸收农民土地经营权入股等方式，带动贫困户增收；注重推进乡村治理机制创新，发挥村民理事会、村民议事会、道德评议会、红白理事会等协商议事机构作用，构建自治、法治、德治相结合的村级治理体系，促进乡村文明和乡村和谐。通过强化基层组织建设，充分调动全市各领域参与脱贫攻坚、全面小康社会建设和乡村振兴的积极性，形成统筹推进脱贫攻坚、全面小康与乡村振兴的坚强组织保障。

四　结语

坚决打赢脱贫攻坚这场输不起的“战争”，让老乡实现小康，早已成为普遍共识。但打赢脱贫攻坚战之后，扶贫政策到期、扶贫干部归队，交完“卷”、脱了贫的贫困地区又该何去何从？武冈市的改革创新实践说明，解决阶段性攻坚脱贫与解决长期性相对贫困相衔接、特惠性帮扶与普惠性民生相衔接、到村到户为主的支持与区域经济发展战略目标相衔接，是实现巩固脱贫攻坚成果与推进乡村振兴有机衔接的有效途径。

解决阶段性脱贫攻坚与解决长期性相对贫困相衔接。武冈市坚持以长远的视角谋划脱贫攻坚工作。如财政优先投入乡村教育，全面提升乡村学校的硬件条件和师资水平，真正实现教育扶贫的“扶智、扶本、扶根”功能，为未来发展积累智力资本；通过实施健康扶贫的“筑网”“强网”“托网”工程，保障农民群众看得上病、看得好病、看得起病，在破解因病致贫难题的同时，提升了农民群众的健康水平；把扶贫车间、易地扶贫搬迁、小城镇建设结合起来，实现了生活条件改善、就业保障、小城镇发展的多赢，有效调动了贫困群众的积极性与创造力。这一系列重大举措，核心在于从根源上解决贫困问题，激发脱贫致富的内生动力，实质上建立了解决贫困问题的可持续长效机制。

特惠性帮扶与普惠性民生相衔接。武冈市坚持以“大河涨水小河满”的思路推进脱贫攻坚，既充分运用脱贫攻坚的特惠性帮扶措施，着力补齐“两不愁三保障”短板，又把特惠性帮扶工作与普惠性民生工程有机结合起来，把提高贫困人口生活水平纳入补齐区域民生短板的过程中，在教育、医疗、就业、养老、饮水安全、基础设施建设、公共服务等多个领域的改革创新，均是立足解决贫困问题、面向整个乡村、服务全市人民，既实现了全市脱贫摘帽、贫困村全部退出、贫困发生率降至0.37%，又使区域整体民生水平明显提高，从而避免了为脱贫而脱贫，开创了巩固脱贫攻坚成果与推进乡村振兴相衔接的新格局。

到村到户为主的支持与区域经济发展战略目标相衔接。武冈市坚持以发展为第一要务，把县域经济发展作为摆脱贫困的根本保障，逐步将脱贫解困的重心从福利性支持向培育新型经济体、从单个村庄扶持向推动区域经济整体发展转变，尤其是以重大项目建设为引领全面提升区域工业化质量，积极发展战略性新兴产业，极大增强了工业反哺农业、城市带动乡村的能量，聚焦农业特色产业发展、三次产业融合发展，激活了乡村产业振兴的内生动力，形成了“大的产业顶天立地、小的产业铺天盖地”的产业发展新格局，

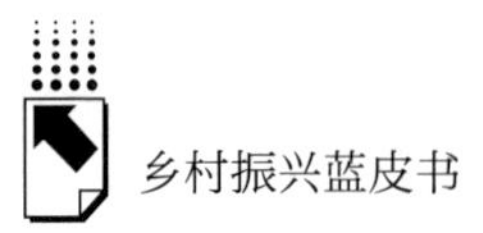

为“四化”同步发展提供了有力支撑，为稳定脱贫奔小康注入了强劲动力，为乡村振兴奠定了坚实基础。

参考文献

1. 中共中央党史和文献研究院：《习近平关于“三农”工作论述摘编》，中央文献出版社，2019。
2. 中共中央党史和文献研究院：《习近平扶贫论述摘编》，中央文献出版社，2018。
3. 《中共中央　国务院关于实施乡村振兴战略的意见》，《人民日报》2018 年 2 月 5 日。
4. 刘建武：《农村扶贫开发体制机制亟待改革创新》，《中国乡村发现》2016 年第 2 期。
5. 刘明月、汪三贵：《产业扶贫与产业兴旺的有机衔接：逻辑关系、面临困境及实现路径》，《西北师大学报》（社会科学版）2020 年第 4 期。
6. 侯文：《加减乘除，集中力量办大事》，《宏观经济管理》2019 年第 10 期。
7. 侯文：《加快把武冈建成湘西南中心城市》，《邵阳日报》2016 年 1 月 10 日。
8. 陈文胜：《脱贫攻坚与乡村振兴有效衔接的实现途径》，《贵州社会科学》2020 年第 1 期。
9. 陈文胜：《乡村振兴战略目标下农业供给侧结构性改革研究》，《江西社会科学》2019 年第 12 期。
10. 陈文胜：《城镇化进程中乡村社会结构的变迁》，《湖南师范大学社会科学学报》2020 年第 2 期。
11. 陈文胜：《论乡村振兴与产业扶贫》，《农村经济》2019 年第 9 期。
12. 蒋俊毅、侯少夫：《农村金融结构优化是否促进了农村经济增长——基于湖南省的实证研究》，《财经理论与实践》2013 年第 6 期。
13. 蒋俊毅：《农业现代化与农民增收：一个新的理论框架》，《农村经济》2008 年第 6 期。
14. 杨钧、李建明、罗能生：《农村基础设施、人力资本投资与农业全要素生产率——基于空间杜宾模型的实证研究》，《河南师范大学学报》（哲学社会科学版）2019 年第 4 期。

B.4

以城乡融合发展建设全面现代化先行示范区

——长沙县推进城乡融合发展的实践探索

陈文胜　王文强　蒋俊毅　彭秋归*

摘　要： 党的十九大报告提出建立健全城乡融合发展体制机制和政策体系，加快推进农业农村现代化。长沙县作为中部第一、全国前四的经济强县，在发展过程中曾经也面临南工北农、南城北乡、南富北穷的城乡发展不平衡的问题。为了破解这一现实难题，长沙县通过“五位一体”推动进入城乡融合发展新方位，多措并举探索城乡融合发展新途径，走出了一条城郊县率先以城乡融合发展建设新时代中国特色社会主义全面现代化先行示范区的新路。

关键词： 长沙县　城乡融合发展　全面现代化　先行示范区

我国在工业化和城镇化发展的历史过程中，较为长期地实行工业和城市优先发展战略，创造了人类发展史上的奇迹，但也导致了城乡二元结构的形

---

* 陈文胜，博士，湖南师范大学中国乡村振兴研究院院长、中央农办乡村振兴专家委员、省委农村工作领导小组“三农”工作专家组组长，主要研究方向：农村经济、城乡关系、乡村治理；王文强，湖南省社会科学院人力资源与改革发展研究所所长，主要研究方向：农村人力资源、现代农业；蒋俊毅，湖南省社会科学院副研究员，主要研究方向：区域经济、资源与环境经济；彭秋归，湖南省社会科学院马克思主义研究所助理研究员，主要研究方向：马克思主义中国化、湖湘文化。

成，成为新时代推进社会主义现代化建设必须解决的重大问题。党的十九大报告提出建立健全城乡融合发展体制机制和政策体系，加快推进农业农村现代化。《中共中央 国务院关于建立健全城乡融合发展体制机制和政策体系的意见》进一步明确要求，以协调推进乡村振兴战略和新型城镇化战略为抓手，以缩小城乡发展差距和居民生活水平差距为目标，以完善产权制度和要素市场化配置为重点，破除体制机制弊端，重塑新型城乡关系，促进城乡要素自由流动、平等交换和公共资源合理配置，加快形成工农互促、城乡互补、全面融合、共同繁荣的新型工农城乡关系，走城乡融合发展之路。长沙县作为中部第一、全国前四的经济强县，在发展过程中曾经也同样面临南工北农、南城北乡、南富北穷的城乡发展不平衡问题。为了破解这一现实难题，长沙县紧紧抓住实施乡村振兴战略的契机，大力实施“强园富县、优二兴三、转型升级、融合发展”四大战略，坚持以工促农、以城带乡，不断探索建立健全城乡融合发展的体制机制和政策体系，并取得突破性进展，走出了一条城郊县率先以城乡融合发展建设新时代中国特色社会主义全面现代化先行示范区的新路。

一 “五位一体”推动进入城乡融合发展新方位

城乡融合发展不是城和乡的简单相加，不会自然而然地实现，而是需要具有多个方面的基础，以多种方式协调推进，实现多层次的有机融合。长沙县在推进城乡融合发展过程中，始终坚持“五位一体”总体布局，注重从经济、政治、文化、社会、生态文明建设五个方面谋篇布局，推动城乡融合发展进入新的历史方位。

（一）工业支撑强劲：县域经济稳居全国前列

城乡融合发展的经济基础是工业带动农业、工业支撑农业。工业化是现代化的重要标志，没有工业的带动，城乡融合就只能停留在传统意义的层面，不能形成现代意义上的有机融合，更不可能实现农业农村现代化。长沙县以工业为先锋推进县域经济发展，已经展现出雄厚的经济实力，中郡研究所2019年12月发布的报告显示，长沙县已经跻身全国县域经济与县域综合发展百强第4位，稳居县域经济基本竞争力、中国中小城市综合实力百强排名第5位，县域综合实力长期位居中部第1位。在中国信息通信研究院发布的2019年“中国工业百强县（市）”榜单中，长沙县居第8位，居中部第1位，这为长沙县推进城乡融合发展奠定了坚实基础。

1. 经济逆势迸发，总量与增速领跑中部

2018年，长沙县实现地区生产总值1509.3亿元，居全省县域第1位、全国县域第8位，按常住人口计算的人均生产总值达到14.2万元，超过同期全国人均生产总值（6.46万元）一倍有余，也超过沿海发达地区江苏省（11.52万元）、浙江省（9.86万元）的平均水平，2019年地区生产总值同比增长8.2%，增速超过全国全省平均水平。在县域财政收入增长普遍乏力的情况下，2019年长沙县地方一般公共预算收入达到111.23亿元，增长8.83%，税占比达到81.91%。在全国县域经济前10强比较中，长沙县各项经济增速指标也优势明显，如2018年的居民收入增速排名第一，地区生产总值增速、投资增速排名第二，消费增速排名第四，县域经济发展后劲持续迸发。

2. 实体经济强劲，高质量发展稳步推进

长沙县紧紧围绕长沙经开区、临空经济区、黄花综保区、会展经济区等重大平台，持续壮大实体经济，工业发展势头强劲，工业规模与效益均居全国县域前列。2018年，全县工业总产值2700余亿元，比上年增长10.6%，规模以上工业增加值增长10.2%，规模以上工业企业销售产值增长8.5%，利润总额增长22.6%，利税总额增长10.3%，其中经开区等“一区七园”规模工业总产值2400余亿元，增长10.8%；主导行业稳定发展，工程机械、汽车及零部件、电子信息三大支柱行业规模工业总产值比上年增长11.2%，汽车及零部件产业产值增长5.8%，电子信息产业产值增长16.7%，工程机械产业产值增长16.1%。2019年，全县工业仍保持稳步增长，全年规模工业增加值比上年增长10%。

3. 发展转型加速，产业结构明显优化

在工业快速发展的同时，长沙县按照高质量发展的要求稳步推进产业结构调整，依托区位优势大力发展现代服务业，现代商贸物流、文化产业等快速崛起，产业结构明显改善，2018 年，全县三次产业结构为 4.2∶61.6∶34.2，与 2015 年相比，第三产业占比提高 11.3 个百分点，尤其是外贸经济逆势上扬，2019 年，全县外贸总量超 100 亿美元，占全省的五分之一、全市近三分之一。同时，传统农业向现代农业转型加速，全力推动“一县一特”茶产业发展，长沙绿茶获评国家地理标志产品；加快发展民宿产业，建成“慧润星工厂”“慧生活”民宿展示体验店，浔龙河村获评全国乡村旅游重点村；农村一二三产业融合发展加快，形成了特色种养、农产品精深加工、健康养生、休闲旅游、文化体验等竞相发展的格局，体现了现代化经济体系对于现代化产业结构的内在要求。

（二）党建统领有力：城乡治理迈入现代化进程

城乡融合发展的政治基础是治理体系和治理能力现代化。近年来，长沙县坚持以党的政治建设为统领，以“党建 +”模式为引领，将基层党建融入经济社会发展的各个方面，尤其通过实施以“建设零违章、环境零污染、安全零事故、治安零发案、村（居）民零上访”为主要内容的“党建 +‘五零’村（社区）建设”，构建了城乡“一张网”治理格局，推动城乡治理体系不断健全、治理水平不断提升。

1. 加强基层党组织建设，提升城乡基层治理现代化的组织力

以支部“五化”建设为着力点增强基层党组织引领力，已初步完成示范性“五化五星”党支部建设，1559 个党支部初步评星定级，并新设立基层党总支 192 个，成立了 10 个生态环保党支部、30 个流动党支部、19 个青年人才党支部和 233 个农业党支部，基层组织体系进一步健全。先后将 23 个村（社区）纳入全县软弱涣散党组织整顿范围，通过调优配强班子、选拔培养村级后备干部、县级集中轮训支村“两委”成员、下设支部书记等举措，确保软弱涣散党组织全部整顿到位，支村“两委”班子的战斗力明

显增强，为城乡治理现代化提供了坚强组织保障。

2. 创新“党建 +”模式，提升城乡基层治理现代化的推动力

以“党建 +”模式为引领，结合党建 O2O、网格化等手段，推动资源、服务、管理下沉到基层治理第一线，使党群关系更加密切，典型引领大局、先进督促后进、党员带领群众的氛围全面形成。全面推进“党建 +‘五零’村（社区）建设”，建立“支部主导推动、党员示范带头、群众广泛参与、社会力量协同、部门上下联动”的城乡基层社会治理新机制，党员干部以身作则、率先垂范、冲锋在前，广大群众主人翁精神不断增强，参与社会治理的自觉性、能动性显著提升，积极干事创业、拆除自家的违章建筑、参与城乡绿化美化亮化、排查报告安全隐患、开展群防群治行动、抵制非法上访和越级上访、推进移风易俗、积极献言献策，为村（社区）建设尽心出力，党建引领基层治理水平明显提升，一大批信访矛盾纠纷在基层得到解决，城乡人居环境整治顺利推进，城市文明有序与乡村和谐稳定齐头并进的局面基本形成。

3. 突出群众诉求解决，提升城乡基层治理现代化的内生力

把解决群众最关心最迫切的诉求作为党建引领基层治理的关键，立足于保障群众权益、实现群众安居乐业，从大局着眼、从细节着手，紧扣拆违控违、环境治理、安全责任、治安防控、信访等工作，着力解决了一批群众关心的违章建筑、环境污染、安全隐患、矛盾调解、村社管理等方面的问题，通过问题摸排、列出清单、交办明责、督办落实，仅 2019 年共拆除各类违法建筑 115.9 万平方米，排查整治各类安全隐患 11620 处，办理安全生产案件 338 起，成为全省唯一被国务院评为“农村人居环境整治成效明显的地方”，农村垃圾治理经验被全国性会议作典型推介。党风政风社风民风焕然一新，城乡居民满意度大幅提高。

（三）社会发展提速：城乡结构由二元向一体转换

实施乡村振兴战略，走城乡融合发展之路，必须将工业与农业、城市与乡村、城镇居民与农村居民作为一个整体纳入全面建成小康社会和现代化建

设的全过程中，补齐农村民生短板则是其中关键一环。长沙县在就业、教育、医疗、社会保障、基础设施等群众最关心最直接最现实的利益问题上，着力破除城乡二元的体制机制弊端，同步改善城乡民生福祉，连续13年荣获最具幸福感城市（县级）称号。

1. 全域互联互通，实现城乡基础设施一体化

统筹推进城乡基础设施建设，打造了“八纵十六横”的城乡路网格局，农村公路里程达5760公里，县镇道路硬化率达100%，村道硬化率达95%，实现行政村全部通公交，获评全国“四好农村公路”示范县。县内城乡供水管网实现多处联通对接，城乡供水范围覆盖全县92%的行政村（社区），规划内和贫困人口饮水不安全问题全部解决，实现国家提出的农村饮水安全目标。着力推动电网建设“630攻坚”工作，2019年竣工新、扩建35～220千伏输变电工程项目9项，新增变电容量59.7万千伏安，县域电网110千伏主变及以下设备重过载情况得到缓解，城农网配电线路运行状况得到显著改善。全面推进燃气下乡，完成北部十镇燃气特许经营权授权，北山镇、江背镇、果园镇浔龙河村等已经步入管道燃气时代。乡村信息网络设施不断改善，实现行政村4G信号100%覆盖、所有行政村光纤100%通达。

2. 全面公共服务均等化，实现城乡社会事业均衡发展

城乡教育均衡发展，超大班额全部化解，全县义务教育学段优质学校覆盖率65%以上，实现初中入学率、巩固率均为100%，小学学龄人口入学率、巩固率均为100%，义务教育阶段学生杂费免除率达100%。城乡医疗条件持续改善，实现所有114个行政村卫生室标准化建设达标率100%、18个乡镇卫生院标准化建设达标率100%，由省人民医院直接托管的县人民医院主体工程开工建设，县妇幼保健院跻身全国百强，金井镇中心卫生院、星沙街道社区卫生服务中心获国家“优质服务基层行”先进单位称号。城乡居民养老保险业务实现“全县通办”，城镇职工基本养老金、城乡居民养老保险基础养老金实现14连调，居民基础养老金达到每人每月193元，为全省最高标准，乡镇卫生院、社区卫生服务中心医保报销比例提高至85%。居家养老服务设施已覆盖90%的城市社区、90%以上的镇和60%以上的村，

每千名老人拥有养老床位35张以上，居全省前列。

3. 全力促就业促增收，实现城乡居民共享发展成果

近年来，长沙县促就业促增收取得明显成效，且农村居民收入增速快于城镇居民，城乡居民收入差距持续缩小。2018年，长沙县城乡居民人均可支配收入40226元，远高于全省、全国平均水平，其中城镇居民人均可支配收入46682元，农村居民人均可支配收入31786元，城乡居民收入比约为1.47∶1，显著低于同期全省2.60∶1和全国2.69∶1的平均水平，并低于同期全国城乡居民收入差距最小的天津市（1.86∶1），低于同期发达省份浙江省城乡居民收入差距最小的德清县（1.68∶1），表明长沙县在城乡居民共享改革开放、经济社会发展成果方面已居于全国前列。

（四）城乡文化同步：传统文明向现代文明加速转型

快速推进的城镇化正将具有几千年农耕文明的传统中国“乡村社会”带入到以现代、后现代为主要特质的“城市社会”，城乡文明互补交融成为城乡融合发展的必然趋势。长沙县顺应乡村社会经济深刻变化的新形势，积极促进城乡文化服务及文化资源联为一体，推进乡村文化振兴，加快了传统文明向现代文明转型的步伐，先后获评首批全国县级文明城市提名、全国文化先进单位（县）、全国农家书屋建设先进集体。

1. 三级联动，城乡公共文化事业实现新发展

长沙县在全省率先建成三级公共文化服务网络，县文体中心、县图书馆建成并免费向社会开放。全县范围18个镇（街）已建成20个综合文化站、280家农家书屋、197个村（社区）文体活动室、110余处村级文化活动广场。共组建74支群众文艺团队，常年参与文化活动的群众已达10万人，仅2019年开展群众文化活动200场，送戏下乡90场，放映公益电影2600场，创作了舞蹈《血红的名册》、歌曲《以人民为中心》《村里的健身房》等十余部文艺作品。《血红的名册》《以人民为中心》分别获全省“欢乐潇湘”群众文艺汇演特等奖、一等奖。持续开展全民阅读活动，仅2019年就举办全民阅读活动262场、“松雅书院”系列读书活动30期，“悦读星沙”“松

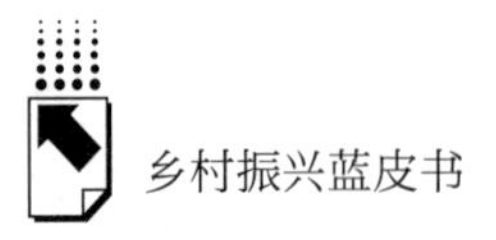

雅书院”等品牌阅读活动深入人心。广覆盖的文化设施、丰富的文化活动，为城乡文化事业繁荣奠定了坚实基础。

2. 示范引领，农村精神文明达到新高度

长沙县认真贯彻落实《新时代爱国主义教育实施纲要》《新时代公民道德建设实施纲要》，结合各地区传统文化传承脉络和地理资源特点，打造了一批以“孝”“忠”“和”“家”“福”“诚”“勤”“善”等文化为核心的农村精神文明示范点，如以“孝文化”为核心的开慧镇葛家山村；以“忠文化”为核心的金井镇双江社区；以“和文化”为核心的安沙镇和平村；以“家文化”为核心的高桥镇金桥村；以“福文化”为核心的江背镇五福村；以“诚文化”为核心的青山铺镇洪河村；以“勤文化”为核心的果园镇新明村；以“善文化”为核心的湘龙街道潇湘路社区等。通过农村精神文明展评等活动，示范带动形成了“一镇一品”“一村一特”的农村精神文明建设品牌，涌现出一大批崇德向善、事迹感人、影响广泛的文明家庭。同时，立足于丰富的红色历史资源开展新时代文明实践活动，串联起杨开慧纪念馆、缪伯英故居、陈树湘烈士陈列室、刘少奇天华调查纪念馆、陈康白生平业绩陈列馆、李维汉故居、田汉文化园、许光达故居等红色景点，弘扬老一辈革命家的革命精神和崇高品格，用红色文化凝聚人心、打造基层精神家园，为城乡融合提供了强大的精神动力和价值引领。

3. 自我革新，乡风文明成为新时尚

长沙县发挥村规民约的自我约束作用、红白理事会等组织的自我监督管理作用、党员干部的示范带头作用，推进农村婚丧嫁娶等习俗改革，整顿大操大办、人情攀比、办酒泛滥、庸俗表演、厚葬薄养等陈规陋习，提倡文明、节俭、廉洁办事，倡导健康文明的生活方式，受到广大群众的拥护，乡风文明已深入千家万户，社会风气全面改善，“人情债”轻了，铺张浪费少了，集体活动多了，文化生活丰富了，勤俭节约、尊老敬老成为常态，乡村整体展现出了崇尚文明、积极向上的精神面貌。

（五）绿色功能凸显：乡村生态价值由单一向多元增值

良好的生态环境是乡村最大优势和宝贵财富，长沙县按照“发展美学经济、推动全域旅游、做实乡村振兴”的发展思路，把“绿水青山”和“金山银山”结合起来。一方面加强环境保护和污染整治，坚决打赢蓝天碧水净土保卫战；另一方面发挥生态优势，推动乡村自然资本增值，打造了环境美、产业美、生活美、乡风美、秩序美“五美与共”的乡村样板，让农村有景可看、农民有活可干、农业有钱可赚。

1. 保护绿水青山，推动生态环境全面改善

近年来，长沙县坚持走“两型引领、绿色发展”路径，大力推进城乡环境整治，着力打好蓝天碧水净土保卫战，推动生态环境质量明显改善。推行生态河道治理、生态清洁型小流域治理，成功打造“中小河流治理全国样板”，河道水质全面改善。推进农村人居环境整治，全面治理农业面源污染，推进农药化肥减量行动，农村环境“洁、净、美”目标基本实现。实施三年造绿大行动，结合美丽乡村建设，建设绿色通道 113 公里，建成 22 个乡村公园、9 个绿色示范集镇、104 个绿色村庄（社区）、2400 户绿色庭院，2018 年全县林木绿化率达 49. 8%，城市建成区绿化率达 36%。实施蓝天保卫战，2019 年全县天气优良率为 88. 0%，空气质量改善率居全市第一。全县大部分镇村已成功创建国家级、省级、市级生态镇村，长沙县先后获评全省首个国家级生态县、国家园林县城、国家生态示范区，多次获评全国十佳两型中小城市并居榜首，连续三年获评“湖南省美丽乡村先进县”。

2. 依托绿水青山，实现“生态 +”价值链不断延伸

长沙县致力于发展“美学经济”，深入挖掘生态在景色观赏、产品增值、文化创意、健康养生、科技教育、生活保障等方面的多元价值，依托良好的生态环境大力发展以优质稻、茶叶、花卉、有机蔬菜、时鲜瓜果为主导的生态农业，推动生态种养、休闲农业、生态旅游、乡村文化深度融合，茶园变成景园，花卉基地变成花观园，民居变成民宿，美学经济“造血功能”不断增强，农业产业链条不断延伸，生态优势日益转变为推动乡村发展的经济优势。如果园镇浔龙河村依托良好的生态环境，综合发展特色农业、休闲旅游、康养、生活服务业等，打造生态艺术小镇，农民人均收入从 2009 年的 0. 25 万元增长到 2018 年的 3. 98 万元；新明村依托作为生态示范村的优

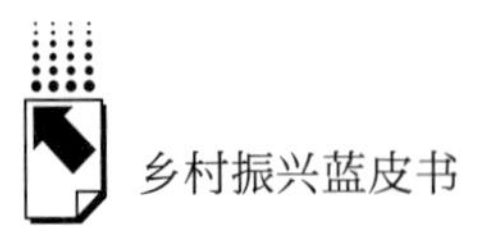

势，引入山河集团投资 5.2 亿元打造“健康谷”，村集体经济收入突破 100 万元。不断改善的生态环境也为全县旅游业蓬勃发展提供了强力支撑，2019 年，全县共接待游客 1618.31 万人次，比上年增长 23.8%，实现旅游综合收入 173.56 亿元，比上年增长 22.6%。长沙县还入选 2018 年中国县域旅游竞争力百强县。

二　多措并举探索城乡融合发展新途径

为从根本上解决城乡发展不平衡问题，长沙县坚持农业农村优先发展，制定了《关于全面落实乡村振兴战略的实施意见》，以协调推进乡村振兴战略和新型城镇化战略为抓手，在推进城乡公共服务一体化、城乡产业融合发展、城乡要素自由流动和平等交换、城乡治理体系与治理能力现代化等方面深入探索，大胆创新，乡村振兴新模式获评 2019 中国改革年度十佳案例，迈出了城乡融合发展坚实步伐。

（一）以公共资源配置创新为关键推动城乡公共服务体系一体化

推动公共资源配置向农村倾斜，逐步实现城乡基本公共服务均等化，是协调推进乡村振兴战略和新型城镇化战略，提升农民获得感、幸福感、安全感的重要抓手，是推进城乡融合发展的内在要求。长沙县始终把事关民生福祉的公共基础设施、基本公共服务、基本社会保障放在财政保障的首要位置，将财政支出的 80% 用于民生领域（2019 年民生支出达 140 亿元）；坚持城乡一盘棋的理念，大力推进基础设施向农村覆盖、公共服务向农村延伸，全面提升农村人居环境，全域推进美丽乡村建设，基本建立起城乡一体的公共服务体系。

1. 以“五网下乡”为重点，推进基础设施向农村覆盖

统筹规划城乡道路、供水、供电、供气、信息等基础设施建设，不断加大投入力度，深入推进“五网下乡”，全面改善了乡村基础设施条件。如在路网方面，大力推进“四好农村路”建设，党的十八大以来，县财政共安

排68亿元用于农村公路建设，农村公路补助标准持续提高至每公里37万元，农村公路通车里程、路网密度及硬化率均居全省之首；在全省率先推行城乡公交一体化改革，实行公司化集约经营的“公车公营”改造，实现了县域内所有公交线路2元一票制；大力推进“路长制”，将100%的县乡道路、40%的村道纳入“路长制”责任范畴，实现城乡路网建管养运协调发展，长沙县因此连续两年被评为“四好农村路”全国示范县。在水网方面，统筹推进城乡水网建设，“十二五”到“十三五”期间，按照“城乡供水一体化、区域供水规模化、运营维护专业化”建设目标，累计投入7.2亿元，兴建了一大批农村饮水安全工程，先后建成白鹭湖、双江、乌川、金井四个水厂，总供水能力达8.2万吨/天，主支管网1600余公里，全县沿农村主要道路骨干管网全部建成，农村自来水水质合格率100%，有效保障了全县农村饮水安全。在电网方面，实施了“长沙县电网供电能力提升三年行动计划”暨“630攻坚”行动，投资3亿元加强电网建设，解决了220千伏星曹线路断面供电受限问题，同步推进农村电网改造，全面改善了城乡电网结构，提升了电网供电保障能力。

2. 以普惠共享为目标，推进公共服务向农村延伸

着力补齐乡村公共服务短板，不断满足群众对公共服务的需求，推进城乡公共服务均等化。一是推进城乡教育资源均衡配置。近三年累计投入30亿元，着力推进城乡教育均衡发展，改善农村薄弱学校办学条件，提高公办幼儿园和普惠性民办幼儿园覆盖率，推进与外部优质教育资源的合作，北师大长沙附属学校进驻果园镇浔龙河村；实行一所城区小学对接一所乡镇小学，推动教育资源城乡共享；推进职业院校提质升级，中职毕业生就业率超过95%；募集资金5000万元用于扶助家庭困难学生、慰问特困教职工等，通过结对帮扶先后资助家庭困难学生达4.5万人次，连续16年确保了全县无一名学生因贫失学，长沙县因此被评为全省“教育强县”、全国义务教育发展基本均衡县、全国农村职成教育示范县，其扶贫助学新模式获评2018年全国民生示范工程。二是推进优质医疗资源向乡村下沉。出台了《长沙县基层医疗卫生机构建设三年行动方案（2019～2020年）》，建立与省、市

“三甲”医院紧密型医联体10余个，远程医疗服务系统6个，上级专家定期到基层进行查房、坐诊、手术等医疗服务；建立县级、市级名医工作站各6个，让群众在家门口享受到优质的医疗资源。三是推进城乡社会保障一体化。在全省率先推进并实现城乡居民养老保险和医疗保险并轨运行；全面实行健康扶贫“先诊疗后付费”和“一站式”结算，并确保报销比例不低于90%；不断完善社会救助制度，实行城乡低保一体化，大幅提高救助标准，低保标准达到每人每月650元，特困人员救助供养标准达到每人每月845元，高于省定标准。四是推进公共文化服务网络城乡全覆盖。投入5.5亿元构建了以县级文化中心为龙头、以镇街综合文化站为主干、以村（社区）文化活动室和农家书屋为网点的“十分钟文化圈”，镇级综合文化站全部达到国家一级站的标准，建成市级示范性村（社区）综合文化服务中心50处，首创的“农家书屋星级评定与摘牌淘汰办法”在全国推广，每年安排1300万元专项资金保障文化阵地的运行管理，确保了城乡居民“读有书屋、唱有设备、演有场地、跳有广场、办有经费”。

3. 以农村“五治”为抓手，推进城乡人居环境同步改善

在推进城镇提质提档的同时，大力开展村庄清洁行动，预算安排专项经费17.8亿元、整合涉农资金4500万元、引导社会资本投入1700万元，建立“县统筹、镇为主、村实施”的三级联动工作机制，尊重“环境尊严”，全面推进农村“五治”，让广大乡村青山常在、绿水长流、空气常新，打造生态宜居美丽家园。一是精准大力治厕。按照精准对象、精准技术、精准质量、精准管理的要求，推动“厕所革命”取得突破性进展。2019年完成19389户改厕任务，农村旱厕全面清零，农村卫生厕所普及率达100%。二是分类减量治垃圾。坚持激发“民觉”、倡导“共治”、突出“严管”，从源头着力、从环节着手、从常态着眼，形成共谋、共建、共管、共评、共享的长效机制。建设“四蓝”体系（蓝桶、蓝屋、蓝车、蓝岛），得到中央农办、国家农业农村部的高度认可。目前，全县14个涉农镇街147个村（社区），共配置“蓝桶”37.08万个、“蓝车”1074台、村级“蓝屋”171个、镇级“蓝屋”13个。全县垃圾分类减量村实现全覆盖，农户垃圾源头分类

减量率达68%。春华镇、金井镇率先启动了湿垃圾收集处置工作。三是多措并举治水。将5.84万处小微水体全部纳入河长制责任范畴，铺排“两河七口”截污治污项目192个，对17个镇（街）污水处理厂进行提标改造，在集镇、集中居住区新建分散式一体化污水处理设施23个，组建了18个常态保洁队伍，市下达治水任务全面完成。四是疏堵结合治房。按照全面清房、严格管房、集中建房、高效用房的思路，全县共规划了30个农民集中居住点；市下达“空心房”整治任务700户，县自加任务300户，已拆1475户，复垦面积1567.34亩，房屋拆除面积512亩；结合增减挂钩政策，立项指标1790余亩。五是全民参与治风。倡导婚事新办、丧事简办、他事不办的文明新风尚，村规民约（居民公约）制定率、党员干部《文明节俭操办婚丧喜庆事宜承诺书》签订率均为100%，所有村（社区）全部成立了红白理事会。长沙县移风易俗“十个一”工作法被推为全市乡风文明建设优秀典型案例。

（二）以多模式特色小镇为支撑推动城乡产业融合发展

特色小镇是承接城市辐射、带动乡村发展的关键性节点，是推进城乡融合发展的桥梁与纽带。长沙县发挥作为大城市近郊的区位优势与交通优势，按照小而精、特而专原则，推进特色小镇概念策划、空间规划、项目计划、资金筹划“四划叠加”，把科技和绿色贯穿全过程，打造乡村式的城镇、城镇化的乡村，培育各具特色、富有活力的特色小镇，将其作为推动城乡产业融合发展的重要引擎，探索多元化特色产业发展途径，推动工农互动、乡村一二三产业融合发展，走出了一条有长沙县特色的现代都市农业发展之路。

1. 以挖掘城郊资源禀赋为基础，培育多类型特色小镇

长沙县早在2013年就将小城镇建设资金集中投放，按照“规划先行、新区先行、路网先行”的思路推进特色小镇建设。近年来，持续加大特色小镇建设力度，制定县域特色小镇培育发展规划，支持各乡镇依据独特的资源禀赋大力培育特色小镇，成功创建了一批示范带动力较强的特色小镇，如金井镇以茶叶产业为特色，创建了“茶乡小镇”；春华镇依托独特的水系资

源，培育了宜游宜居的“水乡小镇”；开慧镇依托独有的红色旅游资源，打造了“板仓小镇”；果园镇聚焦文化艺术旅游产业，创建了田汉艺术小镇；路口镇依托温泉资源，创建了“温泉小镇”；高桥镇依托独有的农科产业，打造了新兴的“农科小镇”；榔梨镇依托自然水景和传统文化资源，开发了“绿色水乡古镇”；黄花镇立足区位交通优势，正在打造“农产品展销特色小镇”等。其中金井镇、开慧镇、高桥镇、果园镇入选长沙市第一批特色小（城）镇创建培育名录，果园镇田汉艺术小镇成为全省10个文旅特色小镇之一，金井镇发展成为全国千强镇、国家级生态镇、国家示范农业产业强镇，开慧镇荣获全国首批文旅融合最佳特色品牌小镇奖，获评全国十佳康养小镇（乡村）、湖南省特色旅游名镇，杨开慧纪念馆被评为全国爱国主义教育示范基地。特色小镇的蓬勃发展为促进城乡资源要素流动、辐射带动区域镇村发展、推动城乡产业融合奠定了坚实基础。

2. 以推进产镇融合为导向，发展多元化都市农业

长沙县以国家现代农业示范区建设为契机，不断加大农业产业发展推进力度，形成了特色种养、休闲旅游、精深加工等产业互动融合的现代农业发展新格局。一是优化区域布局，推动错位化发展。立足自身优势，以粮食、蔬菜、茶叶、瓜果、花卉苗木、生态养殖、休闲旅游、农产品加工流通为支柱产业，推动农业区域化布局与适度规模经营，如粮食以春华镇为核心区，茶叶、生猪以金井镇为核心区，瓜果以北山镇、青山铺镇为核心区，花卉苗木以安沙镇、春华镇、黄兴镇、江背镇为核心区，蔬菜以春华镇、路口镇、高桥镇为核心区，休闲农业以开慧镇、金井镇、果园镇为核心区，农产品加工与流通以金井镇、黄兴镇、榔梨镇、黄花镇等为核心区，基本形成错位发展格局。二是调优产业结构，推动集群化发展。深入推进农业供给侧结构性改革，以适度规模经营为支撑调强调优产业结构，构建“一镇一特”“一村一品”发展格局，打造了一大批特色农业生产基地，路口镇“隆平稻作文化公园”初步成型，青山铺、果园、路口、春华等镇粮食绿色高产高效创建成效明显，建立了现代农业成果展示园、食用菌科技示范园、有机茶叶产业园、特色水果产业园等一批“生产＋加工＋科技”的现代农业产业园区，

高桥镇“食用菌之乡”、金井镇“茶乡”、开慧镇“水果之乡”及以春华、高桥、路口为核心的万亩蔬菜示范片日渐成熟，培育了22家畜禽规模养殖场，鑫广安、佳和农牧、盛大蛋鸡、自成肉牛、柳吉观赏鱼等特色养殖快速发展，稻田生态种养示范带动效应明显，基本形成了主导产业集群化发展格局。三是聚力新产业新业态新模式，推动融合化发展。立足各镇特色，依托乡村生态、文化等资源，推动农业内部融合、农业与其他产业融合，大力发展产加销一体化精深加工，探索并推广“稻渔+文旅”“茶叶+文旅”“水果+文旅”“农业+研学”“民宿+康养”等农文旅融合模式，发展智慧农业，探索形成了五种都市农业发展新模式，即以果园镇浔龙河生态小镇建设为代表的资本下乡共建模式，以开慧镇锡福村民宿经济为代表的农旅结合引领模式，以金井镇湘丰村土地合作开发为代表的土地股份合作模式，以高桥镇湖南现代农业技术创新基地建设为代表的科普园区集聚模式，以路口镇湖南哲农科技公司大型田园综合体建设为代表的龙头企业带动模式，推动形成农村产业大融合的发展格局，以此带动农业全产业链、全价值链建设，全面提升了农业效益。2018年全县农产品加工总产值达168亿元，实现利润9.7亿元，休闲农业与乡村旅游接待游客750万人次，实现经营收入20.3亿元，农村电商成交额达102.4亿元。四是发挥新型经营主体带动作用，推动品牌化发展。结合农业招商选资，着眼全产业链发展与品牌打造，大力培育农业产业化龙头企业、农民专业合作社、家庭农场、种养大户，打造了一支带动力强的现代农业生力军，全县已有农产品加工业企业235家，其中过亿元企业23家，国家级龙头企业4家，省级龙头企业17家，市级龙头企业85家；发展三次产业融合模式的现代农庄90家，已累计完成投资25亿元，联结“三品”认证基地54万亩，带动了130多项农业科技成果转化应用；建立规模休闲农业和乡村旅游景点59处，培育国家五星级农庄9家、省五星级农庄15家；规范建设各类涉农合作社、家庭农场2000余家，培育各类种养大户3000多户。以此为带动，形成了农业公用品牌、企业品牌与产品品牌竞相发展的局面，“罗代黑猪”“北山梅”“长沙绿茶”成功申报国家地理标志产品；其中，在“长沙绿茶”品牌带动下，2019年茶产业综合产值超

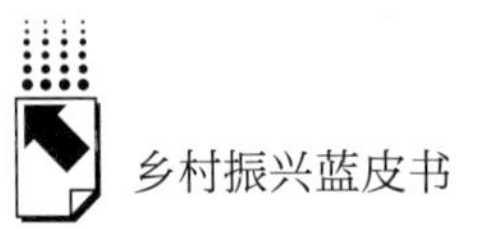

过35亿元。目前全县农业领域已拥有中国驰名商标6个、中国名牌产品9个、湖南省著名商标35个。

3. 以探索村级集体经济发展新路径为依托，推动农民多渠道持续增收

长沙县将壮大村级集体经济作为实施乡村振兴战略的先手棋，出台了《长沙县壮大村级集体经济的实施方案》，在全面完成农村集体资产清产核资、成员资格备案登记的基础上，按照“全面消除薄弱村、壮大一批中等村、培育一批示范村”思路，大力推进新型村级集体经济发展，探索出了多条路径多种模式。一是走“输血式”抱团发展之路。将村集体年经营性收入低于5万元的52个薄弱村和5个农村综合性改革试点村纳入抱团发展范围，成立农村集体经济合作社；组建强村分公司，实施城乡建设用地增减挂钩项目，2018年至2020年允许每村使用1亩用地节余指标到黄花综保区对等置换标准厂房租金收益15万元，目前薄弱村与试点村全部获得首期增减挂钩收益，长沙县因此率先在全省全面消除了村集体经济薄弱村。二是走“造血式”合作经营之路。以村为单位成立集体经济合作社、土地股份合作社、村集体企业，合作社将农户自愿流转的土地采取“转包、出租、入股”等方式集中流转到经营主体，村集体获得一定的收入，村集体企业通过培育产业业态、搭建平台、自主经营等方式获得收益，增加村级集体经济收入，目前全县已成立57个村级集体经济合作社、106家土地合作社，集中流转耕地近32万亩，为村级增收近1000万元，就近带动就业近4000人。深化供销合作社综合改革，实施“百村供销”工程，在全县123个行政村组建村级供销社，探索实行“‘村集体+供销社+农业龙头企业’合作共建，发展当地优势产业”的模式，助推农产品上行，促进农民增收，现已在浔龙河村、湘丰村成功试点。随着供销改革深入推进，村级供销社将更多吸纳农民入社，在发展地方经济、壮大村集体经济的同时，让农民共享改革的红利。探索形成了与都市农业发展模式相辅相成的多种集体经济合作经营模式，包括资本下乡型的“浔龙河”模式，依托村集体企业引进多家企业发展生态文旅产业，2019年村集体收入预计超200万元；土地合作型的“湘丰村”模式，村级土地合作社将土地集中流转给企业经营，村集体与村民

参与分红，2019 年合作社收入预计超 40 万元；农旅结合型的“慧润”模式，在锡福村实行“村集体 + 企业 + 农户”合作，收入按 1∶3∶6 的比例进行分配，2019 年村集体收入预计达到 100 万元；产学研集聚型的“哲农”模式，明月村支持哲农公司集中流转耕地、盘活集体闲置物业，推进产业学研一体发展，村集体每年新增收入 30 万元以上；共建共享春华镇锻港模式，村民以入股的方式，众筹成立了农民合作旅游公司，促推一三产业发展，带动群众增收，2019 年村集体收入预计达 25 万元。同时，试点探索将财政扶持企业的非公益性资金转变为村级组织的资本金注入或股权投入企业，将财政资金给企业配套的村级基础设施项目折价入股企业，将村级集体建设用地入股企业，将修缮改造后的村集体经营性资产租赁或者入股企业，村级组织建设符合企业发展需求的村级物业后出租或入股企业等多种方式，推动农村资金、资产、资源向资本转变，显著增加了试点村集体经济收入。三是走“活血式”品牌营销带动之路。实施“百村千品”项目，扶持现代农业企业采取分红模式与村集体经济组织建立利益联结机制，优选特色农产品，推出“星沙味道”“百村优品”等县内公共品牌，精心打造“慧润旅游”乡村民宿、“板仓人家”农产品文创品、慧生活“白色野餐”体验馆等农业品牌；对农产品进行深度资源整合和精品包装，通过“慧享游”区块链电商平台等载体，在市县增设现场销售点、在省内一级批发市场设立特色农产品专卖店，加强特色产品营销推介，不断提升品牌形象和竞争力，带动特色产业发展，每年为 57 个村实现村均保底增收 2 万元。多路径多模式的新型集体经济发展盘活了乡村资源资产，拓展了农民增收渠道，农民可以获得集体经济分红、土地流转租金、房屋租金、就业创业收入等多元收入，持续增收步伐不断加快。

（三）以促进城乡要素有效流动为突破口推动城乡融合机制创新

城乡发展不平衡、农村发展不充分的最大障碍是长期以来乡村要素向城市单向流动，乡村要素支撑不足。推进城乡融合发展的关键是打破长期以来的体制机制壁垒，促进城乡要素自由流动和平等交换，引导各类要素更多向乡村流动，在乡村形成人才、土地、资金、产业、信息汇聚的良性循环。长沙县积极推动城乡融合机制创新，推进要素向乡村流动，汇聚乡村振兴新动能，为城乡融合发展提供了有力支撑。

1. 以推动人才向乡村配置为取向，打造“三农”工作队伍

突出把乡村人才引进、培育纳入全县人才政策范围予以重点支持，大力引导各类人才投身乡村振兴。一是高标准选派科技特派员。每年从高校、科研院所选派一批科技特派员深入贫困村、农业企业、合作社、种养殖大户开展服务，服务领域从单一的种养领域延伸到多元的乡村旅游策划、农产品加工等领域，最大限度地满足基层需求，助推乡村产业兴旺。目前已累计选派643人次深入基层一线开展科技服务，选派规模、服务领域、专家层次均居全省之最。其中，2019年还从县属医院选派10名医卫类科技特派员，并争取6名市级选派特派员，深入6家基层医疗卫生机构服务，一定程度上解决了农村居民“看名医难”的问题。二是大力度推进乡村专业人才培育。坚持订单式培养与优秀人才招聘相结合，加大乡村医卫教育专业人才培育输送力度，2019年签订定向医学生3名，本土化培养全日制大专乡村医生100名，扩充乡村医生人才队伍，解决乡村医生老龄化问题；2019年签订农村定向师范生50名，招聘教师687人，其中重点高校毕业生达375人，新招聘的毕业生教师岗位基本上分配到乡镇，服务年限不低于5年。同时，积极开展医卫教育专业化培训，建立城区与乡村人才交流挂职机制，选派城区教师、医生到乡村学校、医院任职、培训，提升乡村专业人才队伍的整体水平。三是多举措提升农村干部队伍素质。向12个省定贫困村和61个贫困人口达到100人以上的非贫困村派驻150名驻村干部，安排市、县、镇三级共1710名帮扶责任人结对帮扶贫困户。出台《长沙县从严从实加强村级骨干队伍建设的意见》，注重从本地致富能手、外出务工经商返乡人员、大学毕业生、退役军人等群体中选拔村级骨干，实施村级后备干部培养工程，挑选乡村人才约500名建立乡村人才信息库，重点从中选拔培养村主职干部后备人选。打通村干部晋升通道，择优选拔7名村（社区）党组织书记进入镇街领导班子，8名村（社区）主职干部通过考录进入公务员队伍。通过党校

培训、外出考察、挂职锻炼、论坛交流、领导联系、先进带后进等方式，选优训强村级骨干队伍，实现了村（社区）主职、下设支部书记培训全覆盖，每年选派一批优秀村（社区）书记赴江浙、深圳等发达地区学习培训，推动村级骨干队伍素质明显提升。

2. 以全方位服务为保障，激发乡村创新创业热情

长沙县出台《关于支持北部农村创客发展推进创新创业的意见》，在全省率先启动农村创客平台建设工作，搭建农村创新创业服务中心，构建了“县+镇+企”三级服务平台体系，为农村创业者提供政策咨询、创业辅导、跟踪扶持等全要素便利化全方位服务。自2016年以来，共计培育农村双创主体500余家；培训双创导师30余人，1人获评为国家级双创导师；孵化创客典型50余人；提供财税管理、金融信贷、知识产权、科技研发、法务咨询等各类服务700余项，带动就业20000余人，长沙县先后获评湖南省“双创示范基地”、全国农村创新创业典型县、全国乡村振兴农村创新创业优秀案例等多项荣誉。同时，将手工制茶、乡村旅游解说纳入全县“十行状元，百优工匠”评比，激发乡村技能人才干事创业热情。委托湖南农大、湖南生物机电职业技术学院和湖南省隆平培训中心等第三方开展新型职业农民培训，2015年以来共培育新型职业农民1780人，大批新型职业农民立足乡村创业，成为带动农民增收致富的生力军。

3. 以撬动社会投入为主力，强化乡村振兴资金保障

长沙县坚持把农业农村作为财政优先保障领域，注重发挥财政资金撬动作用，引导更多社会资金投入。一是建立涉农财政投入的增长机制。建立乡村振兴财政投入优先保障机制，明确“三农”财政预算增长不低于上年GDP增幅，2019年，全县财政农林水支出达到17.98亿元，同时出台《关于探索建立涉农资金统筹整合长效机制的实施方案》，重点加大对农村基础设施投资和产业发展补助资金的统筹整合力度，推动构建事权与支出责任相适应的涉农资金管理制度，基本建立了科学合理高效的政策资金分配机制。二是建立财政与社会资本的合作机制。县政府与社会资本按3∶7的比例出资，设立了总规模为2亿元的乡村振兴引导投资基金，基金规模的80%以

上用于支持引导农业产业发展。近三年全县美丽乡村建设总投入近20亿元，其中整合财政投入2亿元，撬动社会资本15亿元，乡贤能人自筹3亿元。同时，探索并规范公共服务供给的PPP模式，在城乡公交一体化、供水一体化等方面引入社会资本，为乡村振兴提供了有力的资金支持。三是建立工商资本入乡促进机制。按照资本集中下乡、土地集中流转、产业集中发展的思路，不断完善扶持引导政策，切实优化基层营商环境，鼓励工商资本投资适合产业化、规模化、集约化经营的农业领域与乡村生活性服务业，引进了一大批涉农高新科技型企业、产业龙头企业、农产品精深加工企业、现代农庄。近年来，探索形成的典型代表性都市农业发展模式中，均有工商资本参与推动，尤其是浔龙河生态艺术小镇探索了以工商资本投入为主力的建设模式，为乡村振兴注入强大动力，成为推进城乡融合发展的一张名片。

4. 以土地管理改革为抓手，激活农村土地要素

长沙县把挖掘农村资源资产潜力作为壮大村级集体经济、促进农民增收的重心，积极推进农村土地管理改革，较好地激活了农村土地要素。一是以明晰稳定承包权为核心，全面完成农村土地确权登记颁证工作。从2012年开始，全县全面启动了农村集体土地确权登记工作；2015年以来，进一步把承包地块、面积、合同、权属证书全面落实到户，全面完成了农村土地确权颁证，调查实测面积72.3万亩，占应确权面积的95.4%，确权承包面积62万亩。二是以放活土地经营权为抓手，规范农村土地流转行为。探索建立了以“农村土地合作社”为主要联营形式的新型农民合作组织机制，以“实物计价、货币支付”为主要付租方式的农民收入正常增长机制，以“耕地流转规模”为主要配套参数的农村集体建设用地申报会审机制，推动农用地、集体建设用地、国有出让用地不同性质土地的功能互补，目前全县100亩以上成片耕地规模流转项目达598个，规模流转耕地面积29.6万亩，占流转耕地总面积的94.9%，有力地支持了农村产业提质升级。三是以落实土地所有权为基础，用活土地增减挂钩政策。出台《城乡建设用地增减挂钩工作实施方案》，以增减挂钩为抓手，将“治房”“高山移民、生态移民”“易地扶贫搬迁”等工作与增减挂钩工作深度融合，通过将城乡建设用

地节余指标与标准厂房租金收益进行置换，村集体获得稳定的经济收入。2018 年，开工建设增减挂钩项目的总建设规模 1793.55 亩，新增耕地 1433.25 亩，新增其他农用地 360.3 亩。四是以引导农民集中居住为突破口，推动土地节约和经济效益的双赢。严格落实节约集约用地原则，在全县规划了 30 个农民集中居住点，制定了农民集中居住点建设标准，配套了关于引导农民集中居住的优惠政策，并将节约土地收入返还农民。如果园镇双河村通过农民集中居住的方式，节约建设用地 300 多亩，村民每年可获得节约土地经营收入的分红。长沙县 2016 年获评国土资源部“第三届国土资源节约集约模范县（市）”，2018 年获国务院奖励新增建设用地指标 1000 亩。

（四）以党建为引领推动村民与市民二元管理向城乡一体的居民管理转变

随着新型城镇化与乡村振兴战略的推进，处于城市近郊的乡村，人口结构、生活方式正在发生重大变化，大量村庄正由传统农村社会向新型社区转型，传统的单一采用治理农村或城市社区的方法，难以解决多元主体间的利益冲突。长沙县积极探索新时代党建引领下的基层治理新路径，把乡村治理与基层党建结合起来，通过支部“五化”建设提升基层党组织领导力、组织力、号召力，通过“党建 +”把党的领导、党员干部带头与群众自我管理、自我服务融合起来，通过党群共治调动多元主体共同治理的积极性，协同打造村社生活共同体，加快了传统的村民与市民二元管理向新时代的城乡一体居民管理转变。

1. 以支部“五化”建设为主导，提升基层党组织引领力

长沙县出台关于“五化五星”党支部创建的系列文件，创新推行“分类定标、分类设置、分类指导、分类管理”四分法，推动“五化”建设。定标准，分 9 类制定党支部“五化”建设评分细则；优设置，按照兴趣爱好相近、职业分类相同、作用发挥相似等原则，成立不同类型党支部，鼓励 516 名党总支委员兼任下设党支部书记，选拔 1366 名优秀的村级后备干部、党小组长、优秀年轻党员担任支部委员，在 3 个镇探索建立农村年轻人才党

支部，改善农村党员队伍结构；抓指导，选派党建指导员926名进驻基层党组织，建立党员领导干部“五化”党支部联系点276个；严管理，按照“县级普遍培训、镇级兜底培训”要求，县镇两级培训2.6万名农村党员，在县级层面培训村（社区）党员骨干1000多人次，坚持“一村一策”，落实“六个一”工作举措（即拿一个整顿方案、定一名县级领导班子成员联村、选一个县以上机关单位结对并派驻工作队、配一名第一书记、送一批帮扶项目、建一个坚强班子），有效推动软弱涣散村（社区）党组织整顿提升，基层党支部组织服务能力大幅提升。同时，推进“两新”党建“聚力工程”，组建区域党建工作站，县财政每年安排300万元保障“两新”组织党工委工作经费，在866家非公有制经济组织中组建党组织276个，覆盖800家非公企业，在304家社会组织中组建党组织39个，覆盖80家社会组织，实现“两新”组织应建尽建，大量乡村涉农企业、社会组织有了健康发展的政治保证。

2. 以“党建+‘五零’村（社区）”为引领，破解基层治理难题

长沙县全面推进以“建设零违章、环境零污染、安全零事故、治安零发案、村（居）民零上访”为主要内容的“党建+‘五零’村（社区）”建设，全县初步形成“支部主导推动、党员示范带头、群众广泛参与、社会力量协同、部门上下联动”的“五零”建设引领社会治理新格局。建立“县级层面抓整体布局、职能部门抓条线推动、镇街抓统筹建设、村（社区）抓具体落实”的责任体系与执行机制，突出联动治理，把党的领导作用、党组织的战斗堡垒作用、党员干部的模范带头作用、群众参与的主体作用充分融入基层治理的各个环节。同时，在全省率先实行综合行政执法，按照“重心再下移、加强村一级”的思路，推动90%的执法人员下沉一线，形成自治、法治、德治相结合的治理机制，有效解决了拆违控违、环境治理、安全责任、治安、信访等方面的治理难题。2019年全国“两会”和新中国成立70周年大庆特护期间实现了“三零”工作目标；抢劫案同比下降61%，抢夺案同比下降33%。大力推行党建O2O服务模式，线上搭建了县镇村组四级3509个微信群和连通镇街与县直单位的微信公众号，线下成立

了216个服务站点、2127名民生快递员队伍，县级建立党建O2O总站加强调度，实现群众线上“点菜下单”、党员干部线下“接单服务”，打通联系服务群众“最后一公里”。目前，党建O2O服务体系已累计收到群众事项和诉求33885项，办结率达98.07%，群众满意度达97%；该模式入选第四届全国基层党建创新最佳案例。

3. 以党群共治为保障，推进城乡一体的居民管理

长沙县顺应大城市近郊的乡村人口结构日益多元化的趋势，从保障多元主体的利益出发，大力推进构建以村（社区）党组织为领导核心，自治组织、监督组织为主体，群团组织、经济组织、社会组织为补充的“1+5”组织体系，建立以党支部为核心，民情恳谈会、党群议事会、事务协调会、重大事项听证会、部门工作评议会为主要内容的“一核五会”治理新机制，推动形成党群共治的治理格局，使乡村的村民、市民、外来农民工等多类主体相互融合，自觉以乡村居民的主人翁意识参与治理，打造幸福家园。同时，积极探索党建引领下多元主体协同打造居民生活共同体的新做法。如浔龙河生态艺术小镇探索构建了党建统领的村企共治体系，成立村企共建党建工作领导小组作为领导机构，实施“组织共建、党员共管、阵地共用、活动共抓、发展共促”，通过“党建+经济”“党建+文化”“党建+治理”，把工商企业纳入治理体系，推动村民自治、企业与小区自我管理相融合，使企业与村之间的关系由二元对立的主客体关系转变为一元共生的融合关系，村民、市民、企业员工一同成为利益共同体。在大型居住社区较多的黄兴镇探索推行小区党支部“35”工作模式，即小区党建抓“五化”、小区治理抓“五会”、小区建设抓“五零”，构建以小区党支部为核心、小区多方力量共同参与、县镇部门下沉服务的“一核多元、共建共享”基层治理格局，使城乡结合部小区的多元主体在共同参与、共同治理中获得感、满意度不断提升。

三　全面现代化开创城乡融合发展新格局

长沙县正处于由县域经济时代迈向大都市区经济时代的关键时期，需要

以争当新时代中国特色社会主义现代化先行示范区为发展愿景，以“率先现代化、追赶前三强”为发展目标，深刻领会中央和省委、市委战略部署，紧扣县域实际，坚持把乡村振兴战略作为新时代“三农”工作总抓手，继续按照“发展美学经济、推动全域旅游、做实乡村振兴”的工作思路，以领跑三湘的团队、领先中部的担当、领军全国的作为、领向世界的胸怀，积极推进战略调整、战略布局和战略升级，完善城乡融合发展体制机制，努力以县域全面现代化开创城乡融合发展新格局。

（一）强化全面现代化战略布局拓展城乡融合发展空间

经过多年的县域发展战略性探索，长沙县与长沙市主城区的融合格局基本形成，全县对外空间进一步打开，但是，城乡要素流动存在障碍、现代农业产业体系尚不健全、城乡融合发展机制还不健全等问题仍然存在，要推动县域发展由全面小康向率先现代化跨越，迫切需要提升战略布局，加快拓展城乡融合发展空间。

1. 构建“一核三城”为主体的城乡融合发展空间

坚持乡村振兴和新型城镇化双轮驱动、新型工业与现代农业融合并进，突出问题导向，顺应区域发展规律，科学修编国土空间规划，实现三规合一。全力拓展“一核三城”，着力构建“两轴四区”空间布局，深入实施西融、北进、东拓、南联、中优差异化发展战略，凝心聚力创建全国（县级）文明城市。坚持跳出星沙看星沙、着眼未来谋星沙，站在“一带一部”和“长株潭”一体化战略高度，加快完善《长沙县一核三城空间发展战略规划》，全力推进《长沙县远景发展战略规划》编制工作。按照主动担当承接省会功能的要求，加快优化核心区品质；按照勇当开放先锋、壮大临空经济的要求，发挥机场口岸功能和黄花综保区平台优势，积极发展临空产业，推进跨境电商综试区建设，培育通用航空，助力打造长沙航空四小时经济圈；按照推进大发展、成就会展城的要求，聚焦顺体制、上项目、办会展、优服务、强队伍的工作重点，完善会议会展产业链，打造以高铁经济、会展经济为主体的现代服务业集聚新区；按照学雄安建北城的总体要求，秉持高点定位、快速推进、要素保障的工作方法，以发展“四新”经济为重点，致力把北部生态服务城打造成落实五大新理念的新城区、创新发展的新平台、绿色宜居的新标杆，加速形成大都市区发展新格局。

2. 提升特色小镇为纽带的城乡融合发展格局

以县内乡土特色、红色资源为引领，推进农旅、文旅融合，发展全域旅游。进一步科学谋划布局推进全县特色小镇建设和发展，按照城乡融合的理念，突出百村绘蓝图，绿色作底色，打造以金井、安沙、路口、高桥等为代表的“一茶一花一民宿”全域旅游特色景点和精品线路，高质量建设好高桥特色科技小镇、金井茶香小镇、开慧板仓小镇、田汉艺术小镇、福临断肠明志与抗战文化小镇、春华水乡古镇、路口温泉小镇、安沙改革小镇等一批特色小镇，使之成为城乡产业融合的支点、城乡要素交汇的焦点，辐射带动全县城乡融合发展。

3. 优化带动城乡融合发展的县域交通体系

从推动县域与长沙主城区高效互通、促进县域城乡深度融合出发，有序推进万家丽路快速化改造北延线（含电力隧道）、香堤北路、物流大道西延、北一支路及北七支路等道路建设，全力保障北部生态服务城发展的要素资源。规划推进东八路、田汉大道等主干道的改造升级，形成“黄花机场—浔龙河—开慧”的快速干道，串联“开慧—青山铺—福临—安沙—果园—春华”，打造世界走向湖南的印象之路；加快北横线建设，串联“长沙城区—G107—S206—S11（浏阳）”，打通长沙市区路网与长沙县域交通路网无缝对接的高速通道，进一步推进县域与长沙市主城区全面融合，拓展全县城乡发展空间。

（二）优化升级“三基”，提升城乡融合发展质量

聚焦基础设施、基础产业和基本公共服务三个城乡融合发展的关键领域，大力推进县域城乡基础设施提升、产业创新发展和基本公共服务均衡发展，全面增强全县发展动能，提升城乡融合发展质量。

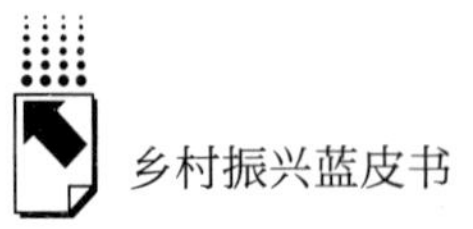

1. 构建城乡一体的高质量基础设施体系

以城乡道路交通一体化、城乡公交一体化、城乡供水一体化、城乡污水处理一体化、城乡燃气一体化为重点，构建城乡融合的基础设施体系。建设一体化综合交通体系，加快县域内主干路网升级，加大北部道路交通网络投入建设力度，推动城市道路、干线公路、乡村道路串联成网，构建起南北协同、城乡融合的内部交通网络。着眼近期、远期规划相结合，加强水源保护和第二水源建设，巩固提升农村安全饮水工程，建立多元化供水机制，形成统一的供水运营主体，实现供水“同网、同质、同价”，全面提升县域供水安全保障水平。加快推进电力“630”行动、气化湖南工程、集镇污水处理设施建设等城乡基础设施项目建设，持续开展农村人居环境综合整治，高标准推进农村“五治”，着力建设独具长沙县特色的美丽乡村、宜居宜业宜游乡村。

2. 构建绿色创新融合的城乡产业体系

按照“提质增量、融合共享”思路，大力实施产业融合创新工程，协同推进智能制造、智慧园区、工业互联网“三位一体”，全方位、全角度、全链条改造升级汽车、电子信息等优势制造产业，延伸产业链和价值链，加快临铁产业、临空产业和现代物流产业发展，提质生态循环化种养农业，大力发展长沙绿茶、时鲜花卉、有机蔬菜等特色产业，壮大产加销一体化精深加工业，深入推进农文旅融合，充分发展适应城乡居民需要的休闲旅游、餐饮民宿、文化体验、健康养生、养老服务等新型服务业，积极培育科技智慧协同化高科技农业，推动三产融合发展，加快构建起面向未来的城乡融合现代产业体系。

3. 构建城乡共享均等的基本公共服务体系

突出抓好“精准惠民微建设”三年行动，大力建设现代化教育强县、医卫健康强县、充分就业强县。坚持教育优先发展，启动新一轮学校建设三年行动计划，扩充公办和普惠性幼儿园资源。加快城乡义务教育一体化发展，扎实推进集团办学、合作办学，争创国家义务教育优质均衡发展县。全面深化校地共建合作，努力为驻地院校健康发展创造良好环境、提供坚实保障。紧扣医院回归公益性、医生回归看病角色、药品回归治病功能“三个回归”和医院医疗质量好、服务好、医德好、群众满意、医生满意、政府满意“三好三满意”目标，构建整合型优质医疗服务体系，深化紧密型医联体建设，实现县镇村三级医疗服务“同质化”管理。加快推进县人民医院、县中医院等项目建设，争创全国基层中医药工作先进单位。持续加强智慧医疗建设，提高自主可控区域卫生信息化水平，做好国家疾病防控信息化试点。坚决落实就业优先政策，大力开发就业岗位，支持企业稳岗，统筹做好高校毕业生、农民工、退役军人等重点群体就业工作，持续加大转岗分流职工、城镇就业困难人员的就业帮扶力度，做好失业弱势群体社会保障工作，确保零就业家庭动态清零。加快推进新华职教城等项目落地，开展职业技能提升和转岗转业培训，支持灵活就业。推进文化惠民，高水平建设“五悦星沙”等文化品牌，全面提质改造村（社区）综合文化服务中心，举办全民性文化体育活动，实现城乡文化公共资源均等化。扎实推进“建设厚德星沙、打造好人之城”三年行动，稳步实施“六德”工程，宣扬“为国尽忠、为职尽责、为家尽孝”主旋律，不断为乡风文明建设提供强大的精神动力、丰润的道德滋养。

（三）补齐信息化短板，增强城乡融合发展动能

在大都市区经济时代，谁拒绝了工业化、城市化、信息化，谁就会被发展的大潮淘汰；谁拥抱了工业化、城市化、信息化，谁就抢占了时代发展高地。立足信息化正在开启以数据的深度挖掘和融合应用为主要特征的智能化阶段，主动抢抓信息技术引领产业融合发展，驱动新业态层出不穷、传统业态升级换代的时代机遇，通过推进工业化、城市化、信息化深度发展，将产业带到乡村去，将项目带到乡村去，将资源带到乡村去，加快全县特别是农村地区信息化建设和升级，努力形成以信息技术为引领的经济发展新核心引擎。

1. 加快推动5G 全覆盖和深度应用

抢抓 2020 年我国 5G 商业推广的重要机遇，积极部署和推进全县新一

代移动互联网升级工程，铺开县域5G建设，尽快实现5G县域全覆盖，通过5G建设全面提升县域网络基础设施和智能设备的技术水平，积极引导从交通、工业、农业到生活家居、健康管理等领域的5G应用，推动5G在半导体、车联网、人工智能等新兴领域应用，加快推进基于5G的智慧城乡建设，全面筑牢新一轮信息技术革命形势下县域经济社会发展基础。

2. 积极推进"互联网＋"经济和服务发展

把"互联网＋"作为推动城乡融合的重要载体，引导全县加快移动互联网技术的拓展和应用，大力实施"互联网＋"培育和促进工程，积极发展"互联网＋智能制造""互联网＋休闲旅游""互联网＋现代农业""互联网＋生活服务""互联网＋金融""互联网＋政务服务"等新经济和新服务，以互联网的全域深度应用，提高经济要素运行效率，创新城乡经济增长空间，提高城乡融合发展质量，增强城乡长远发展动能。

3. 积极开展区块链技术重大应用工程

加快推动区块链技术和产业创新发展，持续扩大应用场景，打造区块链产业一条街，迅速提高核心竞争力，在国内率先形成自主品牌和核心技术优势，抢占区块链自主创新制高点。着眼于抢占未来信息产业高地，积极探索推进区块链技术转化应用和新型智慧城市重大创新应用工程，积极引进区块链企业，鼓励区块链企业在医疗、健康、民生等领域开展先试先行，推进区块链技术在行政执法、食品安全、公证确权、食品溯源、透明监管、智能环保、智慧出行、档案管理、不动产登记、房地产、知识产权保护、数据共享等领域应用，力争在区块链技术应用方面走在全省前列，努力建设全省区块链产业高地。

4. 加强大数据基础资源统筹和共享

对标大数据发展需要，建立政务数据采集更新机制，以政务应用需求为导向制定数据资源规划和标准，完善数据资源采集、共享、利用和保密的相关制度，初步形成资源目录、数据采集、数据交换、数据共享、数据安全标准规范体系。优化政府数据开放共享平台，扩展政务数据的应用范围，推进大数据平台建设，推进全县统一数据共享交换平台应用与优化，努力推动全县大数据服务和产业走在全省乃至全国前列。

（四）聚力资源要素市场化改革，激发城乡融合发展活力

推动城乡要素自由流动和城市优质市场要素向乡村地区流动，坚持让市场起决定性作用、更好发挥政府作用，有效破除妨碍城乡要素自由流动和平等交换的体制机制壁垒，推动在乡村形成人才、土地、资金、产业、信息汇聚的良性循环，为城乡融合发展注入新动能。

1. 以全面确权和产权交易改革为突破口推动建立城乡一体的土地交易市场

在全县推进包括承包土地、宅基地、农村集体资产、生态人文资源等的资产资源全面确权，明晰产权，探索建立农村资产产权交易平台。建立农村集体经营性建设用地入市机制，推动城中村、城边村、村级工业园等可连片开发区域土地依法合规整治入市，推进集体经营性建设用地使用权和地上建筑物所有权房地一体、出让转让。通过深化农村土地改革盘活集体土地资源，实现城乡土地资源同权同价，增加农村土地资产性收益，为乡村振兴提供基础性条件。

2. 以鼓励人口向特色小镇流动为重点推进户籍与人才制度改革创新

着眼破解乡村振兴人才和劳动力缺乏的突出瓶颈，发挥大城市郊区县交通便利、基础配套相对完善的优势，以吸引人口流向特色小镇为重点，推进户籍制度改革创新，加快实现基本公共服务常住人口全覆盖，增强小城镇的人口吸引力。积极创新财政、金融、社会保障等激励政策，吸引各类人才返乡入乡创业，建立城乡人才合作交流机制，探索通过岗编适度分离等多种方式，推进城市教科文卫体等工作人员定期服务乡村，建立乡村教师、医生在职称评定、工资待遇等方面的激励政策，引导规划、建筑、园林等设计人员入乡，允许农村集体经济组织探索人才加入机制，吸引人才、留住人才。

3. 以吸引工商资本入乡为方向深化投融资体制改革

积极推动农村集体经营性建设用地使用权、农民房屋财产权、集体林权抵押融资，以及承包地经营权、集体资产股权等担保融资改革，实现已入市集体土地与国有土地在资本市场同地同权。深化“放管服”改革，完善工

商资本投资适合产业化、规模化、集约化经营的农业领域的融资贷款和配套设施建设补助等政策，推行通过政府购买服务支持社会力量进入乡村生活性服务业的机制，支持工商资本与村集体建立城中村改造合作平台，建立完善工商资本租赁农地的监管和风险防范机制，通过改革稳定市场主体预期，引导工商资本为城乡融合发展提供资金、产业、技术等支持。

4. 以促进涉农科技成果转化为目标推进科技体制改革创新

建立科研人员到乡村兼职和离岗创业制度，探索其在涉农企业技术入股、兼职兼薪的机制，建立有利于涉农科研成果转化推广的激励机制与利益分享机制，建立健全农业科研成果产权制度，赋予科研人员科技成果所有权，允许农技人员在公益性农技推广中通过提供增值服务合理取酬。通过以成果转化为目标的涉农科技体制改革激活农技人员入乡创业积极性，推动全县形成科技兴农新局面。

（五）完善体制机制，筑牢城乡融合发展制度框架

以提升县域城乡治理体系和治理能力为目标，坚持整体谋划、重点突破，聚焦规划引导、产业发展、财政投入、公共服务、基层治理和政府监督等，不断深化改革创新，完善体制机制，为全县城乡融合发展提供有效制度供给，筑牢城乡融合发展制度框架。

1. 以推进城乡融合为方向加快完善城乡规划体系

深入贯彻落实十九届四中全会和中央关于建立健全城乡融合发展体制机制和政策体系的意见精神，坚持新发展理念，坚持推进高质量发展，坚持农业农村优先发展，以推进全县城乡融合发展为目标，以编制国民经济社会发展“十四五”规划为契机，全面提升规划体系，在城乡空间优化、基础设施对接、产业融合、要素城乡自由流动、公共服务均等化、社会治理现代化等方面加强布局和谋划，推进多规合一，强化统筹谋划、顶层设计和规划实施，以强有力的规划体系确保未来全县朝着城乡融合的方向发展。

2. 以清单管理为基础加快构建现代化产业发展引导制度

按照供给侧结构性改革要求，面向城乡产业融合和构建未来产业竞争

力，加快建立以清单管理为基础的全县产业发展引导制度。重点建立起全县产业发展创新清单，将技术先进、绿色生态的符合长沙县长远产业发展需要的新兴产业纳入创新发展清单，建立相应的支持政策，引导创新型产业资源向长沙县集聚；建立全县产业发展升级清单，将体量较大、对县域经济支撑作用较强、资源环境负面影响不大的传统产业纳入升级清单，建立产业转型升级时间表，制定鼓励转型升级支持政策，引导这类产业加快升级转型；建立全县产业负面清单，将对城乡资源环境负面影响大、不符合长沙县产业发展方向的产业类型纳入负面清单，禁止进入，特别是禁止其往农村地区转移。

3. 以向北部地区倾斜为导向建立城乡融合发展财政投入制度

加强统筹，适度超前，综合以奖代补、引导资金、政策性贷款和贴息等方式，积极探索建立基础设施、生态环境、社会民生等基本公共投资向北部乡村地区倾斜的财政投入制度，强化财政投资对北部乡村地区的杠杆作用，发挥财政资金四两拨千斤作用，撬动更多社会资金投入，推动城乡基础设施和公共服务均等化，提高城乡融合发展质量。

4. 以强化党建为核心加快构建城乡融合的现代化治理制度

坚持以加强党的领导为核心，在全面推进“党建 + 五零”基础上，全面落实五级书记抓乡村振兴的要求，继续深化拓展“党建 +”的目标、内容、方式，切实把党建融入全县经济社会发展全过程各环节。围绕村级集体经济增收、人民群众福祉增进，积极探索“三化”赋能的“智慧五零”建设新路径，切实把党的领导作用、党组织的战斗堡垒作用、党员干部的模范带头作用、群众参与的主体作用充分融入基层治理各个环节，建立健全党组织领导的自治、法治、德治相结合的乡村治理体系，建立完善社区、社区社会组织、社区居民三位一体的社区民主自治体系，推动形成“企业市场运作、政府推动和监督、基层组织参与决策、群众意愿充分表达”的共建模式。丰富村级综合服务平台功能，完善网格化管理体系和乡村便民服务体系，打造一门式办理、一站式服务、线上线下结合的村级综合服务平台。

参考文献

1.《中共中央国务院关于建立健全城乡融合发展体制机制和政策体系的意见》，《人民日报》2019 年 5 月 6 日第 1 版。

2. 中共中央党史和文献研究院：《习近平关于“三农”工作论述摘编》，中央文献出版社，2019。

3.《中国中小城市发展报告》编纂委员会：《中小城市绿皮书：中国中小城市发展报告（2018）》，社会科学文献出版社，2018。

4. 成立、魏凌：《从土地城镇化走向新型城镇化》，《中国自然资源报》2019 年 7 月 25 日第 3 版。

5. 陈文胜、陆福兴、王文强：《城乡一体化进程中的社会管理创新》，《政治学研究》2013 年第 2 期。

6. 陈文胜：《城镇化进程中乡村变迁的现实逻辑》，《江淮论坛》2019 年第 2 期。

7. 陈文胜：《实施乡村振兴战略走城乡融合发展之路》，《求是》2018 年第 6 期。

8. 陈文胜：《中国迎来了城乡融合发展的新时代》，《红旗文稿》2018 年第 8 期。

9. 陈文胜：《乡村振兴的资本、土地与制度逻辑》，《华中师范大学》（哲学社会科学版）2019 年第 1 期。

10. 韩长赋：《关于实施乡村振兴战略的几个问题》，《农村工作通讯》2019 年第 18 期。

11. 彭建强：《创新是乡村全面振兴的重要支撑》，《河北日报》2019 年 11 月 8 日第 7 版。

12. 王东荣：《从城乡一体化迈向城乡融合发展》，《上海农村经济》2019 年第 12 期。

13. 吴肇光：《在推动城乡融合发展上谋好新篇》，《福建日报》2019 年 11 月 11 日第 10 版。

14. 曾超群：《激活土地要素　推动乡村振兴》，《学习时报》2018 年 12 月 26 日第 4 版。

15. 曾超群：《乡村振兴要处理好激活土地要素的四个关系》，《中国乡村发现》2018 年第 6 期。

B.5

"老少边穷"县的高质量脱贫奔小康样本

——江永县脱贫攻坚与乡村振兴衔接的改革创新实践

陈文胜　刘建荣　瞿理铜　陆福兴　李　旭　蒋俊毅　彭秋归*

摘　要： "老少边穷"地区是决胜脱贫攻坚与全面小康最薄弱的环节和最突出的短板。集"老少边穷"于一身的江永县，采取造好血、贷好款、就好业、造好林、搬好家、建好房、上好学、看好病、兜好底的九大举措，加快由特色产业扶贫向优势产业振兴推进、由特色人才帮扶向乡土人才振兴推进、由特色文化扶贫向民族文化振兴推进、由特色生态保护向全域生态振兴推进、由特色社会协同向乡村组织振兴推进，2017年底提前实现了脱贫摘帽，走出了一条"老少边穷"地区快速脱贫攻坚向乡村振兴迈进的成功之路。

关键词： 江永县　老少边穷　脱贫攻坚　乡村振兴

---

* 陈文胜，博士，湖南师范大学中国乡村振兴研究院院长、中央农办乡村振兴专家委员、省委农村工作领导小组"三农"工作专家组组长，主要研究方向：农村经济、城乡关系、乡村治理；刘建荣，博士，湖南师范大学中国乡村振兴研究院教授、博导，主要研究方向：乡村文化、农村伦理、马克思主义理论；瞿理铜，博士，湖南师范大学中国乡村振兴研究院副教授，主要研究方向：土地经济与土地政策、区域发展与城乡规划；陆福兴，博士，湖南师范大学中国乡村振兴研究院教授，主要研究方向：农村政策法律、农业安全；李旭，博士，湖南师范大学马克思主义学院讲师，主要研究方向：三农（法律）问题、科技法哲学；蒋俊毅，湖南省社会科学院副研究员，主要研究方向：区域经济、资源与环境经济；彭秋归，湖南省社会科学院马克思主义研究所助理研究员，主要研究方向：马克思主义中国化、湖湘文化。

“老少边穷”地区的贫困问题相对集中和复杂，是决胜脱贫攻坚与全面小康最薄弱的环节和最突出的短板。党中央高度重视“老少边穷”地区的扶贫工作，党的十八大以来，习近平总书记每逢春节都要深入“老少边穷”地区，看望慰问各族群众。地处湘西南边陲的江永县，“老”“少”“边”“穷”四个方面无一不有，是革命老区、少数民族聚居区、湘桂边界县、省级贫困县。“十二五”期末，全县尚有84个贫困村（合乡并村后为62个），13809户53091名建档立卡贫困人口，贫困发生率为11.9%。经过长期努力，2017年底提前实现了脱贫摘帽，打赢了脱贫攻坚战，全面小康“百年夙愿”即将实现。在脱贫摘帽的坚实基础上，进一步探索巩固脱贫攻坚成果与推进乡村振兴衔接的改革创新实践，2018年底完成422户1344人脱贫，贫困发生率下降到0.28%，荣获全国唯一“互联网+”社会扶贫突出贡献奖、全省唯一的全国脱贫攻坚组织创新奖、中国全面小康扶贫十佳县市等荣誉，建成中国社会扶贫网第一个县级子站，“互联网+”社会扶贫的“江永模式”在全国10余个省份进行巡回推广，走出了一条“老少边穷”地区快速脱贫攻坚向乡村振兴迈进的创新实践之路。

一　多方位发力决战脱贫攻坚，向全面小康迈进

近年来，江永全县上下把脱贫攻坚作为第一民生工程、第一政治任务来抓，精准部署、精准施策、精准发力，高位推动、帮扶促动、考核推动，团结一心，做到了“九个好”，以勇往直前、舍我其谁的拼劲奋力书写脱贫攻坚的新时代篇章。

（一）造好血：以产业扶贫为高质量脱贫注入持续动力

推进脱贫攻坚和乡村振兴，产业兴旺是基础[①]。为让村级产业“旺”起

① 习近平：《决胜全面建成小康社会　夺取新时代中国特色社会主义伟大胜利——在中国共产党第十九次全国代表大会上的报告》，《人民日报》2017年10月28日。

来，农民腰包“鼓”起来，江永县按照“四跟四走”产业扶贫思路，编制了产业扶贫方案，按照“宜农则农、宜游则游、宜文则文、宜工则工、宜商则商”的原则，先后实施产业项目350余个。其中，200余个扶贫产业项目，100余个非贫困村产业项目，实现产业发展覆盖所有村、社区，产业兴旺不仅惠及贫困户，也惠及所有农户。

1. 打造独具特色、丰富多彩的产业体系

围绕“一村一产业、一户一项目、一人一目标”“三个一”产业扶贫思路，根据每个贫困村资源禀赋的差异，有选择性地在贫困村发展1~2个主导产业，每一贫困户发展1个稳定脱贫致富产业项目，实现贫困户人均产业收入稳步增长，确保小康路上不落一人①。在产业选择上，重点以特香农业、特色经济为基础，以自然风光、山水资源、地理环境为依托，以古村落、古民居、旧遗址为载体，在勾蓝瑶寨、浦美村、上甘棠村、刘家庄等10余个旅游资源丰富的乡村发展文化旅游，在粗石江、桃川镇建成以“江永香柚”“江永香芋”为主的特色水果产业发展带，在上江圩镇建成以“江永香姜”为主的产业带，打造了一批各具特色的“乡村旅游型、五香产业型、三千文化型、休闲度假型、田园风光型”乡村，实现产业多样化和特色化。

2. 建设高标准、高科技的农业生产基地

在基地建设上，加快提升土地流转效率，引导土地流转向项目集中。高标准建成供粤港澳大湾区的“菜篮子”基地22家，供粤港澳大湾区的水果标准化生产基地6家，千家峒、夏层铺、桃川、源口等四个10000亩香芋产业标准化生产基地，1000亩以上连片基地21个。建成4个1000亩标准化香姜生产基地，新拓展种植面积1万余亩，产值达1.4亿元。在巩固做强种植业的同时，同步推进养殖业向规模化、产业化、高效化发展。全面推行“公司+养殖户”等互惠经营模式，以强化非洲猪瘟等重大动物疫病防控及

① 中共中央、国务院：《关于建立健全城乡融合发展体制机制和政策体系的意见》，《人民日报》2019年5月6日。

稳产保供为着力点，紧抓全国生猪调出大县、养殖废弃物资源化利用整县推进项目等有利契机，促成生猪产业稳定发展，2019 年全县出栏生猪达到 59 万头以上，不仅本地供给充足，而且还大量供应全国各地。不断加大农业生产的科技含量，与湖南农科院、湖南农业大学、湖南生物机电职业技术学院等院校深度合作，实现香柚、香芋、香姜、香橙等农产品种苗改良和品质提升。2019 年香柚品质改良取得新进展，已培育优质果苗 2 万株，试种 1000 余亩，2020 年可种植 5000 亩，育苗 10 万株；袁隆平深入江永县实地考察，建立了亩产 1200 公斤的“一季稻 + 再生稻”千亩示范点，实现农业科技含量全面提升。江永农业有望成为湖南科技农业“第一基地”，全国知名“科技农业试验区”。

3. 构建覆盖范围广、多主体参与的利益共享机制

采取“公司 + 基地 + 贫困户、专业合作社 + 贫困户、电子商务（旅游休闲） + 贫困户、鼓励贫困户发展分户种养”等四种产业发展扶持模式，为贫困户产业发展搭建良性的利益联结机制。推动资产项目联结，采取“政府引导、社会参与、贫困户参股”的方式，建成全省首个夏橙资产收益扶贫项目，连片开发 2500 亩特色水果产业。该项目可长期对建档立卡的 1034 名残疾人和周边 24 个村 4979 名贫困对象进行有效帮扶。推动企业合作联结，依托特色农副、季丰农业、温氏生猪养殖等龙头企业，旭日升现代家庭农场、粗石江香柚专业合作社等新型经营主体，采取“企业 + 合作社 + 贫困户”“新型主体 + 贫困户”的方式，带动 2000 余户贫困户实现增收，其中，温氏公司带动 260 户合作养殖户增收 1 亿元以上。市级以上龙头企业产业基地在贫困村覆盖率达 84.7%，种养专业合作社在贫困村覆盖率达 96.8%。季丰农业、特色农副等龙头企业带动贫困户人均家庭年收入增长 2000 元以上，与贫困户签订订单合同 5685 份；农民专业合作社等新型经营主体覆盖全县所有村，并与有产业发展能力和有产业发展意愿的建档立卡贫困人口建立了利益联结机制，覆盖率达 100%。推动集体经济联结，在全县所有贫困村均建设了一个装机 60 千瓦的光伏发电系统，62 个贫困村集体经济仅此一项每村每年增收 4 万余元。

（二）贷好款：以金融扶贫为高质量脱贫提供关键支持

金融扶贫是脱贫攻坚的有力支持，金融在贫困地区产业发展初期至成熟期的各个阶段发挥积极作用，有利于实现相关产业的可持续发展，使扶贫资金真正发挥“造血”功能[①]。产业扶贫能否达到预期效果，在很大程度上取决于金融能否对产业发展提供实质性助力。近年来，江永县积极探索、勇于创新，成功地被列为省级金融产业扶贫试点县。

1. 建设覆盖全部贫困村的金融扶贫服务站

在全县62个贫困村建设金融扶贫服务站。通过金融扶贫政策宣传培训、村村通广播、结对帮扶人走访等方式，常态化、全方位向贫困户宣传小额信贷政策；通过合作银行评级授信，2015年以来累计发放贷款2.34亿元，为贫困户自主发展产业提供了资金保障，有效解决了贫困户发展产业信心不足的问题。制定出台了一批贴农惠农信贷优惠政策，全力打通农村新型经营主体与金融部门的“联结脉络”，有效解决了制约农村专业合作社发展的资金瓶颈问题。2018年至2019年，江永县共推荐融资担保项目五批共165个，成功带动2000多建档立卡贫困户就业，户均增收1500元。

2. 构建多主体参与的扶贫金融风险分担机制

采取“政府+银行+保险”的扶贫金融风险分担机制，由县财政按1∶10的比例筹措小额贷款风险补偿金，降低贫困户和银行的风险。发放贷款到期后，成立扶贫小额信贷清收领导小组，对清收工作进行统一安排部署，承贷银行定期与县扶贫办、各乡镇及时交流对接信息，乡镇分管领导、驻村工作队队长、有到期贷款还款任务的结对帮扶人、村支两委、农商行支行工作人员，汇聚强大的工作合力，提前进村入户做好还款工作。通过“实施无还本续贷、启动政府临时周转金和风险补偿金、实行特色农业保险赔偿、采取强制措施清收”等办法，不断健全风险防控机制。所有到期贷款已全部完

① 中共中央党史和文献研究院编《习近平关于“三农”工作论述摘编》，中央文献出版社，2019。

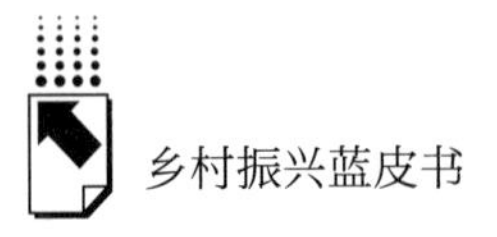

成清收，小额贷款逾期率为零。

3. 筑牢扶贫小额信贷全流程风险化解机制

突出扶贫小额信贷的风险防控，把好贷前关、做好贷中监管和贷后风险保障，确保扶贫小额信贷“贷得到、用得好、收得回”。加大对“四类”人员的清理力度，共清理“四类”人员352户贷款，所贷资金1525.4万元已全部归还银行，有效防范和化解了扶贫小额信贷风险。同时，部分有意向贷款、有能力还款的贫困户由承贷银行对其再次进行风险评估，评估合格后再签订续签协议，初步建立了金融扶贫可持续发展模式。

（三）就好业：以劳务协作为高质量脱贫拓展增收渠道

老百姓有稳定的就业，才会有稳定的收入。近年来，江永县深入实施就业优先战略，大力开展劳务协作扶贫工作，实现“培训一人、脱贫一户、致富一家”的目标。通过劳动输出、扶贫车间、就业扶贫特色岗、促进返乡创业等方式，多渠道、多形式扩大就业，促进农村贫困劳动力脱贫。

1. 为贫困户提供“家门口岗位”

按照“把电商融入农村、把课堂搬进车间、把岗位送到农户”的方式，整合人社、农口、扶贫、电商、教育等资源，对农民进行线上线下培训，鼓励村民开电商网店，为村民提供“家门口岗位”，1200余名村民自主开电商网店、微店，既当农民又当“老板”。制定《江永县就业扶贫车间建设工作实施方案》，深入各乡镇将扶贫车间建到田间地头，发展农产品加工车间10余个，创造800多个就业岗位，并有效带动农产品销售。和兴村建成“铁扫把”等扶贫车间，为120余名贫困留守妇女老人提供劳动岗位。雄川村在田间地头建立扶贫加工车间、源口瑶族乡锦堂村和小古漯村利用村级礼堂建设6条加工流水生产线，常年解决本村和邻村贫困户就业岗位420余个，村民天天有活干，日日有收入，“务工”“持家”两不误，实现了贫困户在家门口就业的愿望。积极开发就业扶贫岗位，统筹林业、就业等部门资金，综合开发保洁、治安协管、孤寡老人看护等就业扶贫特色岗位360个和农村环境整治特色岗位145个，发放扶贫专岗补贴456.8万元。

2. 多举措提升贫困户职业技能

通过提升贫困户职业技能，达到提升其自我发展能力的目标。江永县对全县有就业和技能学习意愿的贫困户进行摸底，整合人社等相关部门的培训资源，围绕养殖、种植等农村实用技术开展多种形式的培训，让贫困家庭通过专业技能培训实现稳定脱贫。整合培训资源，创新推进“一户一名产业工人”“双培”工程，实施“农民大学生培养计划”，每年定期分批分领域开展农民培训。通过培训一批、吸引一批、评选一批，在每个村打造一支由种植能人、电商达人、养殖能手、创业先锋组成的新型职业农民队伍，引领村民致富奔小康。2016 年以来，开展贫困家庭“两后生”技能培训超过 1000 人。2018 年以来，结合乡村人才振兴计划的实施，新培育新型职业农民 1200 人。

3. 承接产业转移优先招聘贫困群众

自 2018 年以来，江永抓住湘南湘西承接沿海地区产业转移和粤港澳大湾区建设重大机遇，立足区位优势和国家政策优势，巧借东风，抢搭快车，瞄准电子信息产业的“发展潜力”，明确以稳定发展农副产品加工和重点加快引进电子信息、智能装备制造为主的产业招商方向，挂牌成立了江永县电子信息产业专业园区，着力建成承接对接示范区、新兴产业集聚区、转型发展先行区。电子信息企业发展 12 家，全年引进企业 20 家，总投资近 25 亿元。出台扶持机制，对吸纳贫困劳动力的企业在政策上予以倾斜，大量企业用工优先招聘贫困群众，既破解了企业“用工难”问题，又解决了一大批贫困劳动力就业。

4. 精准对接促转移就业

围绕“培训一人、脱贫一户、致富一家”就业扶贫目标，江永实施更加积极的就业政策，探索建立以政府主导的有组织转移就业机制，让有劳动能力、有就业意愿的贫困家庭劳动力实现转移就业。深入开展“春风行动”“民营企业招聘周”等大型公共就业服务活动，帮助农村劳动力实现就近就地转移就业。2016 年以来，新增农村贫困劳动力转移就业 2000 余人，带动贫困户共享发展机遇，持续增加收入。

（四）造好林：以生态补偿为高质量脱贫增加有益补充

生态扶贫是将生态保护与扶贫开发相结合的一种扶贫工作模式，通过实施生态扶贫，可以实现贫困地区扶贫开发与生态保护相协调、脱贫致富与可持续发展相促进，最终实现脱贫攻坚与生态文明建设“双赢”①。江永县充分发挥得天独厚的生态优势，积极探索生态补偿新机制，为高质量脱贫提供了有益补充。

1. 构建三级公益林生态补偿机制

以创建省级园林县城为抓手，大力推进封山育林、植树造林。实行国家公益林、省级公益林、县级公益林经济补偿，切实改善生态环境，增加贫困群众收入，带动全县 103 户建档立卡贫困家庭 412 名贫困人口实现脱贫，新增管护面积达到 15124 公顷。

2. 为贫困户开发公益性护林岗位

按照“县建、乡聘、站管、村用”的原则，选择身体健康、遵纪守法、责任心强、能胜任护林工作的建档立卡贫困人口为生态护林员，截至 2019 年 12 月，已选聘 103 人，并按照 1750 元每季度的标准予以补助，共发放生态护林员管护补助资金 54.075 万元。

3. 全面落实生态补偿扶贫政策

按照森林抚育要向主要交通沿线“裸露山地”造林林分以及贫困户林分倾斜，努力提高森林质量和效益的原则，通过“一卡通”打卡发放森林抚育补助资金 67 万元，补贴对象惠及 313 户建档立卡贫困户、1565 人；利用 2019 年度中央财政造林补助项目资金突出贫困林场、贫困乡村、贫困人员造林，补助 2019 年度全县贫困户造林面积 6000 亩，每亩补助标准 200 元，通过“一卡通”打卡发放森林抚育补助资金 120 万元，补贴对象惠及 650 户建档立卡贫困户、3250 人。

---

① 中共中央党史和文献研究院编《习近平扶贫论述摘编》，中央文献出版社，2018。

（五）搬好家：以易地搬迁为高质量脱贫变革环境

易地扶贫搬迁是脱贫攻坚的重中之重，是解决“一方水土养不活一方人”的根本举措，是帮助贫困群众挪穷窝、斩穷根的关键举措①。江永县依托旅游资源和种养优势，坚持把发展壮大村集体经济作为带领搬迁户脱贫的重要抓手，探索出易地扶贫搬迁产业致富方式，实现在搬迁中扶贫，在扶贫中发展，在发展中脱贫，实现经济效益、社会效益、生态效益共赢。

1. 根据贫困户意愿实行集中安置与分散自建安置相结合

围绕“搬迁是手段，脱贫是目的”的根本要求，组织各乡镇、驻村工作队、后盾单位帮扶联系人对易地扶贫搬迁群众进行劝导、督促，11 个集中安置点安置搬迁群众 807 户 3194 人；分散自建安置搬迁群众 1177 户 4721 人，于 2019 年 9 月底实现了搬迁率 100%、入住率 100% 的目标。

2. 多渠道增加贫困户收入实现搬迁与脱贫同步

关注贫困群众后续生产生活问题，通过引进企业、土地流转、资金入股、参与电商等方式，增加搬迁群众的租金收入、薪金收入、股金收入、销售收入，确保扶贫搬迁对象能“搬得出、稳得住、能致富”，实现“安居”与“乐业”并重、“搬迁”与“脱贫”同步。

3. 稳定后续帮扶措施促进搬迁群众就业增收

着力推进“特色产业 + 合作社 + 易地扶贫搬迁户”产业扶贫模式，积极探索创新“规模企业进园区、小微企业进乡村、农业产业建基地、乡村旅游产业发展”的产业后扶发展模式。2017 年以来，通过实施后扶产业项目，开展易地扶贫搬迁后续产业及就业扶持，为 231 户、792 人建档立卡易地搬迁贫困人口人均增收 5847 元，巩固了搬迁群众的脱贫质量，提高了搬迁群众的生活水平。到 2019 年底，30% 以上的搬迁户家庭人均总收入超过 5 万元。

① 《中共中央　国务院关于实施乡村振兴战略的意见》，《人民日报》2018 年 2 月 5 日。

（六）建好房：以危房改造为高质量脱贫解决后顾之忧

农村危房改造工作是党和国家保障民生的一项重要工作，是推进农村社会经济发展的重要举措，也是让广大农民群众分享改革开放伟大成果的新举措①。江永县按照优先帮助住房最危险、经济最贫困户及解决最基本的住房安全问题的“三最原则”，坚持“个人申请、村级评议、乡镇级审核、县级审批、竣工验收、资金拨付”流程，全力推进农村危房改造。

1. 严格政策标准，全面推进房屋危险等级鉴定

根据中央、省、市关于农村危房改造工作的部署和要求，深入开展了农村危房改造项目质量安全大排查大整改，完成14898户4类重点对象房屋危险等级鉴定，并在每家每户悬挂等级鉴定表。

2. 高标准把好验收关，确保贫困群众住上安心房

全面部署开展扶贫领域建设项目工程质量“大排查、大整治、大管控”行动，严把工程“质量关”，确保贫困群众住上“安心房”。对屋面漏水渗水、墙体及粉刷层裂缝、厨厕功能不齐、给排水设施不完善、安全防护措施不到位等问题进行全面解决。截至2019年12月，发现的质量问题已全部整改到位，实现隐患全部“清零”。

3. 多措并举，强化农村危房改造扶贫项目资金监管

为确保农村危房改造扶贫项目资金专款专用，杜绝农村危房改造领域“雁过拔毛”式腐败问题发生，采取多项举措强化资金项目监管。一是加强宣传，营造氛围。充分利用广播、电视、网络、宣传栏和标语等多种形式，广泛宣传贫困户危房改造工作的重要意义和政策措施；向全县9个乡镇印发20万余册口袋书进行广泛宣传，包含实施对象、补助标准、申请程序、资金发放等政策要点，并将危房改造相关政策印入扶贫手册，让政策走入千家万户，防止政策到基层走样。二是严格管理，完善档案。对档案信息进行严

---

① 《中共中央、国务院关于抓好“三农”领域重点工作确保如期实现全面小康的意见》，2020年2月6日。

格审核，发现问题及时纠正。建立完善农村危房改造纸质档案，实行“一户一档”，批准一户、建档一户，及时、全面、真实地反映改造情况，防止弄虚作假。三是公示公开，阳光透明。实行“线上线下”双公示公开，将危房改造项目补助户主及资金额度等信息在江永县政府官网的“惠民资金公示专栏”进行线上公示，同时在各乡镇、各行政村设立公示栏，进行线下公示公开，确保农村危房改造项目资金使用阳光透明。四是加强监督，严格执纪。县纪委牵头，联合住建局、审计、财政、扶贫、民政等部门，集中力量开展农村危房改造领域突出问题专项整治，重点整治落实农村危房改造政策不实问题、农村危房改造领域违纪违法问题、农村危房改造工作中存在的“四风”问题和农村危房改造工作落实“两个责任”不力等问题。对发生在农村危房改造领域“雁过拔毛”式腐败问题坚决查处，严惩不贷。

（七）上好学：以教育扶贫为高质量脱贫厚植智力支撑

教育扶贫是“斩断穷根”的利器。江永县以控辍保学和精准资助为教育扶贫工作主要抓手，重点在“强化机制、精准保学、精准资助”上下功夫，着力实现义务教育建档立卡等四类贫困学生无一人因贫辍学和贫困学生资助精准无遗漏的工作目标。2019 年，全县学前教育三年毛入园率 90.72%、小学六年巩固率 99.84%、初中三年巩固率 97.62%，高中教育毛入学率 90.55%。

1. 全面强化精准保学

实行建档立卡贫困户子女享受教育扶贫政策全覆盖，不让一个学生因贫失学。做好贫困学生信息核查工作。全县各学校和驻村工作队按照家长提供的建档立卡、残疾、低保、特困四类贫困家庭的证明材料，做到贫困学生的信息排查、填报、动态调整“三个到位”，完成认定本县就读建档立卡等四类贫困学生为 18037 人，本县户籍省外就读学生 921 人。通过对四类贫困学生的信息核查、动态监测和“三帮一”劝返复学工作，在摸清辍学学生情况的基础上，共劝返学生 65 人（含建档立卡学生 8 人）。建立师生结对帮扶机制，全县 2300 余名教师与 10000 余名贫困学生实行结对帮扶，实现了

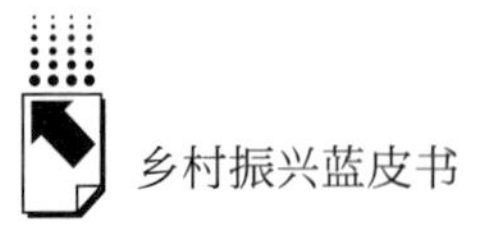

建档立卡贫困户学生零辍学的工作目标。

2. 全面抓好精准资助

全面落实国家资助政策，资助总额达2466.235万元，其中免学费、免教科书费、免教辅资料费737.48万元，为4535名学前教育建档立卡等家庭困难幼儿发放助学金217.65万元，为18958名义务教育建档立卡等家庭贫困学生发放助学金1062.605万元，为2584名普高建档立卡等家庭贫困学生发放助学金309万元，为1204名中职建档立卡等家庭贫困学生发放助学金120.4万元，为191名建档立卡学生补发2017、2018年助学金19.1万元，确保全县建档立卡等家庭经济困难学生享受教育资助“一个不漏、零死角、全覆盖”。同时，严格落实建档立卡等四类贫困生县级专项资助政策，按小学非寄宿生每人每期500元、初中非寄宿生每人每期625元的标准，为13937名义务教育非寄宿生发放助学金566.575万元，解决了贫困学生在享受相关资助政策外的就学困难问题，实现了不让一名学生因贫失学的目标。

3. 全面改善办学条件

完成江永一中1#、2#、4#教学楼、思源学校、三小科教楼建设工程，新增城区学位5750个。启动芙蓉学校项目，建成后可新增学位1890个。消除义务教育阶段大班额202个，55人以上大班额实现清零目标。全力促进城乡教育均衡发展。引进社会资本1.95亿元推进教育信息化2.0建设，改造智慧教室775个，标准录播室10个；投入447万元对所城小学等7校1园进行维修改造，累计新增校舍面积1880平方米，改造校舍面积1739平方米。大力优化教师队伍结构。2017～2019年，通过公开招聘教师、招录特岗教师、安排公费定向培养毕业生、人才引进和分批次招聘政府聘用合同制教师等途径补充教师886名。实施“国培计划”，面向乡村教师，以“送教下乡”培训和教师工作坊研修为重点，累计培训教师2450人次。

（八）看好病：以健康扶贫为高质量脱贫筑起生存防线

实施健康扶贫、保障农村贫困人口享有基本医疗卫生服务，可以有效防止因病致贫、因病返贫。江永县创新工作方式方法，围绕让城乡贫困人口

“看得起病、看得好病、看得上病、更好防病”要求，全面完善城乡居民基本医疗保险和大病保险制度，充分发挥了医疗保险在脱贫攻坚战中的保障作用，医疗保险支持健康扶贫成效显著①。

1. 着力强化贫困群体医疗保障

为确保贫困群众享受优质医疗服务，对“因病致贫、因病返贫”的贫困人口实行分类分批救治，通过政策组合、叠加，构筑起“基本医疗保险、大病保险、医疗救助扶助”等多重医疗健康保障网。全县 17 家医疗机构均实施“先诊疗后付费”“分级诊疗”“一站式”结算制度。为方便贫困户看病就医，推出全覆盖式签约家庭医生、大病集中救治、慢病签约服务管理、重病兜底保障等一系列政策措施。2019 年全县贫困人口医疗保险参保率 100%，信息录入率 100%，建档立卡贫困人员按 60% 的医保财政补助发放到位。截至 2019 年 12 月，对建档立卡贫困人员实行“一站式”结算 13396 人次，医疗总费用 3354. 1084 万元，报销总金额 2959. 9282 万元。其中大病保险降低 50% 起付线补偿费用 175 万元，补偿 250 人次，报销金额 37. 2649 万元；扶贫特惠保补偿 840 人次，报销金额 107. 9875 万元；财政兜底 6167 人次，兜底金额 528. 0383 万元。

2. 着力完善县域医疗卫生设施

县人民医院于 2019 年 9 月成功创建为二级甲等医院，为老百姓提供了更好更舒适的看病就医条件。县中医院的整体搬迁建设已开工建设，全县 11 个乡镇卫生院全部完成标准化建设改扩建。结合全县村级服务综合平台建设，完成 100% 标准化村卫生室的建设。

3. 着力提升医疗队伍服务水平

不断深化医疗体制改革，完成县医疗联合体的组建运行。加大医疗技术人才引进和培养力度，2019 年面向社会公开招考 97 名医技人员，人才引进 5 名医务人员。积极落实基层医疗机构本土化人才培养工作，农村订单定向

① 周立夫：《做到“三个精准”加快“脱贫摘帽”——江永县精准扶贫工作综述》，《人民论坛》2017 年第 15 期。

免费培养本科医师学生4名，贫困地区、本土化乡村医生人才培养农村定向订单4人，基层医疗机构本土化培养专科医师学生27名。

（九）兜好底：以政策保障为高质量脱贫筑牢民生底线

兜底扶贫是社会主义制度优越性的重要体现，是让贫困群众有幸福感和获得感的机制保障。江永县按照“最低保障兜底一批、特困供养兜底一批、临时救助兜底一批”的思路，采用多种兜底政策措施，使贫困群众就业、上学、看病、生活、养老有保障。

1. 精准确定兜底保障群体

认真落实“将未脱贫建档立卡贫困户中靠家庭供养且无法单独立户的重度残疾人、重病患者等完全丧失劳动能力和部分丧失劳动能力的贫困人口纳入农村低保范围”政策，2019年新增185户246人未脱贫的建档立卡贫困户为低保对象。通过清理整顿和动态管理，取消因开店、购房、有车和死亡的低保户48户73人，做到应保尽保，应兜尽兜。

2. 推进低保标准与扶贫标准两线融合

2019年资助城乡低保户、兜底对象、特困供养对象医保缴费，按城乡低保对象每人资助132元，特困供养对象全额资助220元的标准，全县共资助10253人，资助金额145.5万元。对全县低保兜底对象1699户2833人实行分类管理，其中对一类对象全额发放每月330元，二类对象每月230元，三类对象每月200元，确保了低保兜底对象保障标准逐步上升，实现了低保标准与扶贫标准两线融合。

3. 加大贫困群众临时救助力度

为杜绝因病、因残返贫现象，严格落实省厅印发的《关于在脱贫攻坚三年行动中切实做好社会救助兜底保障工作的实施方案》要求，对符合“救急难”问题条件的对象应救尽救，不断提高低保受灾户、贫困受灾户的补助标准。2019年发放临时救助12600人次，按照贫困程度和因病花费情况，给予400~5000元救助，全年发放资金650万元，让陷入困境的贫困群众感受到了扶贫政策的温暖。

二　多模式创新实现“老少边穷”县高质量脱贫

“不一样的县情，不一样的模式”。不因地制宜、不接地气地照抄照搬、生搬硬套其他地方的扶贫模式和方法往往会事倍功半，有的甚至根本无法落实。推进精准扶贫，需要增强扶贫模式的针对性和可操作性，让中央精准扶贫、精准脱贫的政策措施落地见效。近年来，江永县坚持立足实际，因地制宜，努力探索精准扶贫新路径，探索帮扶脱贫的新思路，打“五香牌”，吃“旅游饭”，发“电商财”，社会扶贫、电商扶贫、产业扶贫、旅游扶贫等工作走在全国全省前列，实现了全域“高质量脱贫”。

（一）全区域品牌引领战略：“特色基地＋产业扶贫”

发展品牌农业是农业转型的助推器，在激烈市场竞争环境下，品牌农业是取得效益的必备法宝，是赢得市场的护身符。近年来，江永县注重全区域的品牌打造，形成了独具特色的产业基地，推动产业扶贫不断上新台阶。

1. 以原产地特色品牌为引领，形成全域产业竞争优势

江永县始终坚持以农业供给侧改革为抓手，坚持“政府拓市场、市场牵龙头、龙头带基地、基地联农户”，大力做大做强以香柚、香芋、香米、香姜、香菇等为主的香型产业，江永特香农业异军突起。先后被命名为“中国香柚之乡”、“中国香芋之乡”、“全国食用菌产业化建设示范县”、“国家级出口食品农产品质量安全示范区”和“国家级生态原产地产品保护示范区”[①]。完成“三品一标”产品认证 23 个，建成“三品一标”产品面积 27.5 万亩，地理标志农产品认证位居全省前列，其中香柚、香芋、香姜等 4 个产品获国家生态原产地保护产品认证，香柚、香姜、香芋获国家地理标志产品认证。江永香米获“农产品地理标志”，江永香柚获“袁隆平特别

① 中共中央、国务院：《关于建立健全城乡融合发展体制机制和政策体系的意见》，《人民日报》，2019 年 5 月 6 日。

奖”，入围首批中央电视台“国家品牌计划—广告精准扶贫”项目。全县建成富硒农产品示范基地 12 个，获评湖南省富硒产业重点县、湖南省 1223 富硒工程实施示范县。

2. 以园区、基地建设为抓手，促进全域特色产业集聚发展

以打造湖南省现代农业特色产业集聚区、现代农业产业示范园、“富硒‘五香’农产品精深加工基地”为目标，在园区大力发展农产品精深加工企业，推进农业企业集聚发展。截至 2019 年 12 月，全县发展农业产品加工企业 172 家。其中，园区培植规模以上企业 8 家，省级农业龙头企业 1 家，市级农业龙头企业 8 家，发展特色农副、义华花生、老石头等骨干企业 20 余家。2019 年，香芋产业园被列为省特色产业示范园，香芋产业聚集区被列为省十大产业聚集区之一。建立“菜篮子”供应基地 22 家、水果基地 6 家，蔬菜种植面积突破 7 万亩，年均蔬菜出口量占全省供港澳蔬菜的 40% 以上，参与的贫困户每年户均增收 3000 元以上。潇浦镇向光村发展以夏橙为主的晚熟柑橘扶贫产业基地 3600 亩，带动 1680 人稳定脱贫；上江圩镇桐口村发展供港澳蔬菜基地 1500 亩，带动 1300 人稳定脱贫。江永县被农业部授予“全国绿色食品（香柚）原料标准化生产基地”、“全国绿色食品（香芋）原料标准化生产基地”和“南亚热作名优基地”。

3. 以新型经营主体为依托，加快全域全产业链发展布局

江永县多模式联结，相互支持，优化组合，为贫困户发展产业提供多元选择。建成香柚、香姜等十余个行业产销协会，农民合作社、家庭农场 560 余家，现代家庭农场示范场 7 家，在全国大中城市外设经销窗口 100 余个，产品经纪人达 3000 余人。全县所有贫困户通过利益联结与 80 多个合作社、家庭农场以及龙头企业等新型经营主体在每个贫困村发展 1 ~2 个主导产业。依托温氏人才优势和全产业链优势，加速推进养殖业转型升级。2018 年以来，新发展温氏合作养殖户 302 户，增收达 1.5 亿元以上；完成了南方草地现代畜牧业推进行动项目建设和石漠化治理项目建设，新增肉牛出栏 2000 余头，新增销售收入 1800 万元；喜硒葡萄、广发蔬菜等示范项目正式投产，全年完成销售额 2.3 亿元，净利润达 6000 余万元。截至 2019 年 12 月，全

县建成优质水果21.6万亩、优质蔬菜16.6万亩，夏橙和沃柑每亩产值可达5万元以上，贫困户"丰产"又"丰收"。

（二）全链条电商对接市场："农村电商+消费扶贫"

消费扶贫是通过消费贫困户的产品和服务来增加贫困户收入、进而实现贫困人口脱贫的一种扶贫方式。江永县以被列为"国家电子商务进农村综合示范县"为契机，采取"电商企业+贫困村+贫困户""电商网店+贫困户"等方式，为全国电商扶贫树立了典型，这一帮扶经验也被国家商务部推介。

1. 变线下销售为线上销售

江永县在扶贫过程中，抓住消费终端，从产品销路和市场需求出发倒逼农优特产的生产，构筑"优质产品、产业基础、质量溯源、仓储物流、终端服务"五大体系，组建"村级信息员、专业销售员、网络宣传员、产品开发员"四支队伍，瞄准"大市场、大公司、大客户"三大主体，以消费扶贫终端发力为贫困户脱贫攻坚开辟产生和就业渠道，寻找生产商机。成立"永州之野"品牌江永运营中心，投资400万元聘请专业团队对江永优质农产品进行推广、包装、营销，打造江永农产品品牌全产业链，线上为农户销售产品，让优质农产品卖出优价。截至2019年12月，全县已帮助贫困户销售各类农产品4.5亿元，江永电商运营中心仅仅2019年就帮助贫困户销售各类农产品1.27亿元，特色果蔬均价比上年提升25%；在中国中部（湖南）农业博览会上，该县与香港百佳超级市场有限公司签订了每年4亿元的果蔬供应协议；争取到国家贫困地区特色食品（食材）精品馆项目，江永馆于2019年11月在北京正式运营。该县"543"消费扶贫模式可借鉴、可复制、可推广，具有极强的操作性，其创新做法得到《湖南日报》、湖南卫视、湖南公共频道等多家媒体的宣传推介，湖南第一电商县助力消费扶贫取得巨大成功。

2. 变直接帮扶为消费帮扶

江永县在电商消费扶贫的内容和形式上进行了大胆的探索创新，采取

“电商企业 + 贫困村 + 贫困户”“电商网店 + 贫困户”的电商结对消费扶贫模式，引导支持县内电商业主和贫困户通过“达漫金服电商扶贫”“扶贫小店”和中国社会扶贫网“扶贫商城”网销产品。截至 2019 年 12 月，江永县所有的贫困村都设立了“扶贫商城”的实体店，专门帮助贫困户销售农副产品和手工艺品，已经成功地帮助 200 多户实现脱贫。出台一系列支持政策，推动 67 个大学生创业团队和 110 家电商企业与贫困村和贫困户结成对子。设立电商发展基金，用于资助贫困大学生返乡创业。组织实施多项专项帮扶活动，发动社会各界捐资捐物，帮助贫困村和贫困户脱贫。先后有 102 家企业、1019 名企业主及个体工商户和 10283 名社会爱心人士捐赠资金、物资达 7000 多万元。通过电商结对的消费扶贫方式，不仅促进了贫困户的生产发展，还实现了贫困人员的生产和就业的结构性转型，为贫困人员开辟了勤劳致富的新天地，启发了贫困人员，培育了现代化的新农民。

3. 变电商营销为扶贫就业

江永县自 2017 年开始引进天猫、阿里巴巴等电商企业培训江永电商人才，探索为贫困户的农优特产品寻找销路。江永电商街是江永电商发展集聚区之一，也是湖南省省级创业创新孵化基地，为了提振电商人的信心，江永县电商办对有意愿从事电商创业的人员进行免费培训帮扶，培养他们做大做强电商后再回村开拓市场。截至 2019 年 12 月，江永县共发展电商企业 241 家，网店微店、乡村驿站 2700 余个，创建乡村电商服务站 95 个，整合进村物流体系创办进村物流公司三家，开发电商产品 30 余个，开展各类电商知识培训 10300 人次。发展多种电商平台共存共营，电商从业人员达 7600 余人，2019 年电商交易总额近 40 亿元，完成电子商务“十三五”规划的预期目标，带动贫困户开办网店超过 500 个，2000 余名贫困人口实现电商就业，3120 户贫困户 9632 人通过电商人均年增收 3200 余元，实现脱贫致富，该县获评湖南省电商扶贫专项行动优秀县。

（三）全覆盖社会服务体系：“互联网 + 社会扶贫”

江永县以列入首批中国社会扶贫网试点县为契机，建成全国第一个中国社会扶贫网县级子站，无论是全县贫困户注册、爱心人士注册指标，还是发布贫困需求信息、爱心捐赠等指标均位列全国第一方阵，打造出“一网统领、两线并行、三级联动、四员助力、五台同唱”的“互联网+”社会扶贫“江永经验”，在全国10余个省份进行了巡回演讲推广。2018年以来，该县更是乘胜而上，创新而为，努力探索脱贫攻坚与乡村振兴的融合模式，打造“互联网+社会扶贫”升级版。

1.“互联网+社会扶贫”升级版初显成效

“互联网+社会扶贫”打通了社会扶贫力量与贫困户对接的“最后一公里”。一是实现从“扶资”到“扶智”，打造“互联网+基层服务”235模式。“2”是指在县城建设“互联网+”基层服务运营中心，在农村建设“智慧乡村综合服务中心”；“3”是指组建三支队伍，即在线服务专家队伍、智慧乡村综合服务中心管理员队伍、培训指导村级互联网运用工作的特派员队伍；“5”是指从县级直达村级的五大服务，即产业服务、政务服务、教育服务、电商服务、生活服务。在县级运营中心设置五大功能，即智慧乡村讲堂、在线服务专家工作室、农产品及文旅产品展示推广中心、产品品牌运营中心、电商综合服务中心。县级运营中心通过互联网将五大服务直接传输到农村，服务于有需求的村民。在各村“智慧乡村综合服务中心”设置“互联网+”办事大厅、多功能视频会议培训室、一村一品运营服务、快递物流配送、亲情服务等服务功能。实施“互联网”+教育、“互联网”+技能培训、“互联网”+文化文艺等。二是实现从广泛扶贫到精准扶贫。2019年通过深入开展“户帮户亲帮亲”活动，进一步确定了重点帮扶对象，因人施策，帮扶对象更精准，帮扶方式更精准，数据统计更精准。如江永县使用的消费扶贫平台之一：“达漫金服”电商平台有完备的数据统计功能，能够精确统计到多少单位多少爱心人士，通过哪些方式帮扶了哪些村、多少贫困户等等。特别是该县实施的有温度的扶贫更是产生了良好的社会反响。该县将留守老人、儿童纳入重点帮扶对象，通过“互联网”+亲情服务（远程视频连线）、“互联网”+教育，实现亲情连接、资源共享；该县还将留守妇女纳入帮扶对象，通过“互联网+”文化文艺，帮助她们树立自尊、自爱、自立、自强精神，享受有品质有品位的人生。三是用互联网思维破解脱贫和发展的痛点难点问题。农村的痛点难点问题主要是增收难、办事难、教育难、就业难，“为民服务235模式”恰恰是针对这些问题拿出的解决方案，它通过优化产业帮扶、政务服务、创新创业、智慧教育、生活服务等便民服务，全力解决或缓解基层群众的操心事、烦心事、揪心事。以事项下放为手段，做优电子政务服务；以农村电商为支撑，做优产业帮扶服务，以“互联网+电商”“互联网+消费扶贫”为抓手，精准对接“大市场、大企业、大客户”，推进“万家门店帮万户”“万家企业帮万户”“万名爱心人士帮万户”行动，试点村农产品实现从“难卖”到“好卖”的转变。在每个村设置“一村一品运营服务中心”，集中为村里主打产品提供产前产中产后的全方位服务。四是以整合资源为抓手，做优创业就业服务。按照“把网络融入农村、把课堂搬进车间、把岗位送到农户”的方式，整合人社、农口、扶贫、教育等资源，围绕农村电子、特色种养、创新创业，对农民进行线上培训。以村为单位建立微信群，在群内实时发布县内外优质招工信息，供村民自主选择。五是以远程视频为载体，做优教育培训服务。在每个村设立视频培训会议室，通过县级运营中心的“智慧乡村讲坛”，村民能够共享培训课件，并与专家教师实现互动交流。建立“亲情连线”服务系统，让外出务工人员与留守儿童、留守老人随时视频连线，增进亲情沟通。六是以第三方平台为依托，做优便民生活服务。通过微信公众号、小程序或App，免费为村民提供电商代购、快递收发、医院预约、水电费代交、车票预定、金融代办等服务。2019年下半年，累计开办智慧乡村讲堂10场，为村民在线办理产业服务、生活服务、电子商务服务、政务服务等业务6362件，惠及群众5500余人次，深受村民群众好评。

2. “三员联动”构建社会扶贫网格化组织体系

江永县创新“三员联动”的社会扶贫模式，一是坚持驻村工作队员与村支两委委员联动；二是驻村工作队员与信息员联动；三是牵头单位与社会扶贫网管理中心联动。在“三员联动”社会扶贫思路下整合社会力量，确定了“四个一”运作模式，即整合社会资源，拓宽筹资渠道，融入更多的社会人士、社会资本和社会力量加入。组建了“五支队伍”，即一支由近300名信息员组成的社会扶贫网信息管理队伍，一支由“两代表一委员”、义工等1000余人组成的扶贫志愿者队伍，一支由袁隆平等农技、文化、教育等领域专家共200余人组成的志愿服务专家队伍，一支由奥运举重冠军王明娟等9位知名人士组成的扶贫形象大使队伍，一支由老干部、老党员共27人组成的扶贫监督队伍①。这五支队伍扩大了社会扶贫的影响力，提高了社会帮扶的精准度和可信度，形成了江永县脱贫攻坚的网格化组织体系。

3.“互帮互助”形成社会扶贫多元合力

江永县贫困户的主要致贫原因是地理位置偏远、基础设施落后、文化水平总体偏低、因病因灾时有发生等。鉴于此种情况，许多仁义爱心扶贫助困人士不仅自己勤劳致富，还担当起为家乡、为社会、为亲邻扶贫助困排忧解难的重任，塑造了新时代“乡贤”的精神风貌。被村民爱称为“电商姐”的信息员葛小梅，每次过山路进山村了解贫困户实际情况，把信息发布到“中国社会扶贫网”上，教授贫困户人员利用树皮、青苔、松果、草木等做成手工品，放到她的电商网站上卖，帮助村民脱贫致富，深受大家好评，被“中国社会扶贫网”授予“优秀管理员”荣誉称号，并登上国家扶贫日大会领奖台，这是全国唯一一位村级信息员获此殊荣。信息员郑菁家住山区瑶寨，原来靠摆地摊谋生，自家本身是贫困户，但在政府的支持帮助下开始电商创业后，不仅帮瑶寨村民在线上线下售卖农家土特产，自己还当上了扶贫攻坚信息员，利用空余时间走村入户了解贫困户情况与需求，汇总他们的信息发布到“中国社会扶贫网”上，体民意、解民忧、助民富，被永州妇联评为“最美创业”、永州市委市政府评为“十佳脱贫致富能手”、永州市扶贫开发领导小组评为“自主脱贫标兵”等。江永县扶贫形象代言人、全国人大代表、中国湘菜掌门许菊云多次带领弟子为江永贫困户进行餐饮技术培训，把江永食材推介到全国近万家许家弟子湘菜馆，助力江永乡亲脱贫致富。

① 周立夫：《争当乡村振兴排头兵》，《新湘评论》2018年第16期。

（四）全流程利益共享机制："乡村旅游 + 生态扶贫"

共享发展是发展的出发点和落脚点。江永地处湘、粤、桂的"金三角"，是国家首批生态建设示范县、国家级水利风景名胜区。江永还是女书的摇篮，楚汉文化与百越文化交融孕育的女书文化成为湖湘文化递向世界的一张闪亮名片。江永因此荣膺"中国最美的小城"、全国"最具文化品位的小城"和"全国百佳深呼吸小城"称号，被列为"全国首批绿色能源示范县""全国山区综合开发示范县"。近年来，江永县立足县情，敢于创新，探索建立扶贫开发的新模式，在乡村旅游、生态扶贫方面形成了风险共担、利益共享的新机制。

1. 变民俗风情为诗意山水，共享"以旅脱贫、以旅富民"发展之路

江永县按照"中国著名的生活型文化生态全域旅游目的地"的总体定位，以及"惊世女书、香约江永，穿越千年，诗意田园"的旅游形象定位，打造中国知名的"生活型旅游目的地""研学旅游目的地""自驾旅游目的地"。突出江永文化、生态、休闲的特点和优势，不断丰富旅游产品体系，促进旅游产品多元化。打造了文化探源、明星体验、研学实践、摄影绘画、乡村休闲、民俗风情、山水生态、营地露宿、康体养生、瑶医药膳等具有地域特色的旅游产品，以春、夏、秋、冬四季为时间布局，精心推出了"春季—赏花闻香、夏季—避暑休闲、秋季—品香祭祖、冬季—农家体验"为主题的乡村旅游产品，打造了《八角花开》《瑶山油茶品鉴会》等民俗文化旅游产品，通过举办洗泥节、赶鸟节、女书文化节、盘王节、农民丰收节、香柚节、紫荆花节等一大批重大节日，彰显农耕文明的传统文化与现代文明的结合，涵化人与自然和谐统一的观念。在传承和保护女书遗产的过程中，建立了以原生态的方式展示女书习俗文化空间的"女书生态博物馆"，成功开发出湖南百姓喜爱的"新潇湘八景"之一，打造了全国独具特色的女书研学基地。拥有 1200 多年历史的千年古村上甘棠，建成湖南省首家村史博物馆：上甘棠博物馆，全方位展示古村的村史文化、民俗风情和独特的人文魅力，成为享誉海内外的湘西南古村落文化和民俗文化旅游和研学的基地。

江永县还依托民族特色、自然环境开发打造了千家峒瑶族古都、兰溪勾蓝瑶寨、千家峒国家森林公园、燕子山和源口水库景区、“五香”美食、万亩紫荆花海、万亩连片油菜花海、四季果园采摘、农家乐垂钓等具有独特生态风景、民族风情与农家风味的乡村生态旅游扶贫项目，加快“农业＋”设计，实现农业与旅游、文化、休闲、服务等产业互促互动。2018 年，向光村、河渊村、浦尾村等 16 个村入选第五批中国传统村名录。2019 年，率先建成全省首条乡村马拉松半程专用赛道，把千年古村上甘棠等潇贺古道古村串联起来，致力打造全省乃至全国著名户外健身休闲旅游目的地。2019 中国户外健身休闲大会暨“大美永州”大穿越在江永举办微马赛事等系列活动。

2. 变家园为公园，释放“绿色减贫”发展红利

江永县把整个区域作为公园规划，科学推动“百村百园”建设，全面推进净化、绿化、美化、亮化，让乡村面貌焕然一新。为让乡村“留住乡愁”，明确所有乡村坚守“五条底线”。即不能突破环境容量，不破坏自然地貌，不破坏自然水系，不破坏村庄肌理，不破坏传统风貌，对所有古建筑、古民居只许修缮，一律不准私自拆除新建，为普及生态文化、筑牢生态扶贫奠定基石。创新勾蓝瑶寨绿色减贫模式，抢抓农村人居环境整治的契机，大力开展农村垃圾回收，对农村池塘和沟渠进行清理，种植一些可供观赏的水生植物，对古城墙、祠堂、楼牌、古居等古建筑进行保护与修缮，探索生态旅游发展新模式，激活“绿色减贫”内生动力。2016 年 9 月，湖南省生态旅游扶贫推进会在江永县召开，“勾蓝瑶寨生态旅游”模式作为乡村生态旅游新模式在湖南省全面推广。2019 年，勾蓝瑶寨入列全国乡村旅游重点村名录、全国生态文化村、全国重点文物保护单位。

3. 变村民为股民，建立长效利益联结发展机制

江永县克服传统集体经济“投入单一、股权单一”的弊端，探索出“投入多元化、股权多元化”的新型集体经济发展模式。2015 年提出“资金跟着穷人走，穷人跟着能人走，能人跟着产业项目走，产业项目跟着市场走”的“四跟四走”的扶贫思路，探索“政府引导、集体经营、市场运作、村民参与”的乡村旅游扶贫模式。在贫困村兰溪瑶族乡勾蓝瑶寨成立村级

旅游公司，以村支两委作为法人，村民以资源（土地、古房）入股成为“股民”，每年享受分红。引导村里自建“勾蓝瑶寨”网站，发展特色民宿、农家乐，举办特色节会，销售旅游产品。发动村里成立农业种植、民俗文化表演等合作社，村民自愿入社，抱团发展，群众白天下地搞种植，晚上登台变演员，实现“双增收”。该村成功创建为4A景区，先后被评为全国“公司+农户”旅游扶贫示范项目、“中国历史文化名村”、“全国文明村”、“湖南省最美少数民族特色村寨”。全国产业精准扶贫现场观摩会、全省产业扶贫现场会、旅游扶贫推进会均在瑶寨举行。2019年，全村旅游综合收入突破2000万元，村集体纯收入300余万元。以勾蓝瑶寨旅游扶贫模式为蓝本，江永在全县开展推广，21个村吃上了“旅游饭”，村民“变身”为股东，发展乡村农家乐、客栈50余家，近6000贫困人口脱贫，共享旅游产业红利。

（五）全链接资金投入机制：“项目监控+金融扶贫”

坚持农民主体地位，引导农民全方位合作，是充分调动农民积极性、激发脱贫内生动力的重要手段。近年来，江永县积极引导农民与村支部合作，为每个贫困户量身打造金融扶贫方案，实现了集体经济和金融扶贫取得新突破。

1. 金融扶贫模式对贫困群体全覆盖

了江永县根据农村贫困户个人实际情况，科学实行“小额信用贷款”和“分贷统用统还”两种金融扶贫模式。面向有劳动能力并参与产业扶贫开发或自主选择了较好的小型农业生产经营项目的建档立卡贫困农户实施“小额信用贷款”，经评授信小组确定后可获得1万~5万元的贷款，由贫困户自主经营、自主还贷、自负盈亏。面向无劳动能力的建档立卡贫困户实施“分贷统用统还”，由县农商行、县扶贫办、贫困农户、乡镇、扶贫经济组织签订五方协议，以贫困户名义每户到县农商行贷款4万元，县农商行将贫困户贷款直接打入扶贫经济组织，县扶贫办按基准利率贴息三年，三年内扶贫经济组织每年原则上按照信贷资金的10%固定收益扶持贫困群众，签约当天兑现第一年收益的50%，以后每半年支付收益一次，到第三年期限，由扶贫经济组织将本金还给县农商行。

2. 龙头企业对扶贫联结全覆盖

江永县在做大做强特色产业的过程中，不断探索政府主导型、能人带动型、企业运营型的扶贫联结机制。涉农企业与贫困户签订订单合同5685份。2019年，受到奖补产业扶贫的企业有17家，孵化龙头企业7家，农村专业合作社289家，带动26843贫困人口实现脱贫致富。推广“企业+合作社+贫困户”“公司+基地+中介+贫困户”等经营模式，鼓励通过企业、专业合作社、家庭农场、种养大户带动，提高贫困群众的组织化程度，构建紧密联结、利益共赢的运行机制，带动贫困户参与产业发展，从中获得收益。全县262家企业或专业合作社与3213户贫困户展开利益联结，通过劳务输出、土地托管、订单生产、入股分红等形式，带动贫困户实现增产增收2000元以上。这一系列的龙头企业的产业带动和项目带动，最终带动贫困户脱贫致富。

3. 信贷支持对金融服务全覆盖

为了发展江永特色产业，江永县大力引入金融资本，实现金融扶贫服务站贫困村全覆盖。协调金融部门在“江永三香”销售期对实行“三统一、三引导”的加工营销企业加大信贷支持，特别是优先享受相关金融产品的信贷支持。一是健全风险分担机制，以政府、银行、担保三方风险共担为基础，构建有效控制和分散风险的“政银担”合作贷款体系。二是规范贷款发放流程，使用风险补偿基金担保的建档立卡贫困户、小微企业、新型农业经营主体贷款，先由经营主体申请，县经管局、县科商粮经信委等相关部门初审同意，经县扶贫办审核其吸纳带动建档立卡贫困户的情况，报县政府审批同意后，由担保公司和银行根据审批意见开展贷前调查审核、自主决定发放。三是严密监控项目风险，掌握融资担保项目运营情况，及时防范和化解风险，确保融资担保工作健康可持续发展。与抵押担保公司、银行部门协调，为经营主体开展土地流转抵押贷款授信7000多万元，融资贷款4000多万元。经过严密的监督把关，至今无一例不良贷款，确保银行、企业、贫困户等“双赢”。江永县农担业务的蓬勃开展，有效破解了新型农业经营主体

长期以来因抵押物不足而导致的“融资难融资贵”问题，有力地支持了特色产业升级改造。

（六）全行业农民培训模式：“科技服务 + 文化扶贫”

随着农业现代化的发展，农业将逐渐摆脱粗放型经营而向精细农业发展。精细农业的关键是现代科技的支撑，加快提升农民的专业技能与综合素质，是脱贫攻坚和乡村振兴的重要内容。近年来，江永县不断开展农民科技培训、丰富农民文化生活，农民素质得到了大幅度提升。

1. 专业培训形成“科技服务 + 文化扶贫”机制

江永县在精准扶贫工作中，坚持培训促动，提升帮扶实效。一是全面培训贫困人员生产技能。通过送技能下乡、专家讲座、农业院校培训等多种形式，全面加强对贫困人员的专业技能培训，提升贫困户自我发展能力。二是重点培训科技扶贫带头人。实施科技扶贫行动计划，以生产型、经营型、技能服务型人才和农村实用人才带头人为重点，分类别开展“联合”“订单”“定向”培训，努力提高贫困户市场竞争能力和抵御风险能力。加强扶贫技术服务队伍建设，创新技术服务方式，推进农业新技术、新品种、新机具等实用技术的培训，实现了贫困村的干部和建档立卡贫困户的技术培训全覆盖。三是选拔培训农业科学技术员。实施冬春农业科技大培训计划和新型职业农民培育工程建设，由各乡镇推荐学员，开办培训班，用农民想了解的知识、想掌握的技术和想懂得的管理作为培训科目，以理论学习结合田间实训的培训方式，致力培育出一批爱农业、懂农业、强农业的新型农技员队伍。2019 年，共举办各类农民技术培训班 25 期，累计培训农民 3560 余人次，技术指导 700 余人次，咨询服务 2500 余人次，发放农业生产技术明白纸、科技书、政策明白纸等资料共计 6 万余份。现已通过考核遴选出 69 名农业技术指导员构成基层农技推广队伍，深入基层指导农户开展新科技的农业生产经营，扶助农业新经济发展。

2. 专家志愿服务营造“科技服务 + 文化扶贫”常态

江永县成立专家综合服务办公室，动员和招募了一大批专家志愿服务队伍，经常义务为贫困户及全行业农民开展讲座或服务。与高校签署院校县农业科技合作协议，中国工程院院士袁隆平到江永县，助力江永县打造再生稻、稻田养鱼、粳稻新品种示范区。组织开展冬春农业科技大培训，举办培训班 19 期，培训农民 3100 余人次，发放资料 3500 份。实施万名农技人员服务现代农业工程。组建了以李林教授为团长、汇聚省市县乡各级专家和科技人员的江永服务团，不定期地来江永开展各类科技培训。另外，江永县的各行业技术人员和专家也自觉加入专家志愿服务团队，每周星期五安排教师、医生、律师、农技员、电商达人等定期为村民义务讲授通识技术与文化知识，受到农民群众极大欢迎。实施文化振兴工程，做到“送文化”与“种文化”并重，依托“八馆八队八会”志愿服务平台和队伍，立足女书文化、知青文化、忠孝廉洁文化、瑶族文化等资源，开发一批文化产品、文艺节目、文化活动，为村民送上系列“文化套餐”，培育了一支 50 人的文艺文化队伍，每月开展特色民俗文化活动。

3. 智慧讲堂建立“科技服务 + 文化扶贫”平台

江永县以被省市列入“互联网 +”基层服务改革试点县为契机，在县内 9 个乡镇 20 个村试点实施互联网 + “235”模式，打造智慧讲堂、拓展智慧服务平台。即建好县级“互联网 +”基层服务运营中心、村级智慧乡村综合服务中心“两个中心”，推行三级联动运行、三员助力保障、三个纳入管理“三大机制”，做优产业帮扶、政务服务、创新创业、智慧教育、生活服务“五大服务”，让老百姓共享到更多“互联网 +”发展成果。县级“互联网 +”基层服务运营中心的智慧讲堂直接衔接村级智慧乡村综合服务中心，在智慧讲堂开展专家视频讲座、视频会议、视频宣讲等，或通过互联网发布农业技术信息、病虫害防治等，村民可以直接在村级智慧乡村综合服务中心或家庭联结的网络中收看，“五大服务”等问题均可以在互联网上一站式解决，大大提升了村民办事的效率。“智慧乡村综合服务中心”运营以来，为基层办理各类实事 459 件，为群众解决政务、生产、医疗等问题 1650 个。一是产业服务，包括农业技术咨询（种植、养殖、加工技术），农业检验检测（农产品检测、测土配方施肥），产业信息服务（农产品价格信息、农业产业信息）、产品电商代销，金融贷款服务。二是政务服务，采取现场办结、受理前移方式将医保缴费和报账服务、社保缴费民政临时救助、“两项补贴”和孤儿补贴申请服务、宅基地申请预约办理、公司和合作社经营许可证办理24项政务服务下放，确保村民不出村，实现“一件事一次办”等。三是生活服务，包括生产和生活用品网上代购，电费、水费、电话费、网络费代交，车船飞机票预订，酒店宾馆住宿预订，快递收发，医疗就诊预约（省市大医院均可）等。截至2019年12月，试点村电商代购1225单，代购金额达365万元，为村民提供医院预约、水电代缴等服务1530次。四是教育服务，包括免费中小学在线课堂教学视频、名师在线解答等。现已提供科技服务、健康咨询、学生辅导410余次，受益人数5700余人次。五是亲情连线服务，连接公用微信号，可免费与外地亲人视频连线等。

（七）全天候组织支撑体系：“基层党建+组织扶贫”

团结动员群众是我们基层党组织的重要任务，也是能否顺利实现“两个一百年”奋斗目标的关键。农村基层党组织是农村的神经末梢，是攻坚克难的桥头堡。基层党员干部同广大群众最接近、最密切，是建设美丽乡村的具体组织者、推动者和实践者。近年来，江永县不断夯实基层党建堡垒，推进乡村治理职能下沉，为乡村治理现代化提供了良好保障。

1. 坚持党建引领，多措并举发展壮大农村集体经济

江永县始终坚持党建引领，突出问题导向，通过深层次调研、高起点谋划、实举措推进，创新“三个三”的发展思路，着力在发展壮大村级集体经济上做实功、用实劲、求实效，不断推动村级集体经济达标过硬。一是挖掘优势盘活“三种资源”。盘活自然资产资源。在保护好生态环境的前提下，开发利用好农田、山林、水域、土地等集体自然资源，通过招标等形式开发经营，获取收益。盘活地缘经营资源。针对部分城郊村、城中村以及靠近开发区、交通要道的村，充分利用地理环境优越、交通便利、信息通畅、基础设施较好等有利条件，在发展二、三产业上走出新路。盘活人脉关系资源。充分利用好有地位和影响的本地官员，有资产和实力的能人老板，有智慧和家

乡情结的学者游子，有地域特色的历史文化因素等人脉关系资源，争取政策和项目，寻找市场和商机，促进集体经济快速发展。二是围绕市场开发“三大产业”。通过采取“支部+农民合作社”或“支部+产业协会+农户”等形式，积极发展传统种养业；在有条件的地方，充分利用当地丰富的农副产品资源，积极发展现代加工业；在有优势的地方，主动对接城市需求、服务城市居民，创办家政中心、村级企业、行业协会等，积极发展社会服务业。三是激发活力创新“三种模式”。实行出让租赁模式，通过集体积累或各方支持到城镇置办商业门面、到园区建设标准厂房、仓库等物业，同时对林地、水面、滩涂等可用资源，采取租赁方式加以利用，稳定增加集体收入。实行入股合作（社）模式，村集体将村级积累或土地等资源投资入股农民合作社或农产品加工企业，按比例合股经营，风险与利益共享，从而达到使资源变资产、资金变股金、农民变股民的“三资”改革目标。实行村干部承包兴办实体模式，在有发展基础或条件的村，鼓励村干部承包兴办实体，引领村级集体经济发展，不断提高农民依靠集体经济的抗风险能力。截至2019年底，全县村级集体经济总收入1080.71万元，其中村级集体经济收入30万元以上的有1个，占总村数的1.04%；村级集体经济收入10万~30万元的有8个，占总村数的8.3%；村级集体经济收入5万~10万元的有54个，占总村数的56.25%。

2. 夯实基层党建堡垒，打造过硬的乡村治理队伍

严格实行党政一把手负总责的责任制，建立脱贫攻坚与乡村振兴“同研究、同部署、同落实、同检查、同考核，工作部署优先、资金安排优先、人才配备优先、政策支持优先、问题解决优先”的“五同五优先”工作机制。一是深入实施挂点示范工程。制订完善县委牵头抓总、相关县级领导挂点联系党建制度，加大对脱贫攻坚和乡村振兴的考核权重，将其工作实绩作为考核党员干部的重要依据，推动全县党员干部在脱贫攻坚和乡村振兴的主战场建功立业。二是深入实施固本强基工程。狠抓村支两委班子建设，采取选派大学生村官、外村交流、县乡直派、社会公开选拔等方式选优配强村支两委班子，新一届村支两委平均年龄低于上一届8岁，致富能手占比超过37%。持续抓好村支两委干部大培训，落实“四类人员”政策，做好农村

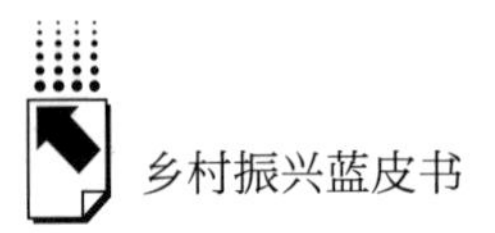

党员发展培育，不断激发村干部干事创业热情。三是深入实施党员先锋工程。深入开展“不忘初心，牢记使命”主题教育活动，充分发挥村支两委党员干部带头示范作用，引导各村党员自愿认领治安巡逻岗、卫生保洁岗、志愿服务岗等，以实际行动助力脱贫攻坚和乡村振兴。村级重大事项决策，一律坚持“四议两公开”，让群众有知情权、参与权、监督权、表决权，群众满意度全面提升。

3. 治理职能全面下沉，打造高效便利的服务体系

重点抓好服务、城管、规划、接访四项职能下沉，科学有序推动村庄有效治理。实现村民服务不出村。全县投入 1.5 亿元，建成 109 个集党建、便民、文体、农业、医养、社会治理等服务于一体的党群服务中心，打通了联系服务群众“最后一公里”，让群众少跑路，办事更方便。实现城管环卫不出村。启动“城管下移”，指导村民环卫，建成一支保洁“三大员”队伍（一个保洁员、一个生活垃圾专员、一个分类指导员），以村、户为主体的卫生管护模式基本成型。通过完善村规民约、落实门前三包、健全保洁机制等方式，进一步动员全民参与，共建清洁村庄。实现规划管理不出村。全覆盖建设镇村规划站，完成了全县 108 个村庄规划编制，注重产业发展、基础设施、公共服务、道路空间等规划的统筹衔接，全力推进“多规合一”，为乡村振兴全面布局打下了良好的基础。实现矛盾纠纷不出村。将“互联网 + 社会治理”向村一级延伸，探索打造共建共治共享的社会治理格局。大力开展干部“下基层、访民情、察民意”活动，积极为群众解决问题、化解矛盾，确保矛盾纠纷不出村。深入开展扫黑除恶专项斗争，以零容忍的态度严打黑恶势力，抓好“一村一警，三员联村”模式，聚焦群众反映强烈的“村霸、乡霸、街痞”敲诈勒索等问题，持续加强综合治理，铲除黑恶势力滋生土壤，确保百姓安居乐业。

三　多途径探索推进脱贫攻坚与乡村振兴相衔接

为进一步补短板、强弱项、激活力，江永县深入贯彻落实中央精神，坚

持以问题为导向，向改革要动力，向创新要活力，积极探索脱贫攻坚与乡村振兴相衔接，取得了诸多可推广借鉴的成功经验。

（一）由特色产业扶贫向优势产业振兴推进

江永县在脱贫攻坚和全面小康建设进程中，以产业为主要抓手，推进特色产业扶贫向优势产业振兴，实现了产业的转型升级，为产业兴旺奠定了基础。

1. 种植业由粗放化向精细化现代化迈进

近几年，为破解农村农民种植零散化、小规模、粗放化经营困境，县里大力推进农业供给侧结构性改革。主要通过打造一批示范基地，做大一批龙头企社，创建一批农业品牌，大力推进农业规模化、标准化、精细化、溯源化、品牌化、市场化建设。在抓好供粤港澳大湾区的“菜篮子”基地、万亩香柚、万亩香芋重点基地的同时，重点在每个乡村建立了一批500～1000亩的产业示范基地，实现“村村有特色种植基地”，通过基地带动乡村特色产业聚集发展。创新实施“互联网＋农业”行动、香型农产品“统一品牌、统一品质、统一包装”行动，对农户种植的农产品以村为单位，打造村级品牌。截至2019年12月，开发村级产品40余个。实施“满天星”农产品防伪溯源建设，10余家企业、家庭农场建成了与互联网相联结的“网上农场”，实现了信息化、可视化，产品质量可溯源，24小时实时在线监测。

2. 养殖业由无害化向生态化资源化迈进

作为养殖业大县，江永县在脱贫攻坚中率先实现生态化和资源化转型，不断提高养殖业的档次，引导养殖产业扶贫向产业兴旺发展。一是以生态化养殖提高质量。江永县按照“无害化”的原则，全面推进养殖业污染防治工作。全县禁养区、城中村养殖专业户全部退养。2018年至今共关闭养猪场79家，减少粪污排放2万余吨。共完成畜禽规模养殖场粪污治理配套291家，畜禽粪污综合利用率达76.54%。二是以资源化利用提高效益。2019年，成功申报养殖废弃物资源化利用项目，启动畜禽粪污项目，对县内300余户规模养殖场环保设施进行提质改造，新建一个年产有机肥6万吨兼顾沼气发电的生产企业。项目建成投产后，将彻底解决50万头生猪养殖过程中的污染问题，可将禽畜粪变废为宝，成为有机肥料。可为全县20余万亩优质香型水果产业提供质优价廉的有机肥。三是以链条化提高产能。实施生猪全产业链一体化工程，先后建立了饲料生产线、良种繁育生产线、养殖生产线、生猪销售线。2019年6月，江永县与温氏食品集团股份有限公司签订江永温氏食品加工项目投资协议，投资建设年产值20亿元的屠宰和加工项目，完善产业链发展。截至2019年12月，生猪养殖形成种苗、饲料、养殖、加工、销售“一条龙”产业链条，生猪养殖业向二三产业深度融合。

3. 乡村旅游从景点旅游向全域旅游迈进

江永县以入选湖南省第三批精品旅游线路重点县为契机，围绕“成功创建国家全域旅游示范县”目标，着力打造“全县是景区、处处是景观、村村是景点”的全域旅游县。全县旅游景区景点90余处，分布在9个建制乡镇，实现了行政区域内全覆盖。一是高起点做好旅游顶层设计。做到“产业围绕旅游转、产品围绕旅游造、结构围绕旅游调、功能围绕旅游配、民生围绕旅游兴、形象围绕旅游塑”。积极推进“旅游+”，推动农旅互动、工旅互通、文旅互融、商旅互赢，推动景点旅游向全域旅游转变，使旅游产业成为富民强县的支柱产业。重点打造以“女书文化、瑶香文化、古村落文化、知青文化”为主的“四化”旅游产业，着力培育新的经济增长点。二是高品位开发旅游系列产品。按照人无我有、人有我特、人特我优的要求，做好“景区、乡村、节会”三篇文章。已打造出“瑶家古风”“一园一寨女书探源研学、勾蓝瑶寨明星体验”“江永五香美丽乡村”“生态休闲旅游探险”“辟谷养生+瑶医药膳”5条旅游精品线路。致力开发文化旅游产品，先后开发以女书文化、瑶族文化为主的产品20余个，女书工艺品、手工女书旗袍等特色产品备受市场喜爱。开发“赶鸟节”“斗牛节”“花山庙会”“洗泥节”等民俗文化活动30余个，实现每个乡镇和农村各有各的风情特色。2019年，勾蓝瑶寨创建为国家4A级旅游景区，入列第一批全国乡村旅游重点村名录、第八批全国重点文物保护单位，为全市唯一。三是高质量夯实旅游基础配套。紧扣旅游“吃、住、行、游、购、娱”六大要素，实施旅游酒店、知青主题文化旅游项目、永明河国家湿地公园、智慧旅游项目、千家峒康养中心、游客服务中心、旅游公路、乡村停车场、旅游厕所等旅游项目建设40余个。大力实施沿河风光带和S325线旅游通道美化绿化工程，启动特色镇村提质工程，完成村庄规划55个，建设美丽乡村示范村30个，在每个乡镇打造了一条乡村振兴示范片。截至2019年12月，90%以上村庄生活垃圾、70%以上的行政村污水得到有效处理，卫生厕所普及率达80%以上。四是高水平开展旅游宣传推介。利用文博会、世博会、联合国中文日等“节、会、展、演”的契机，使旅游产品走出湖南，走向全国，走向世界。与湖南华和国旅、宝中国旅、长沙国旅等16家旅行社签订合作协议。先后举办女书文化节、香柚节、盘王节“五香特色美食节”等大型节会活动。2018年7月中共中央宣传部、国务院新闻办公室筹划的大型扶贫纪录片《承诺》摄制组走进勾蓝瑶寨开机拍摄。近几年，邀请国际知名音乐家谭盾编制了女书交响乐和微电影，其作品先后在30多个国家进行巡演，掀起国内外新一轮女书热；江永女书三次与联合国结缘，先后被国家领导人当作国礼赠送给联合国官员，正式入列国际标准字符集，“女书”福利彩票全国首发。2019年，启动女书国际文化节，“女书全球行”活动，在长沙铜官窑举办女书文化传承与创新高峰论坛，谭盾大型交响乐《女书》在深圳音乐节隆重上演，女书（北京）国际文化交流中心成立，女书亮相北京“外交官中国文化之夜”。2018年以来，全县接待游客突破1000万人次，一大批村民吃上了“乡村旅游饭”，迈上了“幸福小康路”。

（二）由特色人才帮扶向乡土人才振兴推进

人才是脱贫攻坚和乡村振兴的关键，江永县从脱贫攻坚迈向乡村振兴进程中，始终围绕最接地气的乡土人才这个最关键、最能动的要素，因地制宜实现了由特色扶贫人才培养向乡土人才振兴转变，为乡村人才振兴奠定了重要基础。

1. 基础教育推动解决代际贫困与夯实乡土人才振兴基础相衔接

江永县实施学位三年攻坚计划，教育学位工程稳步推进，新增城区学位5750个，学位问题得到有效缓解。改造标准化食堂10所，为14所学校建设塑胶跑道、篮球场，为8所学校建设教学楼、食堂综合楼，配置课桌椅25200套，配置图书44.5万册，配置教学仪器设备、计算机8万余件（台）。推进教育信息化2.0建设，打造人人可学、处处能学的教育信息化环境。学生营养改善计划全面实施，惠及学生2万多人。制定出台《江永县保障进城务工人员随迁子女就近就读工作实施方案》，开辟随迁子女上学“绿色窗口”，每年有近500名进城务工人员随迁子女在入学、编班、学习等各方面与城区孩子同待遇同政策。大力优化教师队伍结构。通过公开招聘、人才引进、“国培计划”等途径，补充教师381名，进一步解决高素质教师短缺问题。在县职业中专开设本土专业，定期开展农民科技培训、农业实用技术培训系列培训，近五年，培养800余名乡土人才。将民办教育作为现行教育的重要补充，出台有利于民办教育发展的政策，引进金海明礼学校，在招商引资、用地、教师流动上给予扶持，进一步促进了民办教育健康、有序发展。

2. 常态化培训推动基层人才队伍建设与乡土带头人培育相衔接

江永县利用村支两委换届契机培优配强全县基层党组织班子。持续加强农村党组织带头人培养，村级党员、村级致富能人、返乡创业人员常态化培训实现全覆盖，努力在每个村建好了一支懂农业、爱农村、爱农民的“三农”队伍。打造一支有知识、懂技术、会经营的新型农民队伍，县里整合培训资源，创新推进“一户一名产业工人”“双培”工程，实施“农民大学生培养计划”等，培育了大量基层人才。

3. 创新创业行动计划推动就业扶贫与乡土人才创业能力提升相衔接

坚持就业优先战略，大力实施“创新创业行动计划”，通过发展经济创造更多新的就业岗位，开展职业技能培训，积极引导城乡适龄劳动力就近就地就业，缓解本地企业用工难题，确保城镇登记失业率控制在4.5%以内。重点针对离校未就业毕业生、农村转移劳动力、城镇困难人员等群体，在创业创新、返乡就业上给予更多政策倾斜，提供更优就业服务，开辟更宽就业渠道，2020 年来新增各类就业 6052 人。持续改善就业状况，千方百计让群众由“有业就”向“就好业”转变。推进大众创业、万众创新。紧紧围绕江永产业链布局，深入推广“院（校）县合作”新模式，大力培育和引进教育、医疗、物业等行业，加快推动科技成果转化，把江永打造成科研技术产业化基地。建立完善人才引进、培养和激励机制，引进一批高层次的科技人才，建立健全企业劳动者培养机制，实现企业用工与群众就业有效对接，保障各类企业用工需求。2019 年，新增创业主体 1374 户，其中私营企业 260 户、个体商户 1048 户、农村专业合作社 66 户，带动就业 2069 人。

（三）由特色文化扶贫向民族文化振兴推进

特色文化扶贫是江永县脱贫攻坚的重要资源和手段，在特色文化扶贫过程中，江永县不断提升文化层次，打造文化品牌，实现了特色文化扶贫向民族文化振兴的转变。

1. 由单纯文化扶贫向高规格文旅融合转型

2017 年开始，江永县聘请国内一流的专业规划机构为江永县编制旅游规划，邀请全省知名规划专家和部门领导担任评委，为全县旅游规划审核把关。按照总规划，江永未来确定了“一城一轴四区”空间布局，“中国著名的生活型文化生态全域旅游目的地”总体定位，以及“惊世女书，香约江永，穿越千年，诗意田园”的旅游形象定位，努力打造中国知名的“生活型旅游目的地”“研学旅游目的地”“自驾旅游目的地”。

2. 由单纯文化旅游向地域民族文化品牌发展转型

以“四点”打造文化旅游支撑点的立体化形象，即以女书岛为核心的女书文化、以千家峒为核心的瑶文化、以上甘棠和勾蓝瑶寨为核心的古村文化和以五香标准化产业园为核心的耕作文化。特别是对女书文化的形象打造，立足女书文化的唯一性，注重在城市建设中传承文化基因、增添文化元素，规划建设一批具有瑶族印记、女书标识的文化地标和景观。加强对女书文化的保护和利用，保护性开发女书岛、建设女书馆、打造女书印象街，统筹保护、展示、旅游、休闲等功能推进女书文化保护与开发，树立江永立体化的文化振兴品牌。向光村、河渊村、浦尾村等16个村入选第五批中国传统村名录。

（四）由特色生态保护向全域生态振兴推进

特色生态保护是生态脱贫一批的重要手段，在脱贫攻坚过程中，江永县牢固树立“绿水青山就是金山银山”的发展理念，依托县内得天独厚的生态资源优势，由生态扶贫向全域生态振兴推进，实现了生态脱贫与乡村全域生态振兴的有机衔接。2020年争创省级生态文明示范县。

1. 绿色治理由生态环境保护修复向重现“碧水蓝天”推进

江永县践行“生态优先，绿色发展”理念，不断加大生态环境治理力度，着力加快生态环境修复步伐，取得了显著成效。2019年，江永县在生态文明建设领域荣获多项荣誉，如全国百佳深呼吸小城、全国森林康养基地试点建设县、中国天然氧吧、中国慢生活体验区等。一是强化水源地保护。划定一、二级水源保护区域，加强9处饮用水水源地的划定和保护工作。对水源地设立隔离防护栏和隔离防护网，对水源地水库网箱养殖进行专项整治，对水库周边居民人工污水进行全面处理，保护饮用水源安全。全县集中式饮用水水源地水质达到Ⅱ类水标准，地表水水质达到Ⅲ类水标准以上，水质达标率均为100%。投入资金2000余万元用于开展农村污水处理设施建设，已完成农村污水处理设施建设80个村。大力推进水生态功能区建设，着力促进人水和谐，扮靓“水生态”。采取以奖代补、先建后补的模式，努力打造了一批“水清、河畅、岸绿、景美”的样板河段。全面落实河长制，全县60条河流，83座水库（山塘）被纳入河长制管理，均由副处级以上领导担任河库长，层层压实县、乡、村三级河长责任，确保“管、治、保”职责履行到位。二是强化空气污染防控。聚力开展整治行动。2018～2019年，投入资金1000余万元，加强荒漠化、石漠化治理，扩大退耕还林还草，支持石漠化地区的林业植被恢复。完成人工造林5200亩、封山育林21838亩，县域内68818亩的石漠化土地得到有效治理。全县森林覆盖率

69.05%，林地保有率达100%。持续实施大气污染防治行动，调整能源消费结构，不断提高水电等清洁能源消费占比。对全县燃煤小锅炉、建筑砖瓦、道路扬尘污染等进行专项整治。聚力推进降尘行动。规范工地施工管理，加强渣土运输车辆管理，出入车辆必须实行冲洗渣土，对违规运输、违法倾倒、沿途遗撒的行为予以严厉打击。继续开展“洗城行动”，着力抓好洒水降尘，重点路段每天洒水2次，污染天气时每天洒水3次以上。三是聚力推行禁燃行动。明确烟花爆竹禁限放区域，有效防治燃放烟花爆竹等造成的空气污染。强化农作物秸秆综合利用，禁止露天焚烧行为。建立网格化的监管机制，加强对生活垃圾和建筑垃圾的焚烧监管。2017～2019年，江永县空气质量优良率极高，长期排位永州市前三、全省前列。四是强化环保问题整改。坚持问题导向，立行立改，中央环保督察的信访件、反馈意见和省环保督察交办件、督办件逐件落实，一批养殖污染、生态破坏、噪声污染等重点问题得到有效解决。加大环境监管力度，构建出“政府主导、企业主体、社会组织参与”的环境治理大格局。

2. 生产生活从粗放污染向资源循环利用推进

全县积极开展节能减排，坚决淘汰落后产能，加快发展绿色农业、低碳工业、资源再生产业和循环产业。先后淘汰高能耗、高污染冶炼企业5家，关停小造纸厂2家，实施减排项目37个。大力推广使用沼气、太阳能等可再生能源，实现生产生活从“高碳”向“低碳”转型。巩固千家峒、都庞岭生态建设的成果，促进城乡生态保护同治，让生态保护成果惠及广大群众。把资源消耗、环境损害、生态效益纳入经济社会发展评价体系，建立体现生态文明要求的目标体系考核办法以及奖惩机制。推出更为完善的法律法规和制度，为生态环境保护提供法律依据。积极稳妥地执行以绿色GDP为主要内容的新型核算和考评制度，努力建立地区资源节约和生态环境保护绩效评价体系，建立并认真落实政府职能部门和企业节能减排的责任制。

3. 生态环境由城乡一体绿化向“全县大公园”目标推进

2017年开始，江永以创建省级园林县城为目标，深化“拆墙增绿”建设，实现道路绿化和庭院绿化有机结合，因地制宜改造形成匠心独具的小公园、小游园，让绿化“私地”变成居民休闲的“公地”，实现“一公里一公园、全县大公园”的目标。同时，加快绿化造林，实施封山育林，加强南岭山地森林及生物多样性主体功能区等项目建设。建立“智慧江永”城市管理服务云平台，加快建设城市运转更高效、应急处置更快捷、便民服务更优质的生态信息化管理体系。

（五）由特色社会协同向乡村组织振兴推进

社会协同发展是脱贫攻坚的重要保障。江永县在脱贫攻坚过程中，坚持自治、法治、德治相结合，以基层党建为引领，鼓励社会组织参与，建立健全党委领导、政府负责、社会协同、公众参与、法治保障的现代乡村社会治理体制，为脱贫攻坚向乡村振兴推进奠定了组织基础。

1. “一体化服务平台”提升基层组织公共服务能力

江永县全面铺开集便民服务、文体活动、农业服务、医疗服务、党建服务于一体的农村综合服务平台建设，保障广大农村居民就近就便享受优质公共服务。拓宽居民劳动收入和财产性收入渠道，加快推进基本公共服务均等化，缩小收入分配差距。切实抓好城镇养老、医疗、失业、工伤、生育“五大保险”和农村五保、失地农民、城镇“三无”对象基本生活保障工作，打造全国统一的社会保险公共服务平台，统筹城乡社会救助体系建设，完善最低生活保障制度，确保基本医疗保险覆盖率、基本养老服务补贴覆盖率达 100%。

2. “四会一约”提升基层组织以德治村能力

持续加强乡风文明建设，逐步在所有行政村建立健全红白理事会、道德评议会、村民理事会、禁毒禁赌协会和村规民约的“四会一约”制度，农村移风易俗基本实现制度化、常态化。引导各村委会（社区）依法依规制定符合本村实际、操作性强的《村规民约》，制作“言行清单”，对村民言行举止进行全面规范，实现村村有规范化、特色化、科学化的村规民约。持续开展乡村典型评比，开设村级“文化讲堂”，评选表彰“星级文明户”“杰出乡贤”“美德少年”先进典型，示范效应得到凸显。仅 2019 年，选出

"十星级文明户"1284户，"道德文明先锋"50人，推出中国好人1个，湖南好人3个，榜样典型不断释放文明"正能量"。首创推行"合约食堂"建设。充分发挥红白喜事理事会作用，分批次在农村开办"合约食堂"，核减村内婚丧喜庆宴席的规模、成本，全面倡导节俭新风。该经验模式被新华社《高管信息》宣传推介。

3. "平安江永"提升基层组织以法治村能力

加强"平安江永"建设，创新实施"城区快警"、"农村辅警"、"一村一警一室，三员联村共建"、"4+X"社区巡逻防控模式，社会大局和谐稳定。聚焦乡村，纵深开展扫黑除恶专项斗争，"平安家庭""平安校园"等平安创建活动，率先在全市开展"送法到家、教育帮扶"活动，"乡霸""村痞"全面杜绝，群众安全感幸福感不断提升。2016年以来，综治工作连续三年获省先进，保持全省平安县荣誉，民调工作、禁毒工作保持全省先进，信访工作实现了省"三无"县目标；公安工作连续多年保持全市先进。

四　多维度施策，加快脱贫攻坚向乡村振兴推进

尽管脱贫攻坚工作取得了显著成效，但实践中还面临着一些亟须解决的问题，推进脱贫攻坚与乡村振兴有机衔接，必须从多维度寻找对策。

（一）加快提档升级，推动特色产业走向高端化

产业是脱贫攻坚的主要抓手，也是乡村振兴的重要前提条件。江永县自开展精准扶贫以来，充分利用各村资源特色，着力打造具有江永特色的扶贫产业，取得了脱贫攻坚的阶段性成果。但是，要实现乡村振兴产业兴旺，还要进一步推进产业转型升级、提高产业档次，使特色产业向高端化发展。

1. 以生产标准化提高农产品品质

农业标准化是现代农业的重要基石，是提升农产品质量安全水平、提高经济效益、增强农产品市场竞争能力的重要保证。江永县在产业脱贫攻坚向乡村振兴产业兴旺推进中，一是要把农业标准化建设列入全县产业发展重

点，成立推进农业标准化的领导班子，制定实施方案，创建蔬菜、水果、粮油标准化示范园，畜禽养殖示范场、水产健康养殖场等标准化示范园场。二是要引导和支持各特色农业产业示范园场标准化提升，严格按标准化生产技术规范开展统一生产管理、生产记录，建立农业投入品保管、登记制度，树标准化生产标识牌，做好农业标准化生产的总结、建档、研究并修订规程、开展相关产品检测。三是要推动新型农业经营主体为农民提供产前、产中、产后标准化服务，修订与国家标准、行业标准相配套的果蔬牧渔等农产品生产技术规程。通过加快探索和实践，着力培植一批科技含量高、市场前景好的标准化产业发展基地，培植一批关联度高、带动力强的标准化龙头企业，培植一批叫得响、卖得好的标准化产品品牌，培植一批有思想、有技术、擅长标准化生产的新型农民，通过标准化提升特色农产品的质量。

2. 以品牌化营销提升农产品效益

品牌化营销是产业价值增长和提高档次的重要途径，也是促进产品销售、提高产品效益、树立江永农产品形象的途径。要在“永州之野”区域公用品牌建设基础上，大力提升香型农产品品牌度，量身打造“江永五香”金字品牌，大力实施特香农产品“统一品牌、统一品质、统一包装”行动，进一步提升香型产品品质；加强香型农业系列品牌的培育、宣传、注册、推荐、认证、营销等工作，打响“富硒香型农业”品牌，提升其市场价值，拓展销售市场，推进香型农业品牌出省出国，走出湖南奔向世界。要以“节、会、展、演”等形式大力营销江永特色产品，把农业产业品牌建设作为重点，加大农产品规范销售和品牌使用力度，打造一批知名产地品牌和特色品牌，提升江永特色农产品的品牌价值和影响力。

3. 以全程化追溯提高农产品信誉

农产品追溯是农产品安全的保障，也是提高农产品信誉度的主要途径。要把加快江永农产品全程化追溯体系建设、提升江永特色农产品的社会信誉，作为江永特色农产品品牌化的重要内容。要完善“优质产品、产业基础、质量溯源、仓储物流、终端服务”等五大追溯体系；组建“村级信息员、专业销售员、网络宣传员、产品开发员”等四支追溯队伍，全面推进农业产业溯源化管理，培养一批全程化溯源示范基地，做强一批全程化溯源龙头企业，创建一批溯源农产品品牌，实现产品“从农田到餐桌”的全过程可追溯。重点建好供港澳果蔬基地示范园、万亩“五香”农业示范园、“一季稻＋再生稻”等农产品示范基地的追溯体系。加快推进中国智慧江永产品溯源体系建设，建好“满天星”农产品防伪溯源项目，完善原产地生态保护产品溯源体系，实现江永特色农产品“来源可追溯、去向可查证、责任可追究、质量有保障”。

（二）深化文旅融合，着力放大特色文化品牌效应

江永县地方特色文化和民族文化深厚，文化扶贫取得了明显的成效，要充分利用好已有的文化资源和文化产业基础，加快推进文化与旅游有机融合，打造以“女书文化、瑶香文化、古村落文化、知青文化”为主的“四化”旅游产业，不断放大特色文化的品牌效应，为推动全县乡村振兴注入新动力。

1. 深入挖掘与开发特色民族文化旅游资源

结合江永乡村自然地理、历史文化、产业现状、风土人情等特色资源禀赋，深入实施地方文化振兴工程，依托“八馆八队八会”志愿服务平台和队伍，着力提升江永女书文化、知青文化、忠孝廉洁文化、瑶族文化、古村文化、耕读文化等特色地方文化的价值和品牌度；开发一批文化产品、文艺节目，举办一系列文化活动，提供江永系列特色地方“文化套餐”；组织策划举办女书文化节、农民丰收节、香柚节、洗泥节、赶鸟节、盘王节、紫荆花节等重大文化节日，展现江永特色文化魅力；加大古村落、古民居、壁画、瑶文化、红色文化、红色遗迹等文化资源保护力度，制定出台文化传承人奖励、扶持机制，加强女书文化、瑶族文化等传统文化的保护传承，抓好女书非遗传承人培养，确保文化传承后继有人。

2. 高质量建设特色民族文化精品景区

把特色民族文化融入景区，建设有地方文化的旅游景区，开发体现县域风情的旅游产品，打造一批独具县域特色的“乡村旅游型、五香产业型、

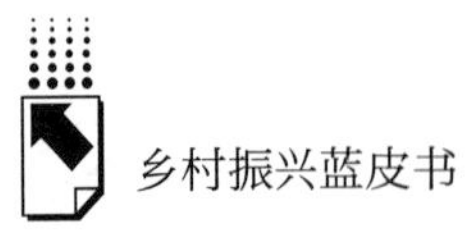

三千文化型、休闲度假型”文化旅游景区。与省博物馆合作，将勾蓝瑶寨创立为湖南省文旅、农旅结合乡村振兴示范点，利用古村300栋明清古建筑，建成古村活态博物馆；加强与Me to We国际教育机构、著名音乐家谭盾的合作，建好“乐见勾蓝”的生活情景实景体验项目，打造“音乐田园综合体”。以建设永明河国家湿地公园为契机，加快建设集慢行、观光、摄影、体验、垂钓、休闲于一体的女书岛至县城旅游风光带，着力打造“三十里观光画廊”，培育自驾车营地、帐篷营地、乡村民宿等旅游新产业新业态，打造独具特色的“江永牌”文旅景区景点。

3. 努力创建省文旅结合乡村振兴示范县

坚持“宜融则融、能融尽融，以文促旅、以旅彰文”的原则，以创建湖南文旅结合乡村振兴示范县为目标，在入选湖南省第三批精品旅游线路重点县的基础上，进一步实施好文化旅游融合项目，配套好旅游设施，开发好旅游线路，推介好旅游品牌，打造好精品景区，进一步提升“全县是景区、处处是景观、村村是景点”的全域旅游发展新格局。努力新建一批3A、4A景点，将全县作为一个大景区来打造，力争整合资源创建一个5A景区，做大做强江永特色旅游大品牌。深入推进与广西桂林、阳朔、贺州、大湘西等地的旅游合作，进一步提高江永文旅融合旅游产业的区分度，主动融入桂林生态旅游圈和大湘西旅游圈，努力打造成为连接桂林旅游圈和大湘西旅游圈的枢纽地带，成为粤桂湘三省区旅游消费群体首选的旅游目的地。

（三）着力强基补短，推进城乡基础设施建设一体化

基础设施是脱贫攻坚的基础，也是乡村振兴的前提，江永要聚焦城乡基础设施城乡不均衡的突出短板，全面加强基础设施建设，提升基层设施现代化水平，推进城乡基础设施一体化，从根本上改善贫困乡村的“硬环境”。

1. 推进城镇基础设施向乡村延伸对接

统筹规划城乡的道路、供水、供电、信息、广播电视、防洪、垃圾污水等基础设施建设，推动城市基础设施向乡村延伸。以城乡道路交通一体化、城乡公交一体化、城乡供水一体化、城乡污水处理一体化等为重点，统筹重

要的市政公用设施建设，统筹城乡污染物收运处理体系建设，严防城市的污染上山下乡，因地制宜统筹处理城乡的垃圾污水。加快构建城乡融合发展的基础设施体系，逐步实现城乡基础设施共建共享、互联互通。重点加快县域交通路网提质联网，构建县域内外循环、城乡联通、快捷方便的“大交通”体系。全力打通城区断头路，完成所有城区道路“白改黑”，加快实施女书大道、谢沐路、黑牛路等主要干线向乡村延伸，通过城区主干线链接乡村重点乡镇，构建“一环两纵三横”纵横互通对接的城乡交通体系。

2. 加强城乡物流网络建设，促进城乡产销对接

全力实施“物流配送”工程，有效解决农村物流“最后一公里”配送难问题，全面打通“工业品下乡，农产品进城”双向通道。鼓励县级仓储配送中心、乡村物流快递公共取送点建设，实现县、乡、村三级物流网络节点全覆盖。加快农村农贸市场、批发市场、冷链系统、货物中转、储存等物流基础设施末端网络全覆盖，建设面向偏远农村地区的共同配送中心，让身处农村的物流下游经销商、零售商、客户节约运输成本，降低以“江永五香”为主的农产品储藏成本。加快推进乡村电商网点网店建设，实现城市居民购买农产品和乡村农民购买工业品“足不出户，放心购物；足不出城，送货到门”的优质物流服务便利。

3. 加快补齐乡村基础设施短板

基础设施城乡差距大概是江永乡村振兴的突出短板，也是影响村民获得感、幸福感、安全感的主要痛点。要对乡村基础设施进行“查漏补缺”，补齐乡村基础设施的短板。推进重点水利工程、病险水库除险加固、田间渠道维修、农村饮水安全、“四好”农村公路、农村宽带网络延伸工程，加强基础设施功能配套，完善乡镇生产、生活、产业配套，建立系统有序实用高效的城乡基础设施共享体系。深入开展农村环境污染治理，大力实施农村安全饮水工程、电网升级工程、道路改造工程、通信工程、文化配套工程、科技服务工程“六大农村基础设施建设工程”，按照“缺什么补什么”切实改善农村生产生活条件。

（四）注重分类推进，全力构建城乡融合发展新格局

科学规划是乡村振兴的重要保障，要切实按照基本实现现代化的长远目标，强化规划引领，科学分类推进，以规划引领推进全县城乡融合，努力构建城乡融合发展的新格局。

1. 科学制定村庄与城镇融合发展区域规划

根据各地发展实际和资源特色，按照发展水平，分类做好乡村振兴规划，坚持分类逐步推进，形成城乡融合发展的空间格局。注重保护“乡村元素”、协调“自然元素”、增强“现代元素”，突出地域特色，避免千篇一律、百村一面。按照城乡融合的要求，在产业发展、基础设施、公共服务、资源环境保护等领域，推动形成城乡产业发展互补、基础设施互联、公共服务均等、资源能源共享、生态环境互促的格局。根据村庄发展状况分别规划时间、分类推进村庄与城镇融合发展，推动江永城乡融合的梯次发展。

2. 不断扩大城镇的辐射引领作用

充分发挥县城的辐射作用，以创建国家级卫生县城、省级文明县城为目标，着力打造特色产业集聚区、永明河沿岸观光休闲区、凤凰山文化教育区、永明路特色商贸集中区、环城南路生态宜居新区 5 个县城功能集聚区，以集聚区带动城乡互动融合。充分利用小城镇作为上连城市下接农村的节点枢纽的作用，发挥小城镇繁荣经济发展、推动脱贫攻坚、提高群众生活质量的功能，以小城镇建设推动城镇辐射乡村。着重发挥城镇在产业发展、教育卫生等方面的辐射作用，发挥城镇精神文明建设的引领作用，加快城区公共服务向乡村开放和有效下乡，推动基本公共服务城乡均等化。

3. 推进城乡资源要素双向流动

着眼于推动城乡要素自由流动和城市优质资源要素向乡村地区流动，坚持让市场起决定性作用、更好发挥政府作用，有效破除妨碍城乡要素自由流动和平等交换的体制机制壁垒，推动在乡村形成人才、土地、资金、产业、信息汇聚的良性循环，为城乡融合发展注入新动能。加快推进乡村土地承包权确权、使用权确权、宅基地确权、生态人文资源确权等资源全面确权，明

晰产权，探索建立农村资产产权交易平台，推动城乡资源要素互动。通过深化农村土地改革盘活集体土地资源，实现农村土地资源同权同价，增加农村土地资产性收益，为城乡要素流动提供基础性资源。推进户籍制度改革创新，加快实现基本公共服务常住人口全覆盖，允许农村集体经济组织探索人才加入机制；积极深化农村集体经营性建设用地使用权、农民房屋财产权、集体林权抵押融资，稳定市场主体预期，引导工商资本为城乡融合发展提供资金、产业、技术等支持。

4. 加快建设特色小镇，提高城乡融合质量

进一步科学谋划布局，推进全县特色小镇建设和发展，按照城乡融合的理念高质量做活“一镇一品”文章，形成特色小镇格局。立足各乡镇的区位优势、功能定位、乡风民俗、山水人文、产业特色，打造一批特色鲜明、风情各异的历史文化名镇名村、乡村旅游示范镇村、美丽特色小镇。规划好上江圩镇女书风情小镇建设、千家峒瑶族乡打造瑶都森林氧吧小镇、夏层铺镇打造农旅示范小镇、兰溪瑶族乡打造乡村特色旅游小镇、源口瑶族乡打造知青部落小镇、桃川镇打造香韵作坊小镇、粗石江镇打造湘桂边贸小镇、松柏瑶族乡打造花海幻影旅游小镇、潇浦镇打造永明电商小镇，形成各具吸引力的特色小镇群，以特色小镇吸引城市资源要素下乡，提升城乡融合发展质量和效益。

（五）积极推进制度创新，激活特色资源新动能

深化以供给侧结构性改革为主线的各项改革，依法依规淘汰落后产能。推动“放管服”改革进程，持续推进园区机制体制改革，围绕群众关心关注的热点问题，推出一批有利于增强人民群众获得感的改革举措。

1. 推进乡村土地制度改革，增强主体动力

推进乡村土地管理制度改革，鼓励支持承包经营权向专业大户、家庭农场、农民合作社、农业企业流转，推动适度规模经营，因地制宜发展村土地合作社，引导农户以土地经营权入股，为新型农业经营主体发展特色产业提供用地保障。完善利益联结机制，使农民“土地流转得租金、基地务工赚

薪金、股份合作分股金、种植得现金”。严格落实农村土地承包经营权延期30年政策，全面推进承包土地“三权分置”，试点农村宅基地“三权分置”，提高乡村振兴主体积极性。

2. 加快集体产权制度改革，增加资产效益

推进农村集体产权制度改革，坚持实事求是，按照应清尽清、应核必核的原则，按照尊重历史、兼顾现实、程序公正、群众认可的要求，切实抓好农村集体资产确权工作，扎实开展成员身份界定和资产折股量化。认真做好农村集体经济组织登记赋权工作，加强基层党组织建设，提升组织力、凝聚力和服务群众能力，大力扶持壮大村级集体经济。把推进农村集体产权制度改革和村集体经济发展与新型城镇化建设、乡村振兴、美丽乡村建设等结合起来，综合推进乡村集体产权制度改革进程，为乡村振兴奠定制度基础。

3. 深化县域市场化改革，激发主体活力

全面深化市场化改革，构建形成资源要素市场化配置的体制机制，推动经济发展质量变革、效率变革、动力变革，走出一条具有江永县域特色的资源要素市场化配置改革路子，为特色产业发展拓展市场空间，提升市场综合竞争力，为全省面上资源要素市场化配置改革提供可复制、可推广的经验。抓好县级审批权下放，清理行政审批事项，取消不必要的审批及管理服务事项。牢固树立市场为先、品牌为重的理念，从业态创新中寻求新优势，从要素集聚中寻求新活力，从产业升级中寻求增长点，坚持发挥市场配置资源要素的主体作用，充分激发市场主体的发展活力。

4. 深化县乡村投融资改革，提升发展能力

坚持企业为主、政府引导，放管结合、优化服务，创新机制、畅通渠道，统筹兼顾、协同推进的原则，确立企业投资主体地位，建立企业投资项目管理负面清单制度、企业投资项目管理权力清单制度和企业投资项目管理责任清单制度等“三个清单”管理制度，厘清政府部门企业投资项目管理职权所对应的责任事项，明确责任主体，健全问责机制。进一步深化农村金融改革和创新，量身制作一批支持特色产业发展的金融产品，完善农村金融服务体系，打破阻碍城乡融合发展的金融体制机制和政策障碍。做大做强县

域投融资平台，深化投融资体制改革，加快永明集团市场化转型，大力推进政银企合作，支持民间资本进入市场化运作的基础设施和市政公用事业领域，努力形成政府、企业、社会多元化投融资体制和机制。

5. 加快推进行政管理改革，提高发展效能

进一步强化县政府机构职能整合，理顺权责关系，优化政府机构设置、职能配置、工作流程。推进简政放权，推进商事制度改革，加快推进登记注册制度便利化，进一步激发投资者的创业热情。坚持选贤任能，强调德才兼备、以德为先，大胆提拔任用在巩固脱贫攻坚、推进乡村振兴、全面建成小康社会主战场上有真才实学的人、能担当干事的人。坚持“在一线提拔干部”导向，注重提拔任用扎根基层、实绩突出、能力出众、表现优秀、群众满意的干部，真正形成“凭作为赢地位，不作为就让位”的风气。充分发挥考核的“指挥棒”作用，探索建立全员多面绩效考核体系，加大激励奖惩力度，把考核结果与干部的面子、位子、票子挂钩，营造起“干好干坏不一样、干与不干不一样”的乡村振兴干事创业氛围。

参考文献

1. 周立夫：《打造“三连三走”新模式　党建引领脱贫奔小康》，《湖南日报》2020年3月24日。
2. 周立夫：《创新脱贫攻坚模式　全面建成小康社会》，《永州日报》2018年2月5日。
3. 周立夫：《实施乡村振兴战略　全面建成小康江永》，《永州日报》2018年3月7日。
4. 唐德荣：《把握“四个维度”推进乡村振兴》，《新湘评论》2018年第5期。
5. 唐德荣：《念好“五字诀”　推动特色农业产业高质量发展》，《永州日报》2020年5月7日。
6. 陈文胜：《乡村振兴战略目标下农业供给侧结构性改革研究》，载《江西社会科学》2019年第12期。
7. 陈文胜：《脱贫攻坚与乡村振兴有效衔接的实现途径》，《贵州社会科学》2020年第1期。

8. 陈文胜：《农业供给侧结构性改革：中国农业发展的战略转型》，《求是》2017 年第 3 期。

9.《脱贫攻坚的战略机遇与长效机制研究》，载《求索》2017 年第 6 期。

10.《决胜全面小康的主攻方向与途径》，《农村工作通讯》2020 年 4 期。

11. 曾衍德：《大力发展富民乡村产业　助力全面建成小康社会》，《农村工作通讯》2020 年第 5 期。

12. 刘敏辉、何景发：《突出“五个坚持”　推进产业扶贫》，《永州日报》2019 年 5 月 28 日。

13. 周孟亮：《脱贫攻坚、乡村振兴与金融扶贫供给侧改革》，《西南民族大学学报》（人文社科版）2020 年第 1 期。

14. 许英凤、侯西安：《习近平生态扶贫思想及其现实启示》，《西南交通大学学报》（社会科学版）2018 年第 5 期。

15. 檀学文：《中国移民扶贫 70 年变迁研究》，《中国农村经济》2019 年第 8 期。

16. 张剑、隋艳晖：《农村危房改造扶贫的问题与对策研究——基于山东、河南的督导调研》，《经济问题》2016 年第 10 期。

17. 胡巍：《江永健康扶贫成效显著》，《永州日报》2019 年 1 月 28 日。

18. 任泽旺、廖毅刚、陈健林、谭峻、杨利军：《“江永模式”掀起社会扶贫风暴》，《湖南日报》2017 年 7 月 14 日。

B.6

推进农业大县新型城镇化与乡村振兴协同发展

——祁阳县全域乡村振兴的实践探索

陈文胜　邹冬生　王文强　贺林波　李晚莲　王　薇　熊春林*

摘　要： 推进新型城镇化与乡村振兴协同发展，是农业大县实现农业农村现代化需要突破的难点所在。祁阳县作为农业大县，坚持农业农村优先发展，大力实施城乡统筹的百企入园、百村振兴、百园靓城、百里画廊、百姓安康等“五百工程”，着力推动乡村产业、人才、生态、文化和组织振兴，探索出了一条农业大县新型城镇化与乡村振兴协同发展的新路。

关键词： 祁阳县　农业大县　新型城镇化　全域乡村振兴

中共中央、国务院印发的《乡村振兴战略规划（2018～2022年）》明确要求，坚持乡村振兴和新型城镇化双轮驱动。正如习近平总书记所指出的，城镇化要发展，农业现代化和新农村建设也要发展，同步发展才能相得

* 陈文胜，博士，湖南师范大学中国乡村振兴研究院院长、中央农办乡村振兴专家委员、省委农村工作领导小组“三农”工作专家组组长，主要研究方向：农村经济、城乡关系、乡村治理；邹冬生，博士，湖南农业大学副校长、教授，主要研究方向：生态学；王文强，湖南省社会科学院人力资源与改革发展研究所所长，主要研究方向：农村人力资源、现代农业；贺林波，博士，湖南农业大学公共管理与法学学院副院长、教授，主要研究方向：农村公共管理；李晚莲，博士，湖南农业大学公共管理与法学学院副院长、教授，主要研究方向：农村公共管理；王薇，博士，湖南农业大学公共管理与法学学院副教授，主要研究方向：农村公共管理；熊春林，博士，湖南农业大学公共管理与法学学院副教授，主要研究方向：农村公共管理。

益彰。推进新型城镇化与乡村振兴协同发展，是农业大县破解农村农业发展不充分与城乡发展不平衡的关键所在，也是农业大县实现农业农村现代化需要突破的难点所在。祁阳县位于湖南省南部、湘江中上游，是老一辈无产阶级革命家陶铸的故乡，全县总面积2538平方公里，辖22镇、街道，总人口105.26万，其中农业人口近80万。近年来，祁阳县认真贯彻落实中央精神和省委、市委决策部署，坚持农业农村优先发展，协调推进新型城镇化与乡村振兴战略，围绕“打造经济强县、决胜全面小康、实现撤县设市”三大目标，大力实施百企入园、百村振兴、百园靓城、百里画廊、百姓安康等“五百工程”，着力推动乡村产业、人才、生态、文化和组织振兴，取得明显成效，先后成为国家新型城镇化综合试点县、国家智慧城市试点县、全国粮食生产先进县、全国生猪调出大县、国家新型工业化农副产品深加工产业示范基地、“中国好粮油”行动示范县、全国电子商务进农村综合示范县、中国“油茶之乡”、全国绿化模范县、全国卫生县城、国家农村创新创业园区，全省首批新型城镇化建设综合示范县、全省农村人居环境整治（美丽乡村建设）先进县、全省脱贫攻坚先进县、全省粮食生产标兵县、全省园林县城，也是全省重点申报撤县设市的县。2019年，祁阳县在国家和省、市会议上作典型发言17次，举办市级以上现场会13次，吸引了全省6个市州、30多批次市县党政代表团来学习考察，特别是有6项工作被省政府给予“真抓实干成效明显地区”通报嘉奖，探索出了一条具有祁阳特色的乡村振兴之路，开创了农业大县新型城镇化与乡村振兴协同发展的新格局。

一　以农业农村现代化为目标的实践探索全面推进

祁阳县坚持把解决好“三农”问题作为全县工作的重中之重，牢固树立“不重视乡村振兴工作就是失职，不用好乡村振兴机遇就是失策，不成为乡村振兴标杆就是失败”的工作理念，凝聚最大共识，形成最大合力，高规格组织领导、高起点策划规划、高标准办点示范、高强度整治环境，推动乡村振兴战略落实落地，在实现农业农村现代化的目标上取得了实际成效。

（一）以县域工业逆势发展为强力支撑，全面加快“以工哺农”进程

“工业反哺农业”是工业化进程中破解农业农村发展不充分问题的必然要求。市场经济条件下的“以工哺农”，既体现为工业化对农业发展在现代要素、生产经营方式、产业链、发展条件等方面的支撑与带动，也体现为工业对农业的利益回馈，前提是工业化引领的区域经济具有相应的实力。近年来，面对宏观经济的下行压力，祁阳县克服各种困难，以新型工业化为引领推动县域经济逆势发展，为加快“以工哺农”进程奠定了坚实基础。

1. 稳增长促转型，工业在转型升级中实现新发展

祁阳县通过政策激励引领与制度约束倒逼，大力推动工业转型升级，确保落后产能基本退出市场，2019 年，全县新增规模企业 22 家，总数达到 157 家，实现增加值 83.26 亿元，较上年增长 8.8%；全县有年产值过亿元企业 99 家，过 5 亿元企业 11 家，过 10 亿元企业 3 家；工业实缴税金 7.6 亿元。初步形成了农产品（绿色食品）加工、先进装备制造、轻纺制鞋、电子信息、生物医药、新能源新材料、新型建材等七个产业集群，祁阳海螺水泥、凯盛鞋业、东骏纺织产值突破 10 亿元，科力尔电机成为全市首家在中小板上市的本土民营企业。工业的转型发展有效激发了全县就业创业与改革创新活力，为全面加快“以工哺农”进程提供了新路径。

2. 创模式建新区，园区在创新发展中打开新局面

祁阳县实施“创新强县、产业富县”发展战略，率先推动园区市场化改革，深化与湖南金荣集团的“政企合作、园企共建”合作，园区建设实现由“政府建园”向“市场建园”转变、由“行政招商”向“市场招商”转变。大力实施“百企入园”工程，2019 年引进企业 106 家，实际利用外资 2.2 亿美元，较上年增长 29%，内联引资 50 亿元，较上年增长 31.58%；完成外贸进出口总额 4.6 亿美元，较上年增长 18%。成功引进“三类 500 强”企业投资产业类项目 4 个，展现了产业发展“祁阳速度”。近三年，祁阳经开区规模工业产值平均增速达 17%，成为永州市首家技工贸总收入破

400亿元、规模工业总产值突破300亿元的产业园区，成功转型为省级高新技术产业园区；持续加大高新技术对园区传统产业的改造升级力度，高新技术产品产值年均增长31.52%，浯创科技企业孵化器、三吾同创众创空间分别被认定为省级科技企业孵化器、省级众创空间。园区的快速发展为全县现代农业的集群化发展提供了有力支撑，为全面加快“以工哺农”进程提供了新平台。

3. 提质量增效果，综合实力在高质量引领中取得新突破

新型工业化引领下的祁阳县域经济整体实力不断提升，2018年，祁阳县综合经济实力排全省第15位，成为全市第一个地区生产总值突破300亿元、一般公共预算收入突破20亿元的县区，全面小康实现程度达到98.1%，提升幅度在全省同类县中排名第一，三次产业结构比由2016年的18.51∶35.86∶45.63调整到14.31∶34.57∶51.12。2019年，全县完成地区生产总值351.53亿元，比上年增长8.5%；固定资产投资比上年增长12%，社会消费品零售总额比上年增长10.7%；实现一般公共预算收入23.19亿元，比上年增长11.1%，其中税收占比达86.3%，收入总量领跑全市，县域经济进入高质量发展的轨道，为全面加快“以工哺农”进程奠定了坚实基础。

（二）以区域中心城市布局为战略要点，全面提升“以城带乡”动能

“以城带乡”是城镇化进程中破解城乡发展不平衡问题的战略举措，核心是通过发挥城镇优势带动和激活乡村各类资源要素，实现城乡互动共荣。祁阳县以推进国家新型城镇化综合试点为契机，充分发挥作为全市人口大县、经济强县的优势，以打造区域中心城市为战略要点，大力推进新型城镇化，全面着力提升“以城带乡”的动能，推动了城乡发展潜力的有效释放，国家新型城镇化综合试点工作被《人民日报》推介，住建部对祁阳精致城市建设经验进行了推广。祁阳因城乡环境基础设施建设走在全省前列，作为唯一县区在全省现场会上作典型发言。

1. 以打造区域中心城市为方向，高起点提升城镇品质

祁阳县坚持高起点定位、大手笔规划，围绕“一江两岸、产城融合、扩容提质、生态智慧”的总体构想，确立了建设“50 平方公里、50 万人口”生态智慧园林现代化中等城市的发展定位，推动实现了县城控规和村庄规划的全覆盖。突出项目带动，坚持扩容与提质并举、产业与城市融合、整治与提升并重，高品位、高标准、高速度推进重大项目建设，重点建设了杨梅湖、高铁新城、原种场、浯溪生态新城等片区，高标准规划了千吨级港口码头、衡永高速公路、铁路综合物流园、环城大道、灯塔大桥和通用机场等一批重大项目，建成全市城区第一座高架桥、第一条地下综合管廊、第一个生态景观交通门户。实施“百园靓城”工程，推进城市“五园五化”战役，开展了大规模的拆违控违行动，同步实施老旧小区改造提质，建成一大批文化小游园。打造无围墙城市，拆墙建绿，还畅于民，让群众“推窗见绿、开门见园”，成功创建国家卫生县城、省级园林县城，人居环境发生了翻天覆地的变化。全面改善城区教育、医疗卫生设施，深入开展国家海绵城市示范建设，智慧祁阳综合运营管理中心投入试运行，全面加强老城区文化遗产保护，城市品质全面提升。率先在全省开展“无废城市”试点，“两供两治”建设走在全省前列。目前县城建成区面积达 34 平方公里，城市常住人口 33 万。

2. 以特色小城镇建设工程为抓手，大力度夯实城乡融合载体

祁阳县大力实施小城镇建设“10 + X”工程，采取以奖代补、先建后补、多建多补等方式，引导各镇建一条特色街、一个文化广场或游园、一所标准学校、一所标准医院、一所敬老院、一个标准综合车站、一座标准自来水厂、一个标准农贸市场、一个垂直式垃圾中转站、一个美丽乡村示范点，再按照“缺什么补什么、需要什么建设什么”的思路，合理实施交通、电力、通信、供水、排水、燃气、品质小区建设等“X”项目，促使每个乡镇的小城镇功能更完善、设施更完备、特色更鲜明、生活更宜居。结合小城镇建设，立足各乡镇的资源禀赋、产业特色大力推进特色小镇建设和发展，使之成为城乡基础设施对接、产业互动融合的重要载体，目前已重点打造了观

音滩贡油小镇、黎家坪工业小镇、潘市红色旅游小镇、茅竹果蔬小镇、肖家生态小镇等一批示范带动作用明显的特色小镇，茅竹镇被列为国家首批农业产业强镇示范建设镇，潘市镇获批湖湘风情文化旅游小镇创建单位，黎家坪镇入选全省经济发达镇行政管理体制改革试点镇。

3. 以农民市民化为重心，全方位释放以城带乡活力

祁阳县在大力提升县域经济综合实力和城镇综合承载力的同时，着力健全与城镇化相适应的财税、征地、行政管理和公共服务制度，完善户籍和流动人口管理办法，放宽城镇居民户籍限制，为农业转移人口市民化提供了有力的制度保障。加大就业创业政策扶持力度，通过为企业发放稳岗补贴、降低各类保险费率、提供优质服务等方式，稳定本地就业近 10 万人，通过深入收集企业用工需求、劳动力资源和求职需求，每年开展“春风行动”“劳务协作扶贫”等招聘会近 20 场次，累计为企业招工 19000 余人，其中帮扶 6200 名农村贫困劳动力实现转移就业，还帮助企业赴外县招工 2280 余人，基本实现了农村转移劳动力的稳定就业，获评全省创业带动就业示范县。着力保障转移就业农民的农村权益，制定了农村宅基地退出的相关文件，遵循农民自愿原则，对于农民合法宅基地退出予以补偿与奖励，为农民带着资本进城提供了政策支撑。以此为推动力，祁阳县的城镇化率持续提升，2016 ~ 2018 年城镇化率提升 4.23 个百分点，远高于同期全省、全国平均水平。

（三）以农业龙头企业发展为经济纽带，全面推进农业“强势崛起”

促进产业兴旺是推进乡村振兴的重点任务，乡村最主要的产业是农业，做强农业产业、实现农业现代化，是建设社会主义现代化强国的基础性战略工程。近年来，祁阳县通过整合涉农项目资金，加大金融、财政、土地等资源对现代农业的支持力度，尤其是通过扶持壮大一批科技创新能力强、产品附加值高、辐射带动力大的农业龙头企业，极大地带动了县域农业产业的强势崛起，加快了农业现代化进程。

1. 以培育龙头企业为核心，提升新型农业经营主体带动力

祁阳县立足提升传统粮猪种养优势、推进特色产业发展，大力培育引进以农业龙头企业为核心带动力的新型农业经营主体，结合农村土地承包权确权登记颁证规范农村土地流转，鼓励发展适度规模经营，从政策、资金、技术等方面扶持引导新型农业经营主体做大做强，金浩、天龙、银光等一批辐射带动力强的本土龙头企业脱颖而出。同时精准开展农业产业招商，引入了广东农垦集团、温氏集团、鑫广安公司、华商贵澳集团等一批大型企业，推动了广垦 15 万亩高产油茶基地、温氏 50 万头生猪养殖一体化、鑫广安 30 万头生猪养殖一体化、贵澳现代高效智慧农文旅一体化（油茶）产业示范园等产业项目先后落地，打造全国单片面积最大的油茶生产基地，擦亮“祁阳茶油”金字招牌。建成三家村田园综合体，引进湖南棕榈浔龙河项目，打造农文旅融合发展的乡村振兴样板区。2019 年 8 月又签约 3 个总投资额 2 亿元的农副产品深加工项目，为现代农业发展注入了强劲动力。目前全县已有市级以上农业产业化龙头企业 27 家，其中国家级 2 家、省级 7 家，年产值过亿元企业 10 家，全县工商注册的农民专业合作社、家庭农场分别达到 1001 个、719 个。

2. 以组织形式创新为纽带，推动农业集约化融合化发展

祁阳县在培育新型农业经营主体的同时，注重发挥龙头企业的带头作用，引导经营主体之间建立紧密的合作机制，形成了“企业 + 家庭农场”“企业 + 专业合作社 + 农户”“企业 + 基地 + 农户”等多元化的组织形式，带动了优质稻、生猪两大传统产业和“两茶一柑一菜”（油茶、茶叶、柑橘、蔬菜）四大特色产业的集约化、规模化经营。全县已建成万亩以上的优质农产品供应基地 20 多处，2019 年优质稻订单生产面积达 60 多万亩，油茶种植面积突破 60 万亩，播种蔬菜 40 万亩，种植以柑橘为主的水果 25 万亩，以黑茶、白茶为代表的高档茶叶 4 万亩，湘莲 3 万亩。同时，推动农文旅一体、产加销结合的现代农业产业链不断拓展，新产业新业态加快涌现并焕发活力，2019 年全县实现农产品加工业总产值 169 亿元，初步建立起“生产有基地、加工有企业、营销有组织、流通有市场、出口有渠道”的农

业产业化发展格局，形成了太白峰国家森林公园和现代农业园两条乡村旅游精品线路，2019 年休闲农业与乡村旅游接待游客 100 多万人，经营收入达到 2 亿元。

3. 以质量兴农为引领，推动农业绿色高质量发展

祁阳县坚持农业绿色化、优质化、品牌化发展方向，大力支持引导农业经营主体提高农产品供给质量，增加有效供给，拓展高端供给，开展全省农产品质量安全示范县、农业标准化示范县和食用农产品合格证管理试点县“三项创建”，制订标准化生产规程 30 多项，创建农业标准示范镇 1 个，建设示范基地 8 个，主要农作物绿色防控覆盖率达到 60% 以上，县、镇、村三级农产品质量安全监管体系不断健全，果蔬产品抽检合格率达 99% 以上，有效保障了农产品质量安全。以此为基础，大力开展品牌提升行动，有效使用“三品一标”认证农产品 45 个，入驻“永州之野”市级区域公用品牌企业 18 家，累计培育中国驰名商标 4 件、湖南省著名商标 12 件，祁阳槟榔芋成功创建国家地理标志保护产品，申报“祁阳茶油”国家地理标志保护产品通过了省级初审，获评“中国好粮油”行动计划示范县。品牌影响力的扩大也带动了全县农产品市场竞争力持续提升，金浩公司茶油产销量稳居全国第一，自然韵黑茶有限公司生产的“自然韵”黑茶系列产品获得“湖南名牌”产品称号，在对接粤港澳大湾区“菜篮子”建设中，11 个企业通过了海关登记，9 个基地启动了备案申报。

（四）以公共资源高效配置为重点突破，全面推进城乡“融合发展”

乡村振兴以城乡融合发展为方向。把握这一方向，必须坚持城乡一盘棋的理念，突出以工促农、以城带乡，从公共资源配置上首先构建起城乡协同发展的体制机制。祁阳县以公共资源高效配置为突破口，以城乡规划一体化、城乡建设一体化、城乡管理一体化为基础，以城乡公交一体化、城乡供水一体化、城乡环卫一体化、城乡教育一体化、城乡医卫一体化为重点，着力推进乡村基础设施与公共服务体系建设，为城乡融合发展奠定了

坚实基础。

1. 全域联通推动城乡公交一体化

祁阳县在农村公路村村通的基础上，大力推进“四好农村公路”建设，做好“公路+环境”“公路+经济”“公路+文化”“公路+平安”文章，对农村公路及周边环境进行大刀阔斧的改造提升，将产业资源和乡村旅游资源点连成线，注重挖掘、再现具有乡村气息的传统文化，优先实施乡村通客班车线路窄路加宽工程，打通了城乡经济互动的交通瓶颈，保障了乡村道路交通的安全便捷。开展“美丽公路”建设三年行动，实施“三清、三种、三建”工程，清杂草、清水沟、清障碍，种花、种草、种树，建停车服务区、建便民招呼站、建人文景观带，初步实现了“一路一景”“一线一品”，2017~2019 年，全县农村公路建设里程达到367.112公里，改造危桥40座，实施渡改桥2座，完成生命安全防护工程900.711公里，建成农村客运招呼站75个，基本实现城乡交通一体化、客运一体化。

2. 全域入网推动城乡供水一体化

祁阳县于2016年底被列为全省城乡供水一体化试点县，近年来按照“城乡供水一体化、区域供水规模化、工程建管专业化、运行维护智能化”的思路，坚持以大水源为主，建设大水厂、铺设大管网、推广大覆盖，对大水厂覆盖不到的地方因地制宜适量建设小水厂，规划了总投资12.8亿元的城乡供水一体化PPP项目，引入北京碧水源科技股份有限公司，新改扩建大村甸、进宝塘、潘市、县城水厂等4个规模水厂，目前投资2.63亿元、日供水规模6.1万吨的一期大村甸水厂已建成通水，从根本上解决了衡邵干旱走廊祁阳北部五镇、街道、场近29万群众不安全饮水难题，该做法被省发改委、财政厅、水利厅作为典型经验在全省推介。二期工程正在加紧推进。预计到2020年底，全县乡镇通自来水率100%，行政村通自来水率90%，结合全县已建成的农村饮水安全工程，城乡安全饮水问题将得到全面彻底解决。

3. 全域覆盖推动城乡环卫一体化

祁阳县将城乡环卫一体化作为打好“污染防治攻坚战”的重要抓手，

投入1700多万元新建城区垂直式垃圾转运站13座、乡镇垃圾中转站7座，规划建设垃圾收集点1.2万个，实现村组到镇区、镇区到县城两级收运处理体系全覆盖，全面形成户集、村收、镇中转、县处理的运转体系。为破解城乡生活垃圾处理难题，利用海螺水泥窑协同处理城乡生活垃圾，建成年处理能力10万吨的固废（污泥）处置项目，垃圾无害化处理率达100%，实现70%以上的城乡生活垃圾被运到海螺水泥窑进行协同处理，确保了垃圾处理资源化、减量化、无害化。2019年，又启动实施投资1.6亿元的城乡环卫一体化PPP项目，其中包含建设乡镇23座中转站、4座改建中转站、2515个垃圾亭、8000座垃圾平台的主体项目，该项目将彻底解决农村环卫事业发展滞后的问题，推动全面实现城乡环卫一体化。

4. 全域均衡推动城乡教育一体化

祁阳县坚持教育优先发展战略不动摇，深入实施“文教兴县”战略，发扬“教师苦教、学生苦学、家长苦送、党政苦抓”的“四苦精神”，大力建设教育名县。一是推动优先发展落到实处。坚持优先谋划、优先推进、优先投入，近三年出台关于教育的重要文件20余份，2016～2018年，全县公共财政教育支出分别达9.18亿元、10.08亿元、11.69亿元，分别占当年公共财政预算支出的21.73%、22.18%、23.36%，2019年支出预计突破12亿元，教育支出稳居全县公共财政支出首位。二是推动义务教育均衡发展。2017年以来推进学位建设项目23个，新增学位2.61万个，在全市率先实现义务教育阶段大班额清零；近两年共实施116所农村薄弱学校改造，出台了偏远地区教师专项补贴政策，大力推进城区优质学校和农村薄弱学校结对帮扶，推动贫困学生资助全覆盖，仅2019年，累计为8.9万人次学生发放各类助学金4427万元，社会基金奖教助学279.3万元，惠及师生3150人次，帮助7所学校改善办学条件；所有中小学校实现“校校通”“班班通”，在全市率先建成新一代“互联网+教育”大平台。三是推动普高、中职教育协调发展。投入2735.5万元改善普高办学条件，教学质量稳步提升，2019年全县高考一、二批本科上线2623人，212人被“985”“211工程”学校录取；投入3188万元推进县职业中专改造，学校在校学生突破8800

人，与县内企业开展订单式培养，学生就业率100%，对口升学率连续8年居全省第一。四是推动特殊教育稳步发展。加强县特殊教育学校设施建设，扎实推进以随班就读、送教上门为主要形式的融合教育，全县三残适龄儿童入学率达97%。祁阳县因此先后获得“全国农村职业教育和成人教育示范县”“全国义务教育发展基本均衡县”“湖南省教育强县”等多项荣誉。

5. 全域统筹推动城乡医卫一体化

祁阳县围绕“人人享有基本医疗卫生服务”的目标，不断健全乡村医疗卫生服务体系，全面提升城乡医疗卫生综合服务能力。一方面，推进标准化建设全覆盖。近年来，投入近亿元对乡镇卫生院进行标准化建设，并对所有乡镇卫生院及社区卫生服务中心配置了DR、彩超、全自动生化分析仪等设备；高标准建设中医馆22处，实现基层中医诊疗保健服务全覆盖；投入近4000万元，实施村卫生室的标准化建设，已实现全县所有村卫生室达到标准化要求；搭建县域健康信息平台，整合县域影像、心电、基层HIS、健康档案、双向转诊、移动随访等应用系统，实现县、镇、村三级数据资源共享，互联互通。另一方面，推进一体化服务全覆盖。支持县级医院与基层医疗机构业务协同，提升基层卫生服务能力和水平；以推进分级诊疗为重点，以常见病、多发病、慢性病分级诊疗为突破口，推动形成基层首诊、双向转诊、上下联动、急慢分诊的就医新格局；实行“先诊疗后付费”，贫困患者住院免交押金，出院实行“一站式”报销结算，对患有9种大病的农村贫困人口进行专项救治，农村贫困人口家庭医生签约实现全覆盖，有效缓解了“看病难、看病贵”的问题。率先在全市开展国家级健康促进县、慢性疾病综合防控示范区创建，全省健康促进工作现场会在祁阳召开。

（五）以建成全面小康社会为决胜目标，全面提升农民“三感指数”

决胜全面建成小康社会，最艰巨最繁重的任务是补齐乡村全面小康的短板，最终体现在是否提升了广大农民的获得感、幸福感和安全感。祁阳县在决胜全面建成小康社会中，落实农业农村优先发展的总方针，以打赢脱贫攻坚战为底线任务，以促进农民增收为重要着力点，以最大限度满足群众诉求为支撑点，推动城乡发展差距和居民生活水平差距持续缩小，农民幸福感、获得感和安全感“三感指数”不断提升。

1. 多元投入支撑乡村全面小康补短板

祁阳县坚持在资金投入上优先保障农业农村需要，一手抓化债、一手抓发展，变靠财政“苦撑”为“多条腿”走路。一是持续加大财政支农投入。2019 年共投入支农资金 17.24 亿元，比上年增长 14%，其中县本级财政资金 6.9 亿元，增长 26%，远高于财政收入与财政支出增幅，并建立覆盖各类涉农资金的“大专项 + 任务清单”管理模式，统筹整合涉农资金集中向乡村振兴重点领域和薄弱环节倾斜。二是撬动金融资本投入。通过贷款贴息、农业信贷担保等方式，撬动更多的金融资本投入乡村，推动普惠性涉农贷款增速高于平均水平，至 2019 年 9 月底，全县涉农贷款余额为 139.19 亿元，较年初增长 13.26%，占各项贷款余额的 72.87%。三是率先成立县农建投（县农村建设投资开发有限公司）。以县农建投为平台，采取财政预算安排、统筹整合资金、盘活存量资金、用活债券资金和融资等措施，共筹措资金近 10 亿元，重点投入现代农业产业园、农村环境基础设施建设和营运维护、特色小镇和美丽乡村建设奖补。四是积极争取政策补助。争取到全国畜禽养殖废弃物资源化综合利用整县推进试点、农村人居环境整治中央预算内投资、产油大县、优质粮油工程、农村厕所革命等上级专项奖补资金近 2 亿元。五是着力撬动社会资本。完善用地绿色审批通道、设施前期运营补贴、税收支持政策、PPP 合同示范文本等，引进社会资本参与城乡基础设施建设，目前 7 个项目实现融资 12.5 亿元；大力推进农业招商引资，引进总投资达 10 亿元以上的一批大型涉农企业，成为带动乡村产业振兴的主力军。多渠道投入为祁阳县加快补齐乡村全面小康的短板提供了强有力的支撑。

2. 多措并举推动脱贫攻坚取得决定性胜利

祁阳县坚持把脱贫攻坚作为最大的政治任务和第一民生工程来抓，坚持精准扶贫、精准脱贫基本方略，按照“五级书记抓扶贫”要求，切实加强组织领导，层层压实工作责任，精锐尽出，攻坚克难。创新脱贫攻坚“四扶四建”（扶志气建讲堂、扶技能建中心、扶产业建基地、扶队伍建堡垒），有效激发贫困群众的内生动力。聚焦“两不愁三保障”，率先探索推行“六个全覆盖、六个必到户”行动。同时，对贫困户按A类脱贫致富型、B类稳定脱贫型、C类巩固脱贫型、D类计划脱贫型等四类分类施策、精准帮扶，创新实施以“好货出巷、好景出山、好汉出乡”为主要内容的“三好三出”消费扶贫新模式，全面加速脱贫攻坚进程，走出一条面上县脱贫攻坚新路子。截至2019年底，全县75个贫困村全部摘帽退出，实现稳定脱贫25093户81068人，其中2019年脱贫3523户9497人、3个深度贫困村顺利出列，贫困发生率降至0.19%。完成“十三五”期间易地扶贫搬迁1599户5512人，高标准建成集中安置点25个，安置搬迁830户2789人。2018年被评为“全省脱贫攻坚先进县区”，连续3年被评为“全市脱贫攻坚先进县”。2019年祁阳县在全省易地扶贫搬迁推进会上作典型发言，顺利通过2019年国家脱贫攻坚成效实地考核，全国水库移民脱贫攻坚座谈会在该县召开。

3. 多管齐下促进农民持续增收

祁阳县始终把促进农民增收摆在乡村振兴的突出位置，推动农民经营收入与租金、股金、薪金收入增长协同发力。一是强化农业经营利益联结促增收。加强对土地流转的规范引导，吸引社会资本投资现代农业并建立与小农户的利益联结机制。如县农建投通过引导成立集体所有制专业合作社，农民将土地经营权入股，集中流转农民土地并进行“打包”招商，引入多家公司、专业合作社建设田园综合体、特色产业园和5万亩的生态农业公园，实现“一地生四金”（农民通过土地流转收“租金”、订单生产得“现金”、入园务工赚“薪金”、股份合作分“股金”）；自然韵黑茶、新金浩茶油、黑凤养殖合作社等通过“公司（合作社）+农户”订单模式建立合作机制，农民依托企业品牌、产品品牌获得较好的经营收益。二是支持农民创业促增收。出台了一系列返乡创业支持政策，加强创业培训，实现“乡乡开班，村村参训”，引导银行、中小企业等为农村创业人员提供小额贷款，2019年来已发放小额贷款3600万元，建立了祁阳经开区创业孵化基地、金桥市场创业“一条街”，打造星创天地10家，获评国家支持农民工等人员返乡创业试点县；开发农产品导购、环境保洁、河流生态管理、公共服务设施管理等岗位，让更多农民参与服务增收。三是服务农民就近就业促增收。完善就业服务体系，通过镇、村两级劳动保障服务工作人员，了解农村劳动力就业意愿、求职需求，有针对性地开展就业服务，全方位、多形式、立体化开展企业用工宣传，引导农民就近就业，开通乡镇7条专线班车，员工乘车每次自付2元车费，其余车费由政府和企业各负担50%，支持农村劳动力就近就业增收。通过这些举措，近年来祁阳县农民收入持续增长，2016～2018年全县农村居民人均可支配收入增长18.8%，高于全省平均增幅，城乡居民收入比为2.2∶1，明显低于全省平均水平2.6∶1。

4. 多级联动治理实现社会和谐稳定

始终坚持以党建为引领，大力实施“党建+社会治理”工程，不断促进农村中心工作、基层治理工作的深度融合。一是以党建为引领构建城乡一体的网格化治理格局。大力建设乡村党群服务中心、综治服务中心、网格化管理综合平台，以农村自然院落、城市小区楼栋为单位划分网格，每个网格设立一个党支部，高规格建设村级党群服务中心，充分发挥村级组织的政治功能、服务功能，不断完善村规民约，组织群众积极开展村民自治活动，村民自我教育、自我服务、自我管理、自我监督程度不断提高。二是以解决好群众合理诉求为出发点推动信访改革创新。建立三级联动信访工作网络，每个工作日都安排一名县级领导值班接访，每月开展一次县级领导集中接访活动，每月进行一轮县、镇、村三级书记接访下访活动，在560个村设立信访工作室，将村干部和网格管理员吸纳为群众诉求协办员。2019年全县信访“三无”镇（街道）达到19个，信访“三无”村（社区）达到538个，达标率分别是86.73%和96.07%，实现信访积案清仓见底。三是以“一村一辅警”为抓手打造农村安全网。全力推进“一村一辅警”建设，从全县选拔543名青年担任农村辅警，统一建成“一村一辅警”工作站，实现“信息采集员、警务辅助员、治安巡防员、纠纷调解员、法制宣传员、交通劝导员、义务安全员、便民服务员”八员合一，打通农村警务工作“最后一公里”，全面提升了农村社会治安防控能力，农民安全感显著提升。

二 城乡一体化为引领的全域乡村振兴态势正在形成

习近平总书记在十三届全国人大一次会议山东代表团审议时提出了“五个振兴”的科学论断，明确了推动乡村振兴的工作重点和具体方法，勾勒出实施乡村振兴战略的清晰路线图。祁阳县以城乡一体化为引领，遵循“试点先行、以点带面、有序推进”的工作思路，推动乡村产业振兴、人才振兴、文化振兴、生态振兴、组织振兴，加快农业全面升级、农村全面进步、农民全面发展，全域乡村振兴态势正在形成。

（一）“百企入园”支撑下的城乡产业发展快速融合

乡村振兴以产业振兴为重点，乡村产业振兴以城乡产业融合为引领。祁阳县贯彻省委、省政府“创新引领、开放崛起”发展战略，坚持产业富县战略，以“百企入园”工程为支撑，加大产业项目引进力度，推动城乡产业链双向延伸，形成以园区为载体的城乡产业集聚、融合发展新格局。

1. 以“百企入园”工程为依托推进产业集聚发展

祁阳县积极抢抓湘南湘西承接产业转移示范区建设机遇，全面对接融入粤港澳大湾区，始终把祁阳经开区作为发展的主战场，坚持市场化办园方向，创新园区发展模式，大力实施“百企入园”工程，打造了“政企合作、园企共建”的祁阳模式。一是创新建设模式，实现由“政府建园”向“市场建园”转变。制定产业园区整体运营解决方案，引进知名园区专业营运商进行建设、包装、招商和营运，推动园区由“政府投资、政府建园、管委会管理”向“社会投资、市场建园、公司化运营”转变，大大减轻了政府债务压力，提高了建设效率，降低了入驻企业投入与风险。二是创新招商方式，实现由“行政招商”向“市场招商”转变。借力专业营运商，与“湖南粤港澳产业转移综合服务中心”招商平台建立战略合作关系，全面拓

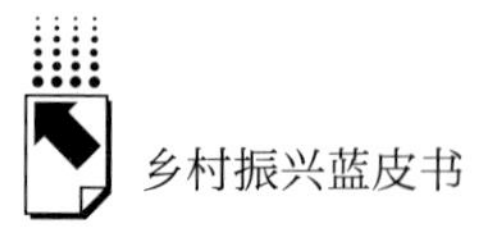

展招商渠道深度、广度和高度，突出战略性新兴产业培育和传统产业转型升级，着力补链、延链和强链，先后成功引进一批世界或中国500强企业、30多个智能终端项目以及打造全国最大雨伞布、箱包布、帐篷布生产基地的一批纺织龙头企业。在2019年8月举行的“祁阳融入粤港澳大湾区承接产业转移大会暨百企入园签约仪式”上，第一批签约项目70个、总投资额120亿元。三是创新服务理念，实现由“包揽服务”向“专业服务”转变。完善产业配套，建成科技企业孵化器、智慧园区大数据运营中心、智慧餐厅和一批关键产业技术平台，由专业营运商为进驻企业打造“人才、政策、市场、金融”等全方位专业服务体系，完善基础设施与服务综合配套体系，推进“最多跑一次”改革，打造了政策最优、成本最低、服务最好、办事最快的营商环境。四是创新产业培育，实现由“项目集聚”向“产业集群”转变。按照项目集中、产业集聚、土地集约的要求，科学制定园区规划，形成“一区三园”的发展格局，确定电子信息、生物医药、新材料三大主导产业，严格执行入园企业准入制度，科创产业园开启“供房不供地”的招商引资新模式，实现项目容积率1.8，节约土地1500余亩，平均投资强度500万元/千平方米，产出效益30万元/千平方米。祁阳经开区获批国家新型工业化产业示范基地、省双创示范基地、省创新创业带动就业示范基地，被评为全省发展开放型经济优秀园区。

2. 以现代农业园区建设为支撑深化农业供给侧结构性改革

全力探索以农业进园区为支撑的农业供给侧结构性改革，突出农产品精深加工（绿色食品）产业链建设，推动农业大县向农业强县转变。一是加强园区建设，引导现代农业经营主体集聚发展。祁阳现代农业产业园规划面积40万亩，涵盖75个村（社区），确定了六个功能区，规划构建了“一路一带一廊、一核三区八景十园”的发展格局，近五年来，共投入建设资金近3亿元推动园区水电路讯等基础设施不断完善。在此基础上，通过优化投资环境、加大扶持力度，引导现代农业经营主体入园发展，目前园区集聚了18家规模以上农业产业化龙头企业、157个农民专业合作社、125个家庭农场，培育了6个省市级、10个县级农业特色产业示范园，贵澳现代高效智慧农文旅一体化（油茶）产业园、凡人水果基地、碧湘苑生态观光园等一批带动力强的重大项目在园区落地，建成了市级以上研发中心（实验室）10个（其中省级2个），推动实施农业科技开发项目20余项，引进推广新品种15个、新技术22项，培育农业高新技术企业6个。二是瞄准市场需求推进园区规模化特色化经营。围绕粮油、果蔬、畜禽养殖等主导产业，以市场需求为导向，在园区推动建设5万亩优质稻基地、10万亩高产油料基地、5万亩特色果蔬基地、万亩中药材基地、万头生猪繁育科研基地、10万羽生态土鸡养殖基地、万亩立体种养基地、万亩花卉苗木基地、万亩国外松基地等十大“万”字号特色产业基地；围绕特色产业基地，培育壮大了金浩、银光、自然韵等一批知名农副产品精深加工龙头企业，园区农业从生产到加工的全产业链格局初步形成。三是深度挖掘资源，发展园区新产业新业态。围绕发展观光旅游、休闲娱乐、体验采摘、森林康养、民居民宿，重点推动建设乡村水上乐园、特色果蔬采摘园、传统院落示范村、农文旅一体化观光园、油茶文化主题公园、十里花廊景观带、珍贵苗木康养园、双龙生态氧吧、荷园休闲农庄、乡村旅游度假区等十大休闲农业与乡村旅游项目，使园区成为全县农村一二三产业融合的示范区、引领区，构建出“春看油菜夏看荷，一年四季都是果”的乡村产业图景。通过园区的辐射带动，全县农业供给侧结构性改革不断取得新成效，连续被评为全省粮食生产标兵县，养殖产业快速转型升级，挺进全省二十强，立体生态种养快速发展，农产品供给质量全面提升，农产品加工业产值、休闲农业营业收入保持15%以上的年增长幅度，现代农业产业园成功创建省级农业科技园区，成为第二批国家农村创新创业园区，园区新型经营主体带动解决了1171名贫困人口就业，园区内9个贫困村1600多贫困人口实现稳定脱贫。

3. 以发展电子商务为纽带助力城乡产业融合对接

祁阳县抢抓国家支持电子商务发展的机遇，大力发展电子商务，积极推进电子商务进农村，以成功申报全国电子商务进农村示范县为契机，加强信息化基础设施建设，投入大量资金建设移动、电信、互联网、广播电视等基础设施，全县无线网络覆盖率达99%，城镇宽带覆盖率100%，农村宽带覆盖率达98%，培育了大型物流企业50余家，开办快递企业30余家，设立乡镇配送点388处，物流网络基本实现全覆盖。大力培育电商服务主体，在经开区电子信息产业园内建设了面积近1万平方米的电商产业园，涵盖电商孵化、县级公共服务、物流配送、电商沙龙交流等众多功能，已入驻企业36家，并建成了村淘、京东、厂家网等电商服务中心各1家，以此为示范带动，全县已培育发展电子商务企业60余家。积极推进乡村电商服务平台建设，建成20个乡镇级服务中心，整合农村淘宝、邮乐购、京东等知名平台农村电商网点建成337个村级电商服务站点，覆盖所有贫困村，引入淘宝大学乡村振兴学院，已开展线下电子商务培训12班次，培训达1800人次。精准施策优化农产品上行体系，设立电商扶贫特产专区，全县1000余户贫困户与天龙、银光、自然韵等龙头企业建立订单收购、合作共建关系。以此为支撑，祁阳县2019年电子商务交易额达30.26亿元，实现农产品上行交易额2.75亿元，其中贫困村农产品上行交易额2160万元。

（二）扶志扶智引领下的城乡人才活力有效激发

乡村振兴以乡村人才振兴为关键支撑，以激发农民群众干事创业积极性为基本保障。祁阳县在改善创业环境，吸引人才返乡的同时，在农村全面开展以“四扶四建”为重点的扶志扶智行动，将扶贫同扶志、扶智紧密结合，引导农民群众靠自己的努力改变命运，有效激发城乡人才活力，为乡村人才振兴奠定了坚实基础。

1. “四扶四建”激发人才内在动力

祁阳县将脱贫攻坚与激发农民群众内在动力相结合，出台《祁阳县脱贫攻坚“四扶四建”实施意见》，坚持政府主导与群众主体、扶志与扶智、内因与外因、输血与造血相结合原则，着力提升农民群众干事创业的积极性、主动性、创造性。一是扶志气建讲堂，一户培养一名明白人。依托村级党群服务中心，全县建立扶贫讲堂300多个，建立专兼职教师队伍，每月组织贫困户“扶贫听课”，宣讲扶贫政策，弘扬传统美德，鞭笞懒贫赖贫。运用祁剧、祁阳小调编创扶贫“一首歌、一台戏、一本书”，培养激发贫困群众积极向上的家庭责任感、社会责任感。二是扶技能建中心，一户培养一名产业工人。按照“政府主导、部门参与、园校合作、校企共建”的思路，创建全县农村党员和青年农民（扶贫）培训中心，整合培训资源，创新培训机制，大力推进劳务协作脱贫暨“一户一就业”工程，开展靶向培训，让贫困群众真正学到一门安身立命的技能；建立企业就业扶贫基地，实现贫困劳动力省内外就业 1.78 万人。三是扶产业建基地，把工场建在农民家门口。始终突出产业扶贫，开展“百企联百村”活动，引导本地企业在贫困人口比较集中的村建成乡村扶贫车间 27 个，促成 61 家企业与贫困村结对帮扶；出台产业扶贫基地奖补政策，在每个贫困村建立不少于 50 亩的连片产业基地，确保每个有劳动能力的贫困人口至少能从事一项特色种养业，并引导专业合作社和家庭农场吸纳、带动贫困人口 6.76 万人。四是扶队伍建堡垒，打造一支永不走的工作队。在建强基层扶贫主力军的同时，每年对 100 个先进村，10 个模范村、红旗村进行表彰，扶贫成效与村干部的工资待遇、评先评优、招考录用挂钩；建立村级扶贫互助合作社，推行“村两委 + 扶贫互助合作社 + 农户”新模式，带领社员及贫困户发展特色种养、乡村旅游等生产经营活动，全县建立此类合作社 162 家，互助帮扶 4000 多人次。祁阳县通过“四扶四建”模式，使一大批农民充满摆脱困境的斗志和勇气，通过自力更生走上了脱贫致富之路，也引导大量非贫困农民通过技能培训、就地就业加快了增收步伐。“四扶四建”模式得到国务院扶贫办和省委、省政府充分肯定，在全国 2018 年扶贫日“扶贫先扶志”论坛作经验交流，入选中宣部、国务院扶贫办编写的《新时代农村思想政治工作创新案例选编》和全省《精准扶贫 100 例》，国务院扶贫办组织 9 家国家级媒体集中宣传。

2.“六个全覆盖，六个必到户”夯实人才发展环境

祁阳县结合贫困村提升工程，率先实施“六个全覆盖、六个必到户”行动。“六个全覆盖”，即党群服务中心、光伏发电项目、村级医务室、村辅警室、通信网络电商服务平台、扶贫产业项目全面覆盖到村；“六个必到户”，即产业就业联结到户、教育医疗服务到户、住房安全保障到户、电网升级改造到户、公路建设通达到户、改水改厕实施到户。目前，全县已实现

村党群服务中心全覆盖，完成566个村卫生室、村辅警室标准配备，实现75个贫困村光伏发电全覆盖、光纤进村全覆盖，培育贫困村123家专业合作社和家庭农场，实现有产业发展意愿的贫困户都有产业帮扶，安置贫困劳动力就业5695人，教育扶贫资助政策实现全覆盖，义务教育阶段建档立卡困难家庭学生无失学辍学，贫困人口医保参保率和资助政策落实覆盖率均达到100%，共救治3.9万人次贫困人口，完成1599户5512人的易地扶贫搬迁任务，397户建档立卡贫困户存量危房改造全部竣工验收，实现所有贫困户生活用电有保障，巩固提升12.17万人饮水安全，完成改厕48600座，确保贫困户都用上卫生厕所。“六个全覆盖、六个必到户”是对“两不愁三保障”目标的全面落实，不仅确保了脱贫攻坚的质量，全面提升了贫困村的基础设施条件和公共服务水平，也推动了人才、资金、技术等要素向乡村流动，为乡村人才就业创业及各类人才返乡创业营造了有利的环境。祁阳县“六个全覆盖”工作经验被吸纳提升进省委十一届九次全会工作报告和决议。

3. 实施育才聚才工程提升人才支撑能力

祁阳县高度重视乡村人才问题，近年来大力推进乡村人才培养与引聚工作，推动乡村人才队伍整体素质不断提升。一是加强干部队伍培训。加大乡村干部培训力度，建立村“两委”成员集中轮训、农村党员冬训春训制度，在县职业中专举办“乡村振兴”专题研讨班，开办经济发展、党建实务、信访调解等专业课程，培训3000余人次；坚持县内培训与县外培训相结合，组织110余名村社干部走出去，赴江西萍乡、吉安、上饶等五市八县区现场培训，扩眼界提能力。二是引导人才下乡创新创业。走“产业化+人才化”的发展路子，把转变经济发展方式、调整产业结构引导到依靠人才、智力轨道上来，鼓励支持科技人员、工商业主、高校毕业生、退役军人、经济能人等下乡返乡创业，选派100多位科技特派员入乡开展科技服务，依托省市县三级科技特派员承担或协助参加乡村振兴项目6个，引进新品种14个，带动农民致富4500余人。推进城乡、区域、校地之间人才交流，建立起医生、教师、文化人员等定期服务乡村的机制。三是推进职业农民培育。建立农村实用人才信息库，做到“一镇一库、一村一册、一人一档”。引导新型职业农民、种养大户与农户“1＋1”对接、全程帮扶等，指导农户精准发展“种、养、加”项目。开展新型职业农民培训“星火燎原”计划，选送1200余名青年农民赴道县工贸中专开展专业技能培训，学员学成回乡发展种养项目300个，带动致富3000余人。有效整合县农广校、县职业中专等各类培训资源，分级分层次开展新型职业农民培训2万余人次，其中700余人获得认证资格，辐射带动20万农民群众增收。举办各类电商培训班44期，参与人数达到15966人次。开展“十佳新型经营主体”“十佳新型职业农民”评选表彰活动，引导形成学技术、强本领、创业致富的良好氛围。

（三）文明创建带动下的城市文化与乡土文化有机对接

乡村振兴以乡风文明为保障，乡风文明以乡村文化振兴为基础。祁阳县创新开展“十星级文明户”创建活动，以其作为联系群众、服务群众、引导群众的桥梁和纽带，带动农村移风易俗，提升农民精神风貌，催生文明乡风、良好家风、淳朴民风，推动了乡村精神文明与物质文明协调发展、城市文化与乡土文化有机对接。

1. 以“十星级文明户”创建为引领培育家庭文明新风尚

祁阳县将“十星级文明户”创建作为乡风文明建设的重要内容，把党和政府关于经济建设、政治建设、文化建设等各项任务和要求，细化、量化为创星的内容，确定了爱党爱国星、遵规守法星、环境卫生星、诚实守信星、孝老敬贤星、团结友善星、勤劳致富星、科教文体星、生态文明星、计划生育星等“十颗星”。按照“农（居民）户自评—群众互评—小组审定—县直部门审核—张榜公示—复议核定”的程序每年评选一批“十星级文明户”和“十星级文明示范户”，并坚持以一年一评一授牌进行动态管理，对已评为星级文明户的，一旦发现存在不符合条件的情形，该摘牌的摘牌，该降星的降星。截至目前，全县共评出“十星级文明户”20000户，“十星级文明示范户”1980户。对每年评定的“十星级文明户”和“十星级文明示范户”，给予精神与物质双重激励，其中“十星级文明示范户”由县文明委颁发荣誉牌匾，在媒体上通报表彰，一次性奖励现金 1000 元，凭“十星级文明示范户”荣誉证，可享受小额贷款、子女上学、就医体检等 11 个方面的优先优惠政策。这一有针对性的评选措施与激励机制有效激发了广大群众参与创建的积极性，形成了人人自觉向上向善、家家争当星级文明户的良好氛围，全县涌现出中国好人、湖南好人、道德模范、美德少年、最美志愿者等先进典型 200 多人，带动了农村文明程度的显著提升。

2. 以移风易俗为抓手形成文明乡风新气象

祁阳县结合“十星级文明户”创建，大力推进农村移风易俗，注重以好村风、好民风引领好家风。开设道德讲堂，引导村民树立正确的价值观、人生观；引导全县 500 多个村制定完善了乡规民约，成立了村民议事会、道德评议会、禁毒禁赌会、红白理事会 600 多个，农村党员签订文明节俭操办婚丧喜庆事宜承诺书 3 万份，并积极开展“十佳好媳妇”“道德好青年”“科普文明大院”等评选活动，使农民群众行有准则、学有榜样；以农村社区为依托，广泛开展“邻里守望”志愿服务，着力淳化村风民风，实现了家风村风民风同步改善、“治小家”与“治大家”并行推进，乡村大操大办、人情攀比等不良陋习得到有效遏制，“好人好事有人夸、歪风邪气有人抓”的乡风文明新气象全面形成。

3. 以公共文化服务为保障提升农民精神文明新风貌

祁阳县积极健全乡村公共文化服务体系，发挥县级公共文化机构的辐射作用，加强基层综合性文化服务中心建设，大力推动乡村文化站、文化广场、文化礼堂、乡村舞台、农家书屋、农民体育健身设施等文化惠民工程建设，累计建成村级文化活动室 320 个、广播室 504 个、“农家书屋”872 个，实现 65% 以上的行政村建有体育设施，组建合唱队、文艺队等农民文化队伍上千支，以此为基础，农村文化活动日益丰富，2018 年全县有 40 多个村举办了春节联欢晚会。同时，加大对祁剧、祁阳小调等国家级非物质文化遗产的挖掘、保护和传承力度，成立了“祁剧发展基金”，建立了祁剧博物馆和祁剧传承中心，启动祁剧人才培养工程，开展戏剧进乡村、社区、学校、企业活动，通过“小舞台”“小分队”“小型折子戏”的形式每年送戏下乡

200 场次以上，不仅使祁剧这一古老的曲艺品种得到传承和发展，也通过这种群众喜闻乐见的形式，全面展示农村新风貌、赞美新生活，为丰富农村精神文化生活、教化群众、淳化民风开辟了新途径。

（四）“百园靓城”推动下的城乡生态宜居环境同步改善

乡村振兴以生态宜居为关键，生态宜居以乡村生态振兴为重要保证。祁阳县坚持生态惠民、生态利民、生态为民理念，全面实施“百园靓城”工程，同步创新开展美丽乡村“一拆二改三种四清洁”行动，着力建设“生态、智慧、园林”现代化城市，打造了推动城乡生态宜居环境同步改善的祁阳样本。

1. 以五园五化战役为支撑推进“百园靓城”工程

祁阳县大力实施“百园靓城”工程，按照建设“百个花园、百个庭院、百个游园、百个园林单位、百个示范家园”的要求，推进“五园五化”战役，即：城市建公园、社区建花园、单位建庭园、小区建游园、百姓建家园，净化、绿化、亮化、文化、智能化，推动城乡人居环境全面改善。一是全面改造提质老旧小区。将“五园五化”理念全面融入老旧小区提质改造具体项目中，对 286 个老旧小区和 116 条主次街道进行全面提质改造，坚持以社区、村为主，做到老旧小区改造到哪里，违法建筑就拆除到哪里，给排水、燃气、弱电等管网改造和地上硬化、绿化、亮化就跟进到哪里，将一大批老旧小区改造成了宜居宜业、“五园五化”的示范小区。二是全面建设游园、公园。把文化小游园建设作为小区改造提质的品牌来打造，建成以十九大精神、核心价值观、廉洁、党建、交通、祁剧、禁毒等为主题的文化小游园 100 多个，让百姓出门能见绿，抬腿能健身，寓文于园，寓教于园，深得民心。同时，规划建设龙山公园、望浯公园、陶铸公园、浯溪国家湿地公园、县城森林公园等一批城市公园，提升城市功能与品位。三是全面打造无围墙城市。在拆违控违、小区改造的同时，探索推进街区制，一律拆除单位大院和封闭住宅小区围墙，实现内部道路公共化，停车位、卫生间社会化。目前，90 多个机关企事业单位实现拆墙建绿，还绿于民，还畅于民，建成一大批生态庭园、小游园，并有效缓解停车难问题，群众的认同感、幸福感、归属感空前高涨。四是全面提升城市管理水平。全面实行路长制、街长制，推动社会化“大保洁”模式，城区禁燃禁爆及中元节文明祭祀实现常态化、长效化，强力推行“六出城三取缔”（畜禽养殖出城，废品收购出城，噪音、废水、废气、污染商店出城，老旧闲置二手车辆出城，修车、洗车场所出城，大理石、钢材、建材加工场出城；取缔地陷式垃圾收集点，取缔旱厕，取缔城区搭棚子设灵堂、办丧事），开展老旧小区物业管理试点，扎实推进智慧城市建设，开展国家海绵城市示范建设，城市管理更加精细，2018 年以全省第一名的成绩成功创建国家卫生县城。

2. 以美丽乡村四大行动为抓手改善农村人居环境

祁阳县坚持城乡环境同治，创新开展美丽乡村“一拆二改三种四清洁”行动，全面整治农村生产空间、生活空间、生态空间，取得良好成效。一“拆”，拆出发展新空间。坚持依法稳妥拆、用活政策腾、全面规范建，推行“党员村干带头拆、机关干部回乡拆、职能部门依法拆、村‘两委’组织拆、村规民约督促拆、动员群众自主拆”的策略，累计依法拆除农村破旧危房空心房、违法建筑物 456 万平方米，同时保护好古院落、古民居；将腾出盘活的农村闲置土地、空闲农房和宅基地用于发展新产业新业态，全县新增 2100 亩耕地占补平衡指标入市交易，收益 2.82 亿元，增减挂钩置换新增建设用地 1600 亩；免费提供城乡民居设计图集，推进按图建房，禁止违规建房，实行多规合一，已完成 471 个村庄规划编制，规范建房率达 97%，新建村民集中建房点 25 个，完成 4 个建制镇风貌改造。二“改”，改出生活新品质。大力推进改水、改厕。规划启动 5 大片区水厂建设，采取新建、改扩建、配套、联网等措施，有序推进农村集中连片供水，实现改水 8.9 万户。大力推进农村“厕所革命”，统一改造标准，统一规划放样，统一施工队伍，统一验收奖补，因地制宜推广“户厕 + 城镇污水处理、微动力一体化生物智能处理、三格式化粪池 + 工程湿地处理、三格式化粪池 + 自然湿地处理、四格式处理”5 种改厕标准和模式，将污水处理设施、湿地与小游园建设融为一体，确保方便、环保、美观，已建成农户卫生厕所 15.69 万户。

三“种”，种出乡村新颜值。全面推进种树、种花、种果。在村道两旁、房前屋后栽种本土大苗，山塘河边植树栽柳，荒山荒坡植竹种树；在庭院周围、田间院头种花种草，绿化美化；在院落空地、空闲旱土、宜果荒山发展特色水果，在此基础上建设小游园、小花园、小果园，已新建乡村小游园113个，乡村营造林26.2万亩。四“清”，清出村庄新面貌。全面推行清洁家园、清洁水源、清洁田园、清洁能源，大力清理生产生活垃圾，开展“百村振兴、千院清洁、万家美丽”行动，实施城乡环卫一体化项目，清运积存垃圾17.8万吨；全面落实河长制，在全省率先启动退耕还林还湿试点，实施森林禁伐减伐十年行动，开展绿化湘江造林种竹植柳行动，规划建设湘江百里画廊，强力推进水污染防治、水生态修复，落实水源地保护310处，建成4个镇污水处理厂，初步消除农村黑臭水体；强力加速养殖业转型升级和畜禽粪污资源化利用整县推进工作，粪污处理设施装备配套率达到86.4%，引进2家专业公司解决了畜禽粪污末端利用难题，进行生产废弃物清捡集中整治，禁止使用高毒高残留农药，控制农业面源污染；大力推广“气代煤”和“电代煤”等清洁能源模式。目前，全县打造了3个美丽乡村示范片、5个省级美丽乡村示范村、100个县级示范村，农村面貌焕然一新，走出了一条农村人居环境整治的祁阳路径，得到《人民日报》等媒体宣传推介。

（五）基层党建主导下的“村为主”治理格局基本形成

乡村振兴以治理有效为基础，以乡村组织振兴为引领。祁阳县以实现乡村治理体系和治理能力现代化为目标，着力推进乡村组织振兴，探索推行以“党委保落实、支部唱主角”为主要内涵的“县统筹、镇负责、村为主”工作机制，激发了村（社区）干部干事创业积极性、主动性、创造性，促进了基层工作减负增效，为实施乡村振兴战略注入了强劲动力。“村为主”做法被《湖南日报》以内参形式刊发，获得省委领导肯定，省委政研室、省委改革办、省农业农村厅以及《人民论坛》杂志社专家组到祁阳进行了专题调研推介，成为全省基层党建和基层治理有影响力的品牌。

1. 以党建为引领筑牢“村为主”堡垒

祁阳县始终坚持党建引领，着力把村（社区）党组织建成坚强战斗堡垒，为“村为主”治理提供坚强组织保证。一是选好“领头雁”。注重把政治素质硬、致富能力强、群众口碑好的优秀党员干部选进村级领导班子，本届村社换届后全县村级党组织书记平均年龄42.5岁，比上一届年轻5.3岁；村（社区）“两委”班子中，致富能人占比85.9%。择优遴选79名县直部门干部担任贫困村和软弱涣散村党组织第一书记；选优配强驻村工作队。二是培育“生力军”。把发展农村党员与村干部后备力量建设结合起来，拓展选人视野，严格入口把关，提高党员发展质量，确保每个村每三年至少发展1名党员、每年至少发展1名入党积极分子。2019年来，全县新发展农村党员408名，其中致富能手和返乡务工优秀手工艺人占比超过60%，党员队伍活力持续增强。三是释放“正能量”。推进支部学习教育常态化制度化，采取党员志愿服务、党员兼任农村网格员、“共产党员家庭户”挂牌活动等形式，引领基层党员亮身份、树形象、做表率，做给群众看，带着群众干。如在大村甸水厂项目建设中，涉及的137个行政村的村支“两委”干部，积极主动带领村民支持项目建设，仅用350天时间就解决了近29万群众的不安全饮水难题，为这一重大民生项目的完成作出了重要贡献。

2. 以明责定向为先导探索“村为主”新路

祁阳县旗帜鲜明树立大抓基层、大抓支部的工作导向，着力构建“村为主”的工作新格局。一是定方向。坚决贯彻执行中央、省委、市委关于为基层减负的要求，对年度日常性事务工作，全面推行目录清单管理，明确基层单位工作事项，明确村级党组织在组织建设、脱贫攻坚、经济发展、乡风文明、乡村治理、应急管理、民主管理、征拆安置、美丽乡村建设等9大类重点工作中唱主角、当主力、抓主动。二是明任务。逐一明确了组织建设、脱贫攻坚、经济发展等9大类工作“村为主”的重点任务，列出责任清单、任务清单，并每年根据形势变化适当调整，做到有章可循、有规可依、有序推进。三是重协同。坚持分级负责、层层落实，在实施“村为主”工作机制过程中，县直有关部门、镇（街道）按照职权法定和谁主管谁负责、属地管理原则，严格履行各自职责，形成协同联动效应。

3. 以赋权增能为支撑提升“村为主”能力

祁阳县坚持钱往基层投、事在基层办、劲往基层使，加大基层基础保障力度，为各项工作“村为主”提供了强力支撑。一是搭平台立制度，让基层有地方办事。投入资金2.86亿元，大力推进为农综合服务平台建设，建成投用560个村（社区）党群服务中心，统一设置“十室两中心一广场”，打造集政务服务、社区管理、文体娱乐等于一体的综合性服务平台。统一制作标识标牌，综合全县职能部门软件平台，将制度体系和服务体系嵌入560个党群服务中心，规范办事流程，细化服务事项，高标准打造了20个全市农村综合服务平台示范村。二是放权力定清单，让基层有条件办事。积极推进县本级事项向乡镇（街道）下沉，县本级采取直接赋权、委托下放、服务前移等方式赋予乡镇（街道）经济社会管理权限116项，结合县本级权力清单发布，实行权力清单管理。同时将县人社、民政、卫健等部门资源下沉到村（社区），制定统一标准，由村干部为村民提供养老保险、医疗保险、孕前优生等方面事项的初审、校核服务，村里能办结事项有26项，推动“农民办事不出村”。建立村（社区）干部轮岗值班、首问负责、服务反馈等制度，健全村（社区）干部报酬和村（社区）运转经费稳步增长机制，确保各项服务正常开展。三是抓培训促实践，让基层有能力办事。注重增强村（社区）干部专业素养、专业能力，聚焦“村为主”9个方面的重点工作，举办各类培训班19期，培训12064人次。以“规定动作+自选动作”为基础，以“请进来+走出去”为特色，组织党员积极开展主题党日活动，以党日活动为依托大力开展“一拆二改三种四清洁”行动，人民群众获得感和满意度大幅提升。

4. 以奖优罚劣为抓手确保“村为主”实效

祁阳县在推进“村为主”中，对村（社区）干部既明任务、严要求，又给待遇、给荣誉，多管齐下，激励担当作为。一是用考核鞭策人。坚持把实施“村为主”工作作为全县重点工作，纳入镇（街道）年度目标责任考核，列入乡村两级党组织书记抓基层党建工作述职评议考核的重要内容。出台量化考核办法，对村（社区）落实“村为主”工作情况实行综合考核，将考核结果与村级党员干部任免使用、评先评优、薪酬待遇和到村（社区）项目资金安排等挂钩，2019 年拿出人居环境整治专项资金 1.77 亿元，重点向 2018 年度先进村和模范村倾斜。二是用奖励鼓舞人。县委每年隆重表彰奖励 90 个单项工作先进村（社区）、10 个综合工作模范村（社区）。对连续三年获评模范村（社区）的，授予红旗村（社区），给予重奖；对获评“村为主”先进村的村（社区）党组织书记或主任，县里每年拿出 2 个以上乡镇公务员名额进行定向招录。对获评为单项“村为主”先进村（社区）和“村为主”红旗村（社区）干部，积极推荐为“两代表一委员”，在报考企事业单位工作人员和公务员时，同等条件下优先录用。三是用典型引领人。运用现场会、实地观摩、工作比武等形式，及时发现、推介典型，充分发挥示范引领作用，县、镇两级每年举行“工作村为主、成果大比武”竞赛活动，营造了比学赶超、争先创优的浓厚氛围。

三　以高质量发展为主线加快全域乡村振兴进程

实施乡村振兴战略，是一项长期的历史性任务，也是一个系统工程。祁阳县进一步做好乡村振兴这篇大文章，必须走高质量发展之路，落实农业农村优先发展总方针，在挖掘特色潜力、优化资源配置、完善土地制度、激发投资活力、改善生态环境、强化组织建设等方面下功夫，从而为实施乡村振兴战略注入源源不断的动力，加快乡村振兴战略由点到面全域推进，切实提升农业农村发展的质量效益，打造“全省乡村振兴示范区”。祁阳县作为典型农业大县推进全域乡村振兴，既是一项艰巨的任务，也是一项有益于全省的探索，必然需要省委、省政府相应的政策支持。

（一）以品牌战略为取向，优化农业品种结构与产业结构

创建品牌是获取市场竞争优势的重要途径。面对当前多元化的市场需求，祁阳县需要以品牌战略为取向，紧跟市场形势，优化农业结构，大力发

展有市场竞争力、高附加值的优势产业、优质产品，促进农业高质量发展。

1. 围绕打造区域公用品牌优化农业区域结构

立足区域农业资源禀赋，加快制定全县农业结构调整规划，深入挖掘并支持壮大具有地域特色与优势的种养产业，重点依托油茶、优质稻、油菜、槟榔芋等优势产业，大力创建区域公用品牌，深入推进农业标准化生产，统一制定公用品牌农产品质量标准，统一规范产品包装样式，统一运用产品品牌标识，通过举办区域农产品推广会、展销会及利用微博、微信公众号等现代新媒体方式大力宣传推广本地特色优质农产品，持续提升区域特色品牌的影响力。

2. 围绕打造产品品牌优化农业品种结构

着力淘汰农业落后产能，减少非优势、低品质品种的生产，选育推广满足市场多样化需求的特色品种，大力开发地方名优特产品，注重把粮油、茶叶、果蔬、畜牧业等主导产业的产品做精、做优，引导品种结构由低品质向优质高效型转变，把地方土特产和小品种做成带动农民增收的大产业。鼓励和支持农业龙头企业加强科技创新，开发高产、优质、高效、低耗的技术和更具市场竞争力的农产品，打造有影响力的产品品牌，形成以品牌经营为纽带带动全县特色农产品生产与销售、实现农业提质增效的新格局。

3. 围绕打造经营主体品牌优化农业产业结构

大力培育新型农业经营主体，在鼓励支持种养大户、家庭农场、农民专业合作社发展壮大的同时，进一步优化农业投资环境，继续招大靠强，引进实力雄厚的战略投资企业参与农业产业化经营，扶持打造一批带动能力强的企业品牌、合作社品牌，并引导农业龙头企业联合农民专业合作社、家庭农场组建农业产业化联合体，促进产加销紧密结合，带动产业发展、链条延伸、功能拓展，打造特色农业全产业链大格局。

建议省委、省政府加大对祁阳县这类农业大县农业品牌创建的支持力度，考虑县域特色产业发展的动态变化，允许扩大“一县一特”产业的支持范围，将油茶等林业经济纳入农业特色产业扶持范围，并在县级区域公用品牌的标准化生产、品牌营销、特色产品推介上加大支持力度。推动更多的

农业科研资源向此类农业县下沉，引导省内涉农高校、科研院所加强与此类农业大县的合作，帮助其培育特色产品品种、创新农产品精深加工技术、推广生态循环技术、发展智慧高效农业，形成农业科技创新的示范带动效应。同时，在农业招商引资、农业信贷担保等方面给予政策倾斜。

（二）挖掘特色生态资源潜力，带动区域发展绿色崛起

生态资源是最宝贵的资源，把乡村生态资源优势转变成区域发展优势，是推进乡村振兴的重大战略举措。祁阳县要牢固树立和践行绿水青山就是金山银山的理念，全面凸显“绿色”这一生态文明的原色和主色，充分挖掘100.8公里的湘江段水域资源和作为全国绿化模范县的生态资源，打好绿色经济牌，走出绿色发展路。

1. 挖掘资源潜力，实施绿色开发

立足祁阳生态资源实际和优势，优化城乡产业空间布局，结合湘江百里画廊、三家村田园综合体示范区、现代农业科技园示范区以及陶铸故里古韵小镇示范区建设，分类分区挖掘湘江水资源、生态油茶林、生态观光园、古韵小镇等特色生态资源优势，做足山、水、人文文章，优化生态产业结构，着重发展绿色生态农业、休闲农业与乡村旅游、绿色生态制造业，做大做强新能源、新材料、生物医药等新兴产业和农产品深加工产业，带动城乡一二三产业融合发展，打造区域生态产业品牌。

2. 转变发展模式，促进绿色转型

在各区域产业布局、新型城镇化、重大项目建设中充分考虑生态环境的承载力，加快推进传统产业升级更新，进一步推进高能耗、高排放企业退出，在招商引资中注重加大对绿色、节能、环保的高新技术企业的引进力度，全面推广生态循环种养技术，推行节约高效的耕作方式，支持施用生态肥药，进一步推广秸秆、养殖废弃物、农产品加工废弃物资源化利用和太阳能利用技术，推动绿色发展融入经济发展的全领域、全过程及产业发展的全生命周期，加快推进经济发展向低投入、高产出、低消耗、少排放、能循环、可持续的方向转变。

3. 引导社会行为，激发绿色发展活力

在绿色生活、绿色文化、绿色制度等方面开展全方位的顶层设计，提升各级干部对绿色发展的认识和引领推动绿色发展的主动性自觉性，建立有利于节能减排的市场化激励机制，在全社会大力弘扬绿色生产和生活观念，鼓励和支持绿色生态技术创新，促进生态技术在经济社会各个领域的广泛应用，推动绿色文化全面融入城乡发展和人民群众工作生活中，从而推动全县走上以绿色发展引领高质量发展的新路。

（三）构建大农业支持保护机制，推动特色产业升级

农业是包括种植业、林业、畜牧业、渔业等多个生产部门在内的产业，现代农业日益向集约化、专业化、组织化、社会化、融合化相结合的产业化发展模式转变，分工协作与多元经营成为现代农业发展的基本要求。祁阳县推进农业现代化要树立大农业理念，进一步强化涉农部门的分工协作，完善农业支持保护机制，发挥农业园区的集聚与带动作用，推动农业迈入规模化、标准化、科技化、品牌化的轨道。

1. 调整农业支持保护结构

推进财政支农方式由直接支持为主向间接支持为主转变。在支持内容上，重点对农田基础设施建设、农业社会化服务、农业科技创新、农业品牌打造、农业金融和农业保险等方面进行支持，尤其加大对农业绿色发展的支持力度，在农业环境突出问题治理、绿色生产模式创新、山水林田湖草生态保护修复、农业废弃物资源化利用等方面加强资金保障。在支持对象上，基于小农户仍然是祁阳县农业发展的主要力量，加大对小农户标准化生产、农产品流通的支持力度，大力扶持面向小农户的社会化服务组织，对新型农业经营主体的扶持以其对小农户的带动力为标准，以此推动农业往绿色高质方向发展。

2. 提升农业园区集聚引领能力

进一步加强现代农业园区基础设施建设，搭建冷链物流、农业科研、技术培训、农业展销等平台，完善园区功能，增强园区承载力。加强园区管

理，完善准入制度，加强对土地流转、项目建设的规范管理，保障园区规划有序实施。围绕发展区域性的优势特色产业，进一步精心包装一批产业项目并开展招商，引入一批带动力强的农产品加工企业、农业社会化服务企业，带动园区规模化、标准化生产，依托有实力的企业在核心区打造一个有规模、上档次、有影响，集种植基地、农业科技展示、文化创意、休闲观光于一体的综合产业园，辐射带动周边其他产业园和产业链建设，促进特色产业升级，形成“一园带多园”的发展格局，把园区打造为引领带动全县现代农业发展的重要平台和示范基地。

3. 构建大农业协作机制

一方面，县实施乡村振兴战略工作领导小组要加强县内涉农各部门的统筹协调，在农业产业项目、基础设施项目的设计与建设上加强协作，推动农工贸、林牧渔整体联动，打造一批一二三产业融合、带动力强的大农业项目。另一方面，推进县内新型农业经营主体的联合，建立一批农业产业化联合体，推动龙头企业、农民专业合作社、家庭农场、农户在产业链、价值链、供应链上建立紧密的协作关系，推动多种主体、多种要素、多种业态深度融合，形成大农业发展的利益共同体、命运共同体。

湖南是农业大省，也是林业大省，诸如油茶等林业经济产业是部分县域的特色优势产业，但县域在向上申报产业项目时，往往面临着农林等部门利益分割的问题。因此，建议省委、省政府加强统筹协调，以大农业的理念，完善涉农产业的支持政策，如将县域林业经济的相关产业纳入农业产业支持范围，将油茶等林业经济产业园纳入农业特色产业园的支持范围，同时推动涉农各部门加强协作配合和信息互通，为乡村产业振兴提供有力保障。

（四）推动项目实施权下移，提升公共资源配置效率

提升基层服务能力是实施乡村振兴战略的重要保障，需要通过简政放权、行政资源整合来实现。祁阳县要进一步着眼于对乡村赋权增能，深入推进县乡政府职能改革，下放包括项目管理实施权在内的更多权限到乡镇政府，提高乡镇政府的服务能力，提升公共资源配置效率。

1. 推进政府服务职能变革

贯彻落实省委《关于全面加强基层建设的若干意见》，进一步规范乡镇机构设置，明确县乡政府在公共服务供给方面的职责划分，合理划分县乡财政事权和支出责任，扩大乡镇公共服务的财政自主权，构建财权与事权相匹配的县乡财政管理体制。加强乡镇干部队伍建设，健全干部考核和激励机制，提高乡镇政府公共服务执行能力。进一步下放相关的行政审批和公共服务事项到乡镇，扩大乡镇政府在农业、规划、环保、安全等方面的服务管理权限，扩大提升乡镇直接服务基层百姓的权限、范围和能力。

2. 创新行政管理体制

强化乡镇政府对乡村振兴的组织、协调和推动落实职责，制定乡镇公共服务事项目录清单，明确服务事项、服务标准、服务对象和服务要求。严格规范对乡镇的考核项目及责任状项目的审批权限，严格控制对乡镇“一票否决”的使用范围，全面清理和取消不属于中央和省委、省政府规定的“一票否决”事项。实施减证便民行动，加强乡村政务服务标准化建设，着力提升县乡为农服务规范化、标准化水平，健全“一站式服务”的综合服务平台，大力推行“马上办”“网上办”“一次办”，为群众提供省时、省钱、省心的服务。

3. 健全乡村项目运行管理机制

发挥规划的引领作用，将规划作为乡村项目投入建设的制度设计手段，推进项目决策规范化、科学化、合理化。尽可能把乡村项目运行管理及相关资源下放到乡村基层，对县级自主的乡村产业项目、建设项目，推行将资金管理使用和项目组织实施权限下放到乡镇，推行农村公共基础设施项目建设由村级自主组织承担，项目责任部门负责跟踪、督查、协调推动，以此提高项目建设管理的质量和效率。

目前，湖南省财政资金还是实行“条条管理”，对用途有明确规定，上级部门对已批复的项目一般不允许地方调整变动，县级政府统一调度和使用各类涉农资金难度大。从祁阳县实践来看，对于一些建设期限较长的项目，县级政府根据实际情况的变化往往需要对项目实施范围和方式有所调整，但上级部门掌握着乡村项目实施内容、范围和方式的决定权，县级政府很难调整，导致出现重复建设、断头建设，不利于因地制宜地推进乡村振兴。因此，建议省委、省政府进一步推进涉农财政资金的整合，把落实到县里的乡村项目实施权下放至县级政府，给县级政府留出尽可能多的资金整合余地，让县里紧密结合地方发展实际，把项目专项资金、相关涉农资金和社会帮扶资金捆绑集中使用，提升公共资源的配置效率。

（五）加快土地资源要素流动，激发乡村内生动力

土地是农业最基本的生产要素，也是农民最根本的生存资源、农村最宝贵的发展资本。祁阳县要深化土地管理改革，促进土地资源要素流动，推动土地这一“沉睡资产”焕发新的生机，激发乡村内生动力，为乡村全面振兴提供新动能。

1. 深化产权流动的农村土地管理改革

推进农村承包地“三权分置”，坚持依法自愿有偿原则，鼓励农民多形式流转承包土地的经营权，健全土地流转服务体系，建设全县统一的农村土地流转交易服务中心，促进农村土地经营权有序流转，发展多形式的适度规模经营。鼓励有条件的已进城农村居民自愿有偿退出宅基地。探索放活宅基地使用权，鼓励农户以宅基地和农房使用权入股发展农宅合作社，鼓励县城城郊等有条件的地方探索城镇居民与农民合作建房，支持企业与农民合作发展乡村民宿。

2. 探索资本化经营的农村土地权益改革

深入推进农村产权制度改革，引导农民利用土地经营权入股企业、专业合作社，参与现代农业经营，推动资源变资产、资金变股金、农民变股东。鼓励农村集体经济组织以集体经营性建设用地使用权租赁、入股、联营等形式与其他经营主体共同开发经营，增加集体收益。加强农村闲置地开发，深入推进农村“田水路林村宅”综合整治，将农民集中建房、闲置地整治形成的土地收益、建设用地指标用于农业农村建设发展，保障农民的合法权益。

3. 推进农业农村优先发展的用地保障改革

落实支持乡村振兴的用地保障政策，优化乡村产业发展、村庄建设、生

态用地布局，推动土地集约节约利用，用好用活城乡建设用地增减挂钩、点状供地等政策，满足特色小镇、田园综合体建设用地需要。加强农村建设用地管理，推动更多的存量建设用地用于农产品加工、冷链物流仓储、产地批发市场以及休闲农业、乡村旅游、农村电商等新产业新业态发展，用好年度新增建设用地指标，加强对农业农村发展用地的支持。推动农业生产与村落建设、乡村绿化等用地的复合利用。

（六）优化涉农融资平台，激发乡村多元投入活力

乡村振兴是一项长期而艰巨的工程，资金需求巨大，单一的公共财政投入无法支撑，建立多元投入机制是必然要求。祁阳县是农业大县，其乡村振兴的资金供需矛盾更为突出，必须进一步优化涉农融资平台，拓展融资渠道，形成财政、金融、社会多元投入的合力，为乡村振兴各项任务的顺利推进提供支撑。

1. 进一步完善县农建投运作机制

适应全县农业农村发展要求，进一步扩充县农建投资本，积极吸引各种所有制形式的资本注入，增强投融资能力。以县农建投为平台，筹建县农业产业化发展基金，吸引更多社会资金投入现代农业。拓展县农建投功能，推动县农建投在重大农业基础设施建设、招商引资、产权交易、融资担保、农业保险等领域发挥更大的作用，提升县农建投与全县重大农业项目、重要农业龙头企业的关联度，通过实施政府补助、参股控股等多种方式撬动更多社会资本投入农业农村开发，使县农建投渗透到全县现代农业发展的各领域，成为引领农业健康快速发展的核心力量。

2. 进一步完善财政金融合作机制

在不断加大县级公共财政涉农投入力度的同时，制定相关优惠政策，引导各种金融机构在农村设立分支机构，支持鼓励在乡镇设立小额贷款公司，鼓励并规范发展农村资金互助合作组织，支持以供销社为依托发展生产、供销、信用“三位一体”的综合合作。通过“先建后补”“以奖代补”等方式增加对发展特色产业的新型农业经营主体贷款的补贴。引导金融机构探索

扩大担保物范围试点，创新适应新型农业经营主体抵押方式的贷款，推动部门的农村产权确权信息与金融机构联网共享，优化农村产权融资环境，制定农村产权流转交易金融配套政策，推动金融机构开展农房财产权、土地经营权抵押贷款。建设乡镇金融服务中心、村级金融服务站作为政府、金融机构、“三农”有效对接平台，促进信息对称，增强金融机构放贷信心。

3. 进一步完善社会资本投入引导机制

制定完善社会资本投入乡村振兴的产业支持、用地保障、税费减免等政策，注重通过政府与社会资本合作、政府购买服务、以奖代补、贷款贴息、农业信贷担保等方式，调动龙头企业、合作社、农民群众等各方参与乡村振兴的积极性。建立全县乡村振兴投资信息平台，系统汇集招商引资项目及相关政策、环境信息，对接社会资本投入。制定关于乡村招商引资签约项目履约的考核制度，开展与社会资本合作中县乡政府和村集体失信的专项治理，优化乡村投资环境。

（七）生态环境保护以治理为主，向补偿与防治并举转变

良好生态环境是农村最大的优势和宝贵财富。必须尊重自然、顺应自然、保护自然，推动乡村自然资本加快增值，实现百姓富、生态美的统一。祁阳县拥有丰富的生态资源，要通过源头治理、系统治理、全员共治，进一步巩固提升城乡环境治理的成果，为绿色发展奠定的坚实基础。

1. 以源头防治为重点减少环境污染

生态环境的污染破坏容易，但是治理与恢复却相当困难。祁阳县要大力推进生态环境的源头防治，加快研究划定生态环境保护红线，建立健全产业项目准入制度，建立城乡产业发展正面清单与准入负面清单，严格限制产业发展对生态环境的影响。实行严格的禁塑令，禁止不可降解塑料袋、一次性塑料制品、快递塑料包装等塑料制品的生产销售和使用，全面控制塑料污染。加强系统治理，进一步推动城乡生态环境治理同步协调发展，防止和杜绝城市垃圾、污染向农村转移。强化宣传教育，不断增强城乡居民环保实践的积极性和主动性，将正确的生态观念转化成环境保护行为，从源头上遏制生态破坏和环境污染问题的产生。

2. 以生态化治理为手段实现低成本治理

在环境污染治理中，倡导因地制宜打造节约成本、高效稳定、管护简便的治理模式，尤其在农村环境整治中，要因地而异、精准施策，推行适合村庄自然特征、污染排放特征的治理技术，对生活污水处理坚持庭院式分散处理、村落集中处理、排水管网统一处理相结合，采用生物与生态组合处理技术，对农村有机垃圾进行集中分类，就近进行生物腐熟处理，就地还田资源化利用，最大限度地降低环境治理成本，营造生态宜居和具有乡土气息的生活空间。

3. 以生态补偿为引导激发环境保护内在动力

加大对农村集体经济组织保护耕地的以奖代补资金投入力度，建立对经营主体建设和保护高标准基本农田的激励机制，每年对耕地保护绩效突出的乡镇以及村级集体经济组织进行奖励和表彰；建立对森林保护、湘江段水域保护的补偿与激励机制，探索开展县域内水生态补偿试点，对断面水质优于管控目标的乡镇予以奖补，未达到管控目标的乡镇缴纳污染赔付金；拓展退耕还林还湿试点，通过支持企业与农民合作建设生态旅游区、田园综合体等方式，引入市场机制，加大对农民退耕还林还湿的生态补偿力度，以此提升全社会参与生态环境保护的积极性。

为激发县域加强生态环境保护的积极性，建议省委、省政府进一步加强生态补偿的制度设计，探索建立全省耕地保护补偿基金，完善对县域耕地保护的激励机制，建立对耕地产权主体保护耕地的补偿机制；推动湘江流域上下游相邻县域间建立流域横向生态保护补偿机制，加强联防联治，共同维护流域生态环境安全；建立健全对县域的农业绿色生产与面源污染防治的激励机制，加大对农村人居环境整治取得突出成效的典型县的奖补力度；制定防止城市污染下乡的政策法规，加快出台加强全省塑料污染治理的意见，有效防止农业农村外源污染。

（八）以完善考核机制为抓手，强化乡村振兴组织领导

实施乡村振兴战略要求健全党委统一领导、政府负责的领导体制，形成五级书记抓的责任体系，落实这一要求必须突出考核的激励约束作用。祁阳

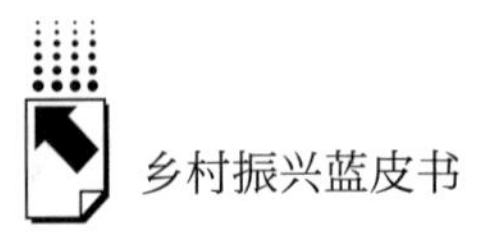

县在实施乡村振兴战略中，要进一步强化领导责任制，发挥基层党组织的战斗堡垒作用，完善考核评价机制，促进乡村振兴目标任务的落实落地。

1. 实施清单制，压实乡村振兴责任

贯彻落实《中国共产党农村工作条例》，健全党委统一领导、政府负责的农村工作领导体制，县委书记把主要精力放在农村工作上，当好乡村振兴“一线总指挥”，乡镇党委书记把实施乡村振兴战略作为核心任务和主要职责来抓，明确党委的主体责任、部门的直接责任、主要负责人的第一责任，分级分类建立实施乡村振兴战略的责任清单、任务清单、项目清单、投入清单，压实三级书记抓乡村振兴的政治责任、工作责任，做到人人有责担、事事有人管，确保乡村振兴战略顺利实施。

2. 完善考核机制，落实乡村振兴责任

实施乡村振兴战略实绩考核，依据任务清单、责任清单，制定考核办法，每年对县乡村振兴工作领导小组成员、乡镇进行考核，强化考核结果运用，建立严格的奖惩问责机制，将考核结果作为考核评价领导班子和选拔任用领导干部的重要依据。同时，建立实施乡村振兴战略的督查机制，强化乡村振兴战略推进情况督查落实。

3. 加强基层党建，凝聚乡村振兴合力

落实全面从严治党要求，推进基层党支部“五化”建设，持续整顿软弱涣散村党组织，着力选优配强村“两委”班子，进一步完善各项组织生活制度，继续深入推进“村为主”的基层治理模式，压实基层党组织的责任，引导广大党员发挥先锋模范作用，推广部分村实行党员量化积分管理制度的经验。全面推进村级事务规范化民主化管理，畅通村民诉求表达通道，动员群众参与乡村振兴，发挥农民的主体作用，凝聚乡村振兴的磅礴力量。

参考文献

1.《中共中央 国务院关于实施乡村振兴战略的意见》，《人民日报》2018 年 2 月 5

日第1版。

2.《中共中央 国务院关于抓好“三农”领域重点工作确保如期实现全面小康的意见》，2020年2月6日第1版。

3. 中共中央党史和文献研究院：《习近平关于“三农”工作论述摘编》，中央文献出版社，2019。

4. 陈文胜、王文强、陆福兴：《湖南蓝皮书：湖南乡村振兴报告（2018）》，社会科学文献出版社，2018。

5. 陈文胜：《农业供给侧结构性改革：中国农业发展的战略转型》，《求是》2017年第3期。

6. 陈文胜：《实施乡村振兴战略走城乡融合发展之路》，《求是》2018年第6期。

7. 陈文胜：《为乡村振兴提供内在动力》，《人民日报》2019年5月13日第9版。

8. 陈文胜：《补齐农村人居环境短板》，《人民日报》2019年9月10日第5版。

9. 陈文胜：《推动乡村产业振兴》，《人民日报》2018年3月12日第7版。

10. 陈文胜：《农民主体地位与乡村治理现代化》，《湖北民族大学学报》（哲学社会科学版）2020年第1期。

11. 陈锡文、陈文胜：《以精细农业为取向 推进湖南农业发展现代转型》，《湖南日报》2019年12月24日第8版。

12. 符浩勇、陈媛、林欣：《县域金融服务乡村振兴的政策建议》，《中国县域经济报》2020年1月2日第7版。

13. 刘盛华、肖玉明：《“五化”背景下的乡村振兴之路》，《政策》2019年第12期。

14. 廖毅刚、王猛恒、陈卫、何顺：《工作村为主 乡村大振兴》，《湖南日报》2018年12月27日第11版。

15. 王文强：《21世纪以来中国三农政策走向研究》，《江西社会科学》2017年第7期。

16. 王文强：《着力解决乡村振兴中“钱”的问题》，《团结》2019年第4期。

17. 张笛：《城乡融合做文章 湘南之城好风光》，《湖南日报》2019年4月24日第6版。

18. 周新辉：《四扶四建 加速脱贫》，《新湘评论》2018年第11期。

19. 周新辉：《干事动力提上来 基层负担减下去》，《永州日报》2019年6月27日第5版。

20. 周新辉：《祁阳县农副产品加工产业发展调研》，《粮食科技与经济》2016年4期。

21. 朱治宁、董黎明：《精致城市到底离我们有多远——“祁阳路径”的探索与实践》，《城乡建设》2019年第11期。

B.7

洞庭湖地区农业大县的全域乡村振兴之路

——华容县推进农业农村现代化的实践探索

陈文胜　杨　畅　姚选民　谢晓军　谢振华*

摘　要： 农业是乡村振兴的基础，乡村产业兴旺的核心是农业振兴。农业大县华容在乡村振兴总目标的引领下，通过“品牌+”“园区+”“企业+”“水稻+”“特色小镇+”“全域+”“党建+”等多种模式创新，开创了全域乡村振兴的新局面。并提出了加快农业大县工业化、着力人口大县城镇化、促进支持政策系统化、突出农民地位主体化、挖掘地域文化特色化、实现区域规划一体化等走向城乡融合发展的对策。

关键词： 华容县　洞庭湖地区　农业大县　农业农村现代化　全域乡村振兴

农业是乡村的基础产业、是乡村振兴的核心，乡村产业振兴首先要振兴农业产业，当前最突出的问题是农业产业综合效益和竞争力均偏低。在十三届全国人大二次会议上，习近平总书记参加河南代表团审议时，他非常关注

* 陈文胜，博士，湖南师范大学中国乡村振兴研究院院长、中央农办乡村振兴专家委员、省委农村工作领导小组“三农”工作专家组组长，主要研究方向：农村经济、城乡关系、乡村治理；杨畅，博士，湖南省社会科学院马克思主义研究所所长、研究员，主要研究方向：公共管理；姚选民，博士，湖南省社会科学院副研究员，主要研究方向：政治学；谢晓军，湖南省社会科学院助理研究员，主要研究方向：国际关系；谢振华，博士，湖南省社会科学院助理研究员，主要研究方向：公共管理。

农业产业问题，他强调要“实现粮食安全和现代高效农业相统一”，实施乡村振兴战略的首要任务就是要确保重要农产品特别是粮食供给。农业大县能否“扛稳粮食安全这个重任”，决定着中国人的饭碗能否稳稳地端在自己的手上。华容县地处湘北、岳阳市西部，位于洞庭湖冲积平原腹地，素有“稻油丰稔甲湖广，麻桑夙著震九州”之美誉；是全国粮、棉、油、鱼商品生产基地县，“华容芥菜”“华容稻”“华容小龙虾”等品牌闻名遐迩，它也是国家现代农业示范区。为了全面推进农业农村现代化，华容县深入贯彻落实习近平总书记关于乡村振兴的重要论述，按照省委省政府发展精细农业的要求，以机制创新加快农业转型升级，让乡村产业更优、人居环境更美、乡风文明更好、基层组织更强、农民收入更多。2019 年，全县农业产值 51.55 亿元，农林牧渔服务业产值 6.54 亿元，农业机械总动力 119.3 万千瓦，全县机耕面积 196.87 千公顷，农村居民人均可支配收入 19464 元，成功地探索出一条洞庭湖地区农业大县的全域乡村振兴之路。

一　总目标引领，开创全域乡村振兴新局面

华容县按照实施乡村振兴战略的总目标，以农业强不强、农村美不美、风气好不好、治理优不优、农民富不富作为衡量标准，深入推进农业供给侧结构性改革，奋力开创“三农”工作新局面，先后成为全国粮食生产标兵县，是湖南省“中国好粮油”行动示范县，也是我省出口食品农产品质量安全示范区、全省美丽乡村建设先进县。

（一）以发展现代精细农业为取向，推动农业强

作为农业大县，华容县遵循习近平总书记对湖南作出的重要指示精神，推进农业现代化、着力农业供给侧结构性改革，根据省委提出的打造“以精细农业为特色的优质农副产品供应基地”的要求，以科技创新和现代市场化经营方式为依托，以精细农业为取向，依据华容县的资源禀赋，结合精耕细作的传统农作制度优势，因地制宜，精心计划，以生产特色、优质、健

康、高附加值农产品为目标，大力发展绿色粮食、有机蔬菜及小龙虾、中药材、茶叶等农业特色产业，壮大现代农业新型经营主体，推进农机化发展，加速了农业现代化进程。

1. 以实施农业利税倍增计划为抓手，实现农业高质发展

围绕放心粮油、绿色蔬菜、洞庭鱼鲜等绿色优质农产品做优品牌、做长链条，重点实施芥菜、小龙虾、中药材、茶叶等产业产值倍增计划，大力建设特色农产品、特色水产品和特色林果园艺产品产业基地，扶持发展粮食、蔬菜、水产加工等领域龙头企业，支持农产品加工等企业建立产业联盟，加大县产业引导投资基金支持力度，加快形成“一乡一业、一村一品”特色。2019 年全县打造绿色高效水稻 60 万亩、打造 23 万亩芥菜、25 万亩稻虾套作种养稻田、新扩低改茶园 2000 亩、种植中药材 4 万亩以上，培育发展了一批农副产品加工企业，其中规模以上企业 73 家，市级以上龙头企业 21 家、省级以上龙头企业 5 家。注滋口入选全国综合实力千强镇，三封寺镇获评全省十大农业特色小镇。注滋口小龙虾特色养殖获评农业部水产品健康养殖示范基地，插旗菜业通过省第一批高新技术企业认定。

2. 以培育新型农业经营主体为支撑，实现农业融合发展

华容县大力推进农业产业化联合体建设，以龙头企业为引领、以农民合作社为纽带、以家庭农场和专业大户为基础，建立了一批新型农业经营主体。全县大力推广“龙头企业 + 合作社 + 基地 + 农户”“专业市场 + 合作社 + 农户”等经营模式，在合作模式上推行合同订单、股份合作、托管寄养、联耕联种、代加工等生产方式，带动发展生态农业、体验农业、特色民宿、乡村旅游服务业，促进农业增产、农民增收和企业增效。至 2019 年全县 12 万农户通过合作社或龙头企业被纳入农业产业化生产体系，土地适度规模经营比重达 70%，畜牧规模化比重达 93%，农民专业合作社累计达 1356 家，家庭农场累计 1102 家，农业适度规模经营比重达 70%。插旗镇入选国家农村一二三产业融合强镇，兔湖中药材种植专业合作社获评国家级示范合作社，棋盘穴稻虾种养、百丰水稻种植、王字港水稻种植等 3 家专业合作社获评省级示范合作社。

3. 以提高现代化装备水平为关键，实现农业高效发展

运用现代化装备进行生产，是农业现代化的一个重要标志。一是扎实推进农业生产机械化。全力推广水稻插秧机，实施油菜机械化生产收割面积50万亩以上，农业综合机械化率达到86%；推广使用棉花移栽和茶叶采摘机、菜苗移栽机以及林下垦复机，提高经济作物和林果业的机械化水平；推广水肥一体化、秸秆还田等技术，恢复发展绿肥生产面积20万亩。二是加快农机合作社建设步伐。以现代农机合作社为主体，推广以飞防减药、精施减肥、转化减污为主要内容的农机“三减量行动”，2019年推广同步减量施肥机17台，作业面积1.6万亩，超低空遥控飞机植保机28台，作业面积11.2万亩。三是大力发展数字农业。打造“华容稻”绿色高效示范板块和数字农业示范区，利用水稻生长过程动态检测系统、水肥一体智能系统等智能化手段，在水稻生长生产的每一环节实现远程指挥和智能化管理。

（二）以农村人居环境改善为抓手，实现乡村美

农村人居环境是乡村振兴的薄弱环节，是推进农业农村现代化的基础性工程。华容县围绕建设绿色生态宜居家园，开展农村人居环境整治村庄清洁行动，重点实施“三清理”“四拆除”“三提升”，即清理垃圾、疏清水体、治理粪污、整理杂乱、拆除“四房”、绿化村庄、美化村貌、规范建房、长效保洁、创新治理，持续改善农村人居环境，加快推进生态保护与修复，打好农村污染治理攻坚战，积极创建了一批美丽乡镇、美丽乡村、美丽屋场。

1. 创新环境治理模式，让村容村貌干净整洁有序

把农村人居环境整治，作为乡村振兴的第一仗。一是强力推进“空心房”整治。按照“依法拆、集中建、高效管”原则，加快推动“空心房”拆除进程，改善农村人居环境。全县累计拆除“四房”43403栋、315万平方米，腾退土地1.9万亩，已复绿1332亩、复建289亩、复垦4713亩，初步形成效益近30亿元。“空心房”整治新模式获省市好评。二是强力推进村庄清洁行动。农户房前屋后实行农户“门前三包”（包卫生、包秩序、包绿化），公共区域和村组道路安排专人保洁，常年配备保洁员1600多人，

2019 年新配备垃圾收集电动车 100 辆，实现户分类、村收集、乡压缩、县转运的垃圾处理模式，14 个乡镇全部完成压缩转运站建设，全县区域内基本无可视垃圾。三是强力推进村民规范建房。遵循“因地形而规划、因地貌而设计、因地势而建设”的保持农村本色方针，高标准配套建设集中建房示范村，坚持“四个优先”扶持原则，即：对规模相对较大的、建设进度快的、公共设施规划完善的、季度排名靠前的示范点优先扶持，以竞争激励机制加速乡镇示范点建设。截至 2019 年，全县规划 30 户以上集中建房点 42 个，已完成打造 35 个，其中 100 户以上示范点 5 个，完成农户集中建房 1650 户，同步建新拆旧 1520 间，还耕面积达 2700 多亩，集约节约土地 1520 多亩。四是强力推进环境治理设施建设。高规格打造三封寺镇华一村等十余个市、县示范村样板，推行城乡公交一体化和“宽带乡村”计划，实施农村自来水厂改造提质工程，完成东山、三封寺、新河、万庾、治河渡、禹山等 6 个乡镇的污水处理厂建设，改（新）建农村卫生厕所 16800 个。

2. 推进生态优化工程，让宜居家园变亮变净变美

打造桃花岭渍堤生态护坡示范区、水禽栖息地植被恢复与重建示范区、东湖国家湿地公园科普宣教中心等亮点工程，加强东山水库与石家港风光带、墨山古镇和华一水库、大荆湖、胜峰国有林场、塔市国有林场森林康养基地建设，分类推进高效农业村、特色工业村、休闲产业村、移民安置村、安全垸墟场和综合发展村建设，加大力度整治集成麋鹿保护区、江豚保护区、东湖湿地公园、圆田螺保护区及桃花山森林公园，加强虎尾山垃圾填埋场封场治理以及梅田湖居委会中心沟黑臭水体治理。至 2019 年共打造 1 个国家级特色小镇、2 个省级边界镇、2 个省级特色小镇、6 个省市秀美乡镇，5 个省级美丽村庄，建成“森林小镇”“绿色村庄”12 个。2018 年完成乡镇造林 1.3 万亩，义务植树 125 万株，华容造林绿化经验在全省推介。

3. 强化农村污染防治，让乡村环境天蓝地绿水清

全面开展绿色环保行动，共建美丽乡村。一是持续开展农药化肥负增长行动。扩大测土配方施肥应用，基本实现主要农作物测土配方施肥全覆盖，2018 年全年农药、化肥使用量分别减少 5.09%、2.11%，全县测土配方施

肥面积达 200 万亩、统防统治 58 万亩。二是不断推进生态种养的生产方式。着眼有机生态种植，推进专业化统防统治与绿色防控融合，培育发展一批反应快速、服务高效的病虫害防治专业化公司，农作物病虫害绿色防控统防统治面积达 46 万亩，建设农作物病虫监测点 23 个，全部关停或搬迁禁养区规模畜禽养殖场，推进清洁养殖，升级改造畜禽规模养殖场环保设施，全县 67 个畜禽规模养殖场和 114 个畜禽养殖专业户环保设施改造任务已基本完成。三是全面进行水气污染治理。推行“微河长制”，加强河流管理，发动群众参与，调动人民群众维护公共河流的积极性，全面开展“清四乱”工作，把遏制乱占、乱采、乱堆、乱建作为抓手，2018 年平整、复绿长江岸线码头滩涂 25 万多平方米，造林绿化长江岸线 1700 亩；贯彻落实“气十条”，综合实施油烟净化、扬尘治理、秸秆禁烧等防治措施，切实减少空气污染。

（三）以乡村治陋树新为“先手棋”，促进风气好

乡风文明是实现乡村振兴战略的重要保障，根据国家乡村振兴战略规划提出加强农村思想道德建设、弘扬中华优秀传统文化、丰富乡村文化生活的明确要求，华容县以“村规民约倡导、党员干部带头”为重点，以发挥乡村自治协会作用为突破口，设立全省第一个“治婚丧陋习、刹人情歪风”专项整治工作办公室，倡导移风易俗，形成崇节俭、讲文明、摒陋习的良好新风尚。

1. 出台务实管用的村规民约，狠刹不良人情之风

制定实行婚嫁新办、丧事简办、其他不办的“三办”政策，将移风易俗内容写入《村规民约》，持续开展“刹人情歪风、治婚丧陋习、树文明新风”工作，组织开展“移风易俗、禁毒禁赌、全面禁鞭、迷信整治”等专项行动，党员干部率先垂范，文明节俭办酒宴，并以签订承诺书的形式，发动党员干部带头，引导他们在村务公开栏上签名公示，接受上级和群众的监督，全县人情宴请风得到大幅遏制，2018 年户均减少人情开支 4000 余元，目前全县农村红白喜事基本无燃放烟花鞭炮现象。加快推进殡葬改革，建设

村级公益性公墓，鼓励引导推行“治丧、悼念、火化、祭扫”四位一体模式，开展“文明农户”、寻找“最美家庭”活动，及好媳妇、好公婆、好妯娌评选活动，和身边好人好事评选活动，通过一系列家风建设活动，引导文明乡风、良好家风、淳朴民风的自觉形成，全县已形成集体婚礼、“7080”集体寿宴、集体升学宴、入伍宴、鲜花上祭、火葬节地生态葬等新风项目40个。其中，三封寺镇创造性推行“五禁止”“五倡导”“五带头”模式，村民人情支出费用每年节约了2/3左右。

2. 加强乡村自治协会建设，激发村民自治活力

组建乡贤队伍，大力发展村民议事会、红白喜事理事会、禁毒禁赌协会等群众组织，成立道德评议会，开办道德讲堂，开展德孝主题文化活动，坚持道德评议“群众说、乡贤论、广播讲、榜上亮”，引导村民自我管理、自我教育、自我服务、自我提高。其中关山村成立“人居环境整治理事会”，在全村推行垃圾“自筹资金管清运，以奖代投促分类”；华一村成立农村环保协会，全村总人口的90%以上已入会，成立环保基金，制定环境保护守则，对遵守守则的会员实行奖励。

3. 盘活乡村文化资源，丰富村民精神文化生活

围绕繁荣发展乡村文化，通过开展各种文化活动，大力推进文化化人工程、文化兴产工程、文化惠民工程、文化传承工程。年年举办“中国农民丰收节”、集体婚礼活动、“书香华容全民阅读”活动、“6. 5”环保主题活动等；大力建设乡镇综合文化站、村级文化活动中心等公共文化设施，利用村级服务平台，创新设立村民礼堂、文化广场，大力开展送文化、送科技、送电影、送图书、送戏下乡活动。2018年，全面完成59个行政村路径器材和18个行政村健身设备安装、146个行政村综合性文化服务中心建设、161个行政村和41个社区文化艺术室建设。

（四）以实现社会多元联动为途径，推进治理优

坚持党对乡村治理的领导，构建新时代的自治、法治、德治“三治融合”体系，形成共建共治共享的社会治理格局是党中央关于实施乡村振兴

战略的明确要求，华容县以强化乡镇党委书记、村党组织书记和农村致富带头人“三支队伍”建设为着力点，有序建立村党组织、村民代表会议、村民委员会、村级经济合作组织“四位一体”治理架构，充分发挥民主，发挥人民群众的参与监督作用，完善村级事务决策、执行、监督三项制度，注重发挥农村“五老”、能人、乡贤、寓外乡友在乡村治理方面的积极作用，形成了多元共治新局面。

1. 建强基层党组织堡垒，强化乡村治理领导作用

实施基层基础建设“四强两好”专项行动，出台了20条务实管用的政策举措，加强农村基层党组织、带头人队伍和党员队伍建设，着力提升村干部报酬待遇，加大从优秀村干部中选拔乡镇干部力度，实施“双培”工程，把致富能手培养成党员，把党员培养成致富能手，吸纳优秀致富能手入党，培养一支懂农业、爱农村、爱农民的“三农”工作队伍，打造了三封寺镇华一村、莲花堰村和治河渡镇紫南村等一批自治、德治、法治相结合的乡村治理示范村。

2. 创新社会治理模式，提升乡村法治水平

推进网格化实战应用，建成县乡村三级综治中心，实行村（社区）网格化管理；建立矛盾纠纷调解协调领导机制，做实县、乡、村（社区）和行业性专业性四大矛盾纠纷调处平台，2019年成功调解矛盾纠纷4850起；全面完成“一村一辅警”建设，落实驻村辅警186人，并配备了警务室和专门警用设施设备；深化无非正常上访、无治安刑事案件、无公共安全事件、无诉讼“四无”村（社区）创建，打造了兔湖垸村、墨山铺村、北街社区等一批示范点；完善乡村法治广场等法治宣传阵地建设，每年五月定期开展农村法治宣传月活动，治河渡镇紫南村、万庾镇黄山村、鲇鱼须镇宋市村等先后被评为全省民主法治示范村。

3. 凝聚乡贤能人力量，构建农村德治体系

推选老党员、老干部、道德模范等乡贤能人担任红白理事会成员，成立了“村民讲习团”，由老领导、老干部、老专家等人员组成的义务宣讲团，在全县巡回宣讲习近平新时代中国特色社会主义思想、党的方针政策和农业

生产技术知识等，充分发挥了农村老党员、老干部、老战士、老教师、老劳模等“五老”的积极作用。其中，三封寺镇墨山铺村充分发动了乡贤力量，积极带动群众参与，打好农村“空心房”整治村庄清洁行动攻坚战；万庾镇兔湖垸村每月以村民讲习堂为阵地，邀请老教师、老乡贤讲课，引导广大村民向上向善。

（五）以拓宽农民收入渠道为突破口，加快农民富

农民富不富是乡村振兴战略最终实施效果的一个最重要评价指标，拓宽农民增收渠道，使农民实现共同富裕，让广大农民有更多获得感、幸福感、安全感，是乡村振兴的出发点和落脚点。华容县通过建立健全政策保障机制、产业帮扶机制、利益联结机制等多项举措，促进农民增收致富。

1. 构建政策保障机制，增加农民转移性收入

严格落实中央和省市惠农补贴政策，确保农民转移性收入。通过简化流程、配套跟进、强力宣传等“三管齐下”措施，稳步推动政策落实落地，就业扶贫、科技扶贫、电商扶贫、社会扶贫等政策全面落地。2018 年实现了5007 人脱贫，贫困发生率降至0.91%；全年完成800 户贫困户危房改造，297 户易地搬迁安置；2662 名贫困学生实现了教育资助；基本医保、大病保险、医疗救助、扶贫特惠等“四位一体”保障体系基本形成，贫困对象住院实际报销比例超过90%。

2. 激活农业发展活力，增加农民经营与就业收入

华容县突出抓好粮食、蔬菜、棉花、油料和水产养殖五大优势产业建设，加大农业龙头企业与基地、园区的扶持力度，特别是以国家现代农业示范区创建为契机，推进现代农业生产样板区、现代农业装备示范区、农业科技成果展示区、体制机制创新试验区、农业功能拓展区、引领新农村建设核心区、农村综合改革示范区、农村生态建设示范区和农民群众生活幸福示范区的建设进程，吸引和集聚生产要素，打造洞庭湖区域农业发展高地。一方面，延伸了农业产业链，大幅度提高了农产品效益，如华容县吉娃米业的优质大米可以卖到34.5 元一斤且供不应求，而普通大米只有2.5 元一斤，公

司收购价远高于市场价，确保了农民经营性收入的不断增加。另一方面，将专业合作社、家庭农场、种养大户等新型农业经营主体的利益与农民利益紧密联结在一起，拓宽了农民多元就业渠道，确保了农民工资性收入的不断增加。2019 年，全县系统内专业合作社、家庭农场和涉农企业共带动农户 5 万余户，户平均增收 500 至 800 元，同时有 28 家专业合作社，承接政府产业扶贫项目 6 个，带动贫困户 1800 多户，龙头企业和合作社带动农民增收效果明显。

3. 深化农地改革，增加农民资产性收入

只有通过农地改革建立“风险共担、利益共享”的利益联结机制，农民才能分享乡村资源各个环节的增值收益。一是加快推进集体经营性资产股份合作制改革。制订了《华容县农村集体产权制度改革实施方案》，着力推动“资源变资产、资金变股金、农民变股东”的股份制改革。在章华镇石伏村、东山镇长宁垸村开展农村集体产权制度改革试点，推进农村房屋清理和废旧房腾退复垦，建立宅基地有偿使用、自愿退出机制。规范一次性交清土地流转费用行为，对流转期限较长的土地，通过分期付款兑现流转收益，不搞一锤子买卖，引导农民以土地入股、保底分红方式兑现流转收益。二是在深化供销体制改革中加强社会化服务体系建设。组建了 14 个乡镇基层社和乡镇农民专业合作社联合社及 14 个乡镇惠农服务中心，成立了岳阳市惠农供销优质稻种植农民专业合作社联合社（华容分社），支持农机专业合作社开展水稻全程机械化生产服务、跨区作业，积极引进农产品批发专业市场，改造桥东、城兴农贸市场，以降低农民的生产成本，提高农民收益。三是全面盘活农村集体资金、资产、资源要素。以乡镇为单位，建立了电子信息交易平台，建立集体资产台账，定期进行集体存量资产清产核资，实现了农村集体“三资”管理规范化、制度化。2018 年完成了 3930 个村民小组的颁证，颁证率 92. 7% 。建立土地流转交易市场，成立了农村产权综合信息平台和产权评估中心、抵押担保中心、交易中心、农村土地经营权流转信托中心，把农建投打造成农村土地（包括宅基地）流转的重要平台。2018 年报批了建设用地 2036 亩，完成“旱改水”3. 67 万亩、土地整治项目 23 个

3.5万亩，清理闲置用地11宗317亩，耕地指标交易可新增财力9亿元，为农民收入增加提供强有力的财政保障。

二　多模式创新，探索农业农村现代化新路径

作为洞庭湖地区的农业大县，华容县在乡村振兴中通过创新“品牌+”模式，推动农业发展“一县多特”；创新“园区+”模式，加快农业集聚化规模化；创新“企业+”模式，促进农村产业“接二连三”；创新“水稻+”模式，形成多业态特色发展；创新“特色小镇+”模式，实现产镇融合发展；创新“全域+”模式，优化生产、生活、生态空间布局；创新“党建+”模式，构建乡村治理新格局，探索一条农业农村现代化的新路径。

（一）创新“品牌+”模式，推动农业发展“一县多特”

华容县在乡村振兴中以“品牌”为中心，围绕“品牌+地标、品牌+质量、品牌+技术”，推动华容农业发展“一县多特”，加速农业大县向农业强县转变，逐渐推进农业高质量发展、品牌化经营。

1. 以“品牌+地标”为特色，做大做强“华容系列”地标品牌

农产品地理标志代表着特定地域的品牌质量与信誉，真实地反映了产地与品牌的天然关系，成为增加农产品的附加值、提高农业效益和市场竞争力的必然要求。一是加快地标品牌建设，推进农业结构优化。品牌是产品的灵魂，结构优化是品牌化的关键。华容县以创建区域地标品牌为导向，着力优化农业区域结构、品种结构和产业结构，推动农业发展“一县多特”。树立“大农业”思想，充分挖掘农业增收潜力，开发农业多种功能，以“粮、棉、油、菜”四大产业为发展重点，兼顾中药材、黄茶、稻田养虾等特色产业。2019年完成粮食生产面积145万亩，棉花预计完成25万亩，蔬菜面积达47万亩（其中芥菜种植23万亩），油菜种植65万亩，中药材面积4万亩，稻田养虾面积25万亩，茶叶面积0.5万亩。二是积极推进“三品一标”认证和标准生产基地建设。依靠华容丰富的农业资源和优质的农产品，

大力推进农产品“三品一标”认证。截至2018年底，全县已通过“三品一标”认证企业16个，通过认证农产品38个，国家地理标志农产品8个。同时，着力打造水稻“四双”示范板块，大力推进县乡村组“整万千百”梯级示范，使全县水稻绿色高产高效创建面积达到60万亩以上。三是加快推动品牌孵化、整合推广，做大做强“华容系列”特色品牌。全面提升“华容芥菜”“华容稻大米”等区域公用品牌，培育小龙虾、中药材、茶叶等特色农产品品牌，保护提升“华容芥菜”“华容黄白菜苔”“华容道土鸡蛋”“华容大湖胖头鱼”“华容道皱皮柑”“潘家大辣椒”“华容芦苇笋”“华容青豆角”等8个地理标志产品品牌；加快“华容系列”农产品“走出去”步伐，支持其参加全国性和国际性农产品展销会和推介会。2018年3月17日至19日成功举办华容芥菜大会，华容芥菜产业知名度不断提升。通过全面提升“华容芥菜”“华容稻大米”等品牌价值，加快推进农产品产地和产品认证，形成了华容特色的乡村产业品种格局。

2. 以“品牌 + 技术”为支撑，推动农业高质量发展

以现代农业技术为支撑，以品牌化为抓手，通过“品牌 + 技术”的力量助力华容农业走出一条品牌引领、绿色生态、科技支撑的发展道路。一方面，鼓励企业与科研院校合作，构建产学研合作平台，开展关键技术的集成研究，加快名特优新品种及先进适用技术、种养模式、农作制度的推广应用。插旗菜业长期聘请高校和科研院所相关领域的知名专家作为技术顾问，并与中国农科院、华中农业大学签订了长期的技术合作协议，有常年从事芥菜生产业务管理和芥菜科技推广的专业队伍，拥有大批芥菜专业高级农艺师和大量从事芥菜加工的熟练技术工人，形成了较为系统完整的芥菜科技研究推广及生产经营管理体系。另一方面，加强技术培训，邀请相关专家入村授课，到田间地头进行技术指导，提升农产品附加值。禹山镇八岭村由保丰中药材种植专业合作社牵头，通过对入社务工的贫困户、农民工免费开展中药材加工技能培训，在产品加工上向精加工、创品牌的方向发展，提升了产品附加值。推进农业科技创新联盟，建立产学研融合发展的科技企业，加强绿色生态农业、农业提质增效技术研发应用，加强乡（镇）村农技推广体系

建设，预计到2020年华容县农业科技贡献率将达到60%以上。

3. 以“品牌+监管”为关键，着力推进农产品质量全方位保障

“民以食为天，食以安为先”，农产品质量安全问题关系到消费者的身体健康和生命安全，更关乎一个品牌的生死存亡，因此品质提升，根在质量。一是积极开展农产品质量安全宣传活动。充分利用电视、网络、广播、标语、简报、普法手册等宣传形式，深入宣传《农产品质量安全法》《种子法》《农药管理条例》等农业法律法规。组织宣传车下到乡镇村场，巡回广播宣讲，并在全县城镇闹市区、农资集散地、车站码头等重点场所悬挂横幅。同时还将全县分为4个片，安排专业技术人员和执法人员分片举办培训班，组织农资商品展示，宣传农业技术和法律知识，提高农民辨真识假能力。二是加强农产品质量日常监管。每年抽检样品近7000个，合格率在99%以上，每年编发监测简报13期700余份。三是从源头上严防禁用农药入市。县农业执法大队严格执法，建立了市场农资准入制度，对批量调入华容的新农药，均由生产单位或经销商凭农资合法证件及技术资料，向农业执法大队申报，经审查合格后方可调运。仅以2018年为例，当年即禁止调运种子3批次，禁调量1.2吨；禁止调入农药2批次，禁调量1.1吨；禁止调入化肥5批次，禁调量12吨。

（二）创新“园区+”模式，加快农业集聚化规模化

华容县把现代农业产业园建设作为推进乡村振兴的重要抓手，以规模化种养基地为基础，调动资源要素，发挥龙头企业的带动作用，聚集现代生产要素，按照有基地、有园区、有品牌、有龙头企业的“四有”发展战略，以“园区+基地”“园区+品牌”“园区+龙头”等方式，推进芥菜产业园“生产+加工+科技”一体化建设，发挥园区技术集成、创业平台、产业融合、核心辐射等功能作用，加快农业集聚化规模化发展。

1. “园区+基地”，提高集聚化规模化水平

为了解决小农户分散经营的资本不足、科技信息滞后、市场竞争力弱等问题，华容县积极探索和推行“园区+基地”的产业化经营模式，以现代

农业示范区为引领推进农业产业规模化基地建设，成为集聚土地、资金、科技、人才等发展现代农业生产要素的有效载体。一方面，建强园区集聚平台。在三封工业园规划新建占地66.7公顷的芥菜产业园，总投资10.8亿元，现有4家骨干企业入园；在插旗镇规划占地5.3公顷的腌制区，推进芥菜生产专业化。对芥菜产业园入园企业提供优惠政策支持，依据其利税情况，企业可以享受优惠的招商引资政策，如免费和优惠租赁厂房、腌制池，园区为企业降低成长期的固定资产投资成本提供了支持。另一方面，加快建设芥菜高标准生产基地。县里在每66.7公顷产业园建一条高标准主干道，每达到6.7公顷建有一条水泥机耕路；在基础设施上不断提升保障，使芥菜的集中连片、绿色种植具有良好的条件。同时，与湖南农业大学合作，加强良种培育，规划建设了13.3公顷良种繁育基地。华容县先后被农业部认定为国家现代农业示范区、国家现代农业示范区农业改革与建设试点县，全县已建成和在建规模以上现代农业园区8个，规划建设总面积17.5万亩，累计总投资11.7亿元。

2. “园区+品牌”，提升特色农产品市场竞争力

推进农产品加工是品牌化的前提，华容县大力实施农产品加工业壮大行动，推进特色农产品精深加工，引进培育粮食、蔬菜、棉花、油菜、水产品加工等方面龙头企业，引导一般农产品加工业在乡（镇）村、县工业园集群发展，就近转化农业原料和产品。以现代农业产业园、科技园、创业园、农产品电商物流园为重要载体，打造种、养、加、销一体化产业基地，培育创建特色农产品地标品牌，提升市场竞争力。华容依托芥菜公共品牌的影响力和三封园区污水处理厂等配套设施，高起点规划、高标准建设华容芥菜产业园，构筑食品加工产业发展平台，促进食品加工企业向芥菜产业园集聚，创业创新，着力打造华容芥菜百亿产业，培育农业“总部经济”，创建国家现代农业产业园。此外，华容依托作为湖南产棉第一县的资源优势，大力扶持发展科创和科力嘉等纺织服装产业，充分发挥“中国棉纺织名城”和石伏工业园优势，“复制”一个纺织精品小区，通过以商招商和园区现有企业“复制”裂变的方式，大力引进和培育高端纺织、织布、婴童服饰、成衣制

造等项目，织好产业链发展的服务网，通过推进现有纺织企业技术改造和生产设备换代升级，扩大生产规模，提高产品质量，争创名优品牌。

3. “园区＋龙头”，强化特色农产品辐射带动作用

华容县以园区为平台，着力引进和发展龙头企业，培育壮大特色产业集群，逐步形成了纺织、食品加工、医药等三大主导产业，实现了“一园一特色、一园一品牌”。三封园区主要发展食品加工和医药产业，把纺织服装产业主要安排在石伏园区，现已形成以科创、科力嘉纺织、明盛纺织为龙头的纺织服装，以雪花啤酒、喜多多食品、宏绿食品为龙头的食品加工，以赛隆药业、海济药业和福尔康医用卫材为龙头的医药等三大产业竞相发展的良好态势。此外，华容县依托芥菜产业园，把芥菜加工企业全力做大做强，推动芥菜产业发展迈向中高端：一是通过鼓励兼并重组，培育发展一批龙头企业；二是支持龙头企业参与国际竞争，在国际视野下提升品质；三是以插旗菜业为核心，组建集团公司，支持其扩大产能，积极争取上市。以“园区＋龙头”模式，华容进一步强化了特色农产品的辐射带动作用。

（三）创新“企业＋”模式，促进农村产业“接二连三”

华容县高度重视农业产业发展，通过深化农业供给侧结构性改革，创新产业链与农户利益联结模式，积极探索“企业＋基地＋农户”“企业＋合作社＋农户”等形式，发展多功能大循环农业，推动农业与二三产融合发展，积极引进现代农业技术，培育壮大农业产业，用“互联网＋”为农业赋能，助推全县农业高质量发展，促进全县农业“接二连三”。

1. 创新“企业＋”的农业产业化经营模式

华容县在推进农业产业化经营上，积极培育扶持农业产业化龙头企业或专业合作社，探索“龙头企业＋合作社＋基地＋农户”等经营模式，推行合同订单、股份合作、托管寄养、联耕联种、代加工等生产方式，带动产业升级，促进农业增效、农民增收和龙头企业实力增强共赢，加快一二三产业深度融合发展。三封寺镇在提升农业产业化和园区建设中，重点配套搞好铭泰米业优质稻产业，以“工厂＋专业合作社＋农户”的新型合作模式确保

了集产供销和订单农业一体化，促进了优质稻产业的良性循环。注滋口镇新洲村为提升产业链的融合度，实现产业链式发展，树立“一个村就是一家企业”的理念，积极发展村级产业，推行“村 + 企业 + 农户”的经营模式，大力拓展农业多样性，如发展深加工、旅游农业、创意农业等，引导农业产业向产、加、销一体化经营发展。

2. 推进“企业 +”的农业线上线下融合发展

着力完善农村电商运营服务网络体系，推动“农业 + 电商”产业融合，以企业为主体，加快发展“互联网 + 农业”，促推农业线上线下融合发展。大力发展农村电商物流产业，实施农村电子商务“村村通”，加快益农信息社县级服务中心建设，完善农村物流配送，降低农村物流成本。插旗镇建有“田田圈”等电子商务平台，网上销售额每年达 8000 余万元。该镇华容腾祥有机蔬菜专业合作社以推广种植辣椒、大蒜、莴笋、芥菜等农作物为主，采用“合作社 + 农场 + 贫困户 + 互联网”的经营模式发展有机蔬菜种植，不断拓展面向广州、上海等的市场，从根本上解决农户小生产与大市场对接的矛盾，带动了当地的经济发展。2017 年，该合作社下设的名杰有机蔬菜家庭农场被评为市、省两级示范家庭农场。

3. 激活“企业 +”的工商资本发展农业活力

华容县围绕“打造品牌特色，争创全国一流”的农业发展战略目标，强化规划引领，着力项目推进，积极探索和推行以农业龙头企业来激活、引领农民合作社、家庭农场、种养大户、农业社会化服务公司等新型经营主体的发展，形成了工商资本投资现代农业的热潮。湖南泰和集团投资 1.9 亿，实施面积达 10 万亩的绿色粮食工程；台湾北极星农业国际有限公司和湖南家之康农业科技有限公司投资 1.2 亿元，创建华容台湾休闲农业科技园；湖南碧桂园集团投资 5000 万元，建起了 2200 亩的丰登高效生态农业科技示范园。

（四）创新“水稻 +”模式，形成多业态特色发展

水稻是华容的传统产品，也是华容的拳头产品。“华容稻”是华容县在“中国好粮油示范县”创建活动中打造的一个区域公用品牌，是华容继“华

容芥菜”之后的又一张农业新名片。近年来，华容人利用稻田做文章，积极推广“水稻 + ”综合种养模式，涌现出了稻虾、稻鱼、稻鳅、稻蛙、稻蟹、稻螺等多种模式，走出一条乡村振兴的多业态特色发展之路。

1. 培育产业经营联合体

积极探索种植业和养殖业的链接经营模式，加大培育“产、供、加、销”联合体力度。通过农业企业、合作社、专业大户的培育，形成“协会 + 企业 + 农户”“企业 + 合作社 + 基地”“合作社 + 农户”的模式，组织分散的农户为联合体，推进地区集中连片整体开发，实现规模化和标准化生产。现有小龙虾专业种养合作社和产业链经济实体 20 余家，北景港镇天星洲龙虾种养合作社创办时间最早、生产规模最大，目前有稻虾连作生产基地 12000 余亩，入社农民达 1000 多户，是省生态农业联合会副会长单位，正在申报“全国稻虾综合种养示范区”。注滋口镇汀头村加速培育新型经营主体，打造了稻谷、龙虾等专业合作社 7 家，发展家庭农场 10 家，通过推进“旱改水”工程，优质一季稻达 2000 多亩，全面推广了“水稻 + 龙虾”“水稻 + 湖鸭”等套作套养模式，套作面积达 1000 亩左右，全村有序流转土地 3000 多亩，发展规模种植主 10 户。

2. 创新技术与服务支持方式

极力打破种植技术推广和渔业技术推广条块分割的现状，做好种养模式、标准规范、良种繁育等方面的基础工作，在本区域遴选出一批稻田综合种养模式和具有地方特色的品种，培训一批既懂种植又懂养殖的乡、村农技员。通过充分利用现代技术如“互联网 + ”、公众号、手机信息等多渠道，及时向种养户推送相关技术和市场信息，让农户“一看就懂，一学就会”，努力打通了技术推广的“最后一公里”。2019 年组织行业专家驻村培训指导 120 余人次，免费发放技术指南 1 万余份，并开通技术热线，农户遇到难题，一个电话便有专业人员免费服务。对生产大户积极争取政策补贴资金奖励扶持。在 2019 年有永兴农业、天星洲龙虾养殖合作社等四家产业实体各获得扶持资金 30 万元。截至目前已帮助 3000 多户 11000 余名贫困农民通过稻虾综合种养与产业扶贫相结合成功脱贫。

3. 走品牌化和产业融合发展之路

华容县水塘、低湖水田等地区养殖小龙虾 25 万亩，目前已经形成了资源优势，以北景港、注滋口、禹山等乡镇为主，辐射全县 14 个乡镇、总面积达 15 万亩的稻虾综合种养产业板块。通过加强品牌培育和宣传，积极打造具有地方特色的“稻虾”品牌。华容永兴农业发展有限公司，已经投资建成了高标准种苗繁育基地，小龙虾能够反季上市，已连续攻克多个发展难题，正在打造“华容青龙虾”“华容虾池原米”等稻、虾品牌。在华容，从小龙虾的养殖、繁育到餐饮、物流，都有了一套领先省内的技术，操作规范通过了省级认证。

（五）创新“特色小镇 + ”模式，实现产镇融合发展

围绕有基础、有特色、有潜力的产业，华容县着力建设一批农业文化旅游“三位一体”、生产生活生态同步改善、一产二产三产深度融合的特色小镇。以“特色小镇 + 龙头企业”“特色小镇 + 项目”“特色小镇 + 基地”等方式，加快发展现代农业、特色工业、文化创意等新型产业镇，打造一批商贸小镇、文旅小镇、森林小镇等特色服务业发展示范镇，加强边界口子镇建设，形成类型多样、充满活力、富有魅力的小城镇发展新格局。

1. 以龙头企业为骨干，促进产镇互动发展

为推进特色小镇创建工作不断深入，华容将特色小镇建设与引进龙头企业相结合，加快建设东山国家级特色小镇；发展操军、注滋口、梅田湖等边界镇，拓展其与周边区域的经济、文化联系；着力建设特色鲜明、环境优美、设施完善、功能配套的芥菜特色小镇，打造“三封模式”。组织插旗菜业、云龙菜业、喜多多等省市龙头企业，与镇内各种植大户签订保底收购协议，推进产镇融合发展，培育创建插旗“芥菜之乡”等省级特色小镇。

2. 以项目建设为抓手，推进产镇协调发展

积极推动国华岳阳电厂、小墨山核电、桃花山风电、湘核新能源光伏发电项目建设，开发旅游资源，打造绿色能源产业加旅游观光于一体的绿色能源小镇。以项目建设为抓手，着力创建芥菜特色小镇，完成三封寺镇检测检

验及质量安全监管中心建设；加强芥菜栽培技术指导，印发技术资料5份到户，内容涵盖育苗、整田、移栽、田间管理等生产全程；完成主干公路、集中建房点太阳能路灯200盏安装任务；指挥部办公室加强各项创建任务的督促，一周一摸底，一周一通报，保证了各项目有序推进。

3. 以基地建设为重点，推动产镇融合发展

华容县以产业链延伸、资源优化整合为目标，以农民专业合作社为推手，坚持科技发展与绿色发展理念，狠抓基地建设，突出示范作用，推动特色小镇与产业发展深度融合。一是打造绿色农产品生产输出基地。插旗镇采取“公司+合作社+基地+社员”等经营模式，统一生产管理、统一收购、统一销售，与农户形成紧密的利益联结机制，带动全镇蔬菜生产，促进了劳动力就业和产镇融合发展。二是打造休闲观赏养殖示范基地。2018年，禹山镇瓦坼村利用牛皮岭山的山林优势，引进种苗1000羽，发展孔雀特种养殖，逐年扩大养殖规模，成立瓦坼生态旅游公司，打造华容的“孔雀谷”，并与禹山、东湖湿地公园连成一体对外开放，加快产镇融合速度。三是打造田园综合体基地。新河乡新河口社区按照“湖湘特色，水韵江南”的总体框架，打造一处党建教育基地、居民集中建房、休闲观光、高效农业体验、生态高效农业、生态农业餐厅六位一体的社区田园综合体，提高产镇融合水平。禹山镇扩大稻虾稻鱼种养规模，着力打造集龙虾垂钓、果蔬采摘、餐饮休闲于一体的田园综合体基地，培育产镇融合能力。四是打造农产品加工集聚基地。三封寺镇依托“华容芥菜”这一金字招牌和荣获全市第一批农业产业化特色小镇认定的契机，选准创建芥菜特色小镇为着力点，打造“三封模式”，成功获评了省级“农业特色小镇”和“农业产业强镇”。

（六）创新“全域+”模式，优化生产、生活、生态空间布局

华容县在推进全域乡村振兴过程中，坚持规划先行，积极探索“全域+”模式，科学布局和优化生产、生活、生态空间，实现人口与资源环境承载能力相均衡，实现经济社会发展与生态环境改善相统一。

1. 统筹规划农业生产空间

乡村振兴，产业兴旺是重点。华容县立足特色资源优势、环境承载能力、人口聚集程度和经济发展条件，科学划分农村经济发展片区，统筹推进农业产业园、科技园、创业园等各类园区建设，构建优势明显、集约高效的生产空间，将乡村生产活动融入区域性产业链和生产网络之中，实现农业生产的集约化、专业化。在国土管理方面：一是大力实施“旱改水”。启动实施 3.67 万亩社会投资“旱改水”，总投资 2.3 亿元，通过政府采购 10 个投资主体承担工程建设，截至目前，10 个项目全部完成外业施工、工程量确定、工程验收、耕地质量等别评定，已经省国土资源厅确认验收合格。二是大力整治“空心房”。目前，全县土地复垦规划设计已启动 4 批次 105 个项目，建设规模面积 55729 亩，预算总投资 1.18 亿元。截至 2019 年 11 月中旬，完成工程验收面积 1482.2 亩。同时搞好村庄集中规划和集中建房点，完成 161 个村庄简易规划编制。三是大力开展严执法。全年开展土地动态巡查、矿山安全生产督查 200 余次，下达责令停止违法行为通知书 70 余份，有效制止土地、矿产违法行为 65 宗。清理闲置土地 11 宗 317 亩，收回闲置土地 4 宗 161 亩。

2. 合理布局农民生活空间

优化乡村生活空间布局，对城乡协同发展有着巨大的促进作用。华容县在尊重乡村自然环境、生态规律以及农业生产生活习惯的传统依存关系基础上，大力推广“小规模、组团式、微田园、生态化”的建设模式，不断优化居民点规模和集聚形态。加强传统村落建筑风格的传承和保护，强化生活空间发展的人性化、多样化，构建便捷舒适的生活圈，推动田园变公园、农房变客房、劳作变体验，满足人们对田园式、慢节奏乡村生活的向往。2017 年，北景港镇景港村落实县委美丽乡村建设的部署，总体规划形成了“二心”“三带”“四区”，即：村级便民服务中心、传统文化会展中心；幸福渠千米绿化带、“反帝渠”千米绿化带、“防火渠”千米绿化带；蔬菜种植示范区、稻虾种养示范区、莲鱼休闲观光区、餐饮娱乐特色区，其中“三带”重点解决环境污染的问题。洞庭湖生态环境整治“五结合”工程项目落户，

“旱改水”重大项目的启动，为绘制“秀美村场”蓝图添砖加瓦。

3. 严格保护乡村生态空间

良好生态是实施乡村振兴的有力支撑点。华容县坚持生态优先、绿色发展，牢固树立山水林田湖草是一个生命共同体的理念，全面加强重点生态功能区保护和农村突出环境问题综合治理，探索建立耕地森林湖泊休养生息制度，提升乡村生态功能，提高农业生态服务能力，加大农业生态产品供给，实现乡村自然资本加快增值。在生态保护方面：一是对中央环保督察“回头看”收到的23个信访件进行了逐个调查、处理和回复。二是对华容河治理打出了十大“组合拳”，即保水增量、截污减排、网箱拆除、畜禽退养、岸线整治、执法监督、河道保洁、药物处理、日常巡河、三地联治，华容河水质明显好转。三是对集成麋鹿保护区、江豚保护区、东湖湿地公园、圆田螺保护区及桃花山森林公园进行了整治，通过了国家巡查组的检查。

（七）创新“党建＋”模式，构建乡村治理新格局

华容县坚持以习近平新时代中国特色社会主义思想为指导，大力加强农村基层党组织建设和能力建设，积极探索“党建＋业务”“互联网＋党建”等模式，充分发挥党组织战斗堡垒和党员先锋模范作用，为推进乡村治理提供强有力的组织保障。

1. 以“党建＋业务”抓好党建工作与重点工作深度融合

通过充分发挥党建引领发展、凝聚共识、增进团结、形成合力的作用，真正做到党建工作和业务工作双联系、双融合、双推进。注滋口镇新洲村坚持以红色引领绿色发展，以党建统领美丽乡村建设，加速乡村发展。一是发挥堡垒领航作用。坚持“一切工作到支部”的理念，推动支部作用核心化，建立乡村振兴项目库，以开展“书记晒项目”等活动为抓手，狠抓项目落地。二是发挥先锋模范作用。激活红色细胞，建立以返乡干部、党员、乡贤等为成员的乡村振兴委员会，把乡村振兴作为检验党员干部“两学一做”学习教育成果的主考场，完善党员积分制管理，强化考评结果运用，激发党员干部创业热情。三是发挥志愿服务作用。围绕乡村发展，常态化开展党员志

愿活动，建立党员包干联系、党员帮扶指导、党员带头落实等工作机制，打造基层党建铁军。禹山镇瓦圻村重点抓好党建引领，深入开展“党支部五化”建设，完善基层党组织体系，加快推进专业合作社、农业龙头企业等领域党建工作，推动农村基层党组织和农村经济组织深度融合。深入推进全面从严治党向基层延伸，开展“向微腐败开刀，让老百姓微笑”基层治理活动。

2. 以“互联网 +党建”开启乡村治理新模式

华容县为了使流动的党员能够积极参与组织生活，积极探索“互联网 +党建”模式，运用新的技术手段，强化党员教育工作，加强农村党建工作的现代化，促进农村“互联网 +”党建工作模式不断适应基层工作实际和需要。依托新媒体，各级党组织通过党建工作微信群等部署工作、开展党员教育、听取社情民意、进行党员互动，积极抢占网络新阵地，打造党建工作新平台。借助互联网走群众路线，倾听人民群众的心声，了解群众的需求，解决群众之难。在充分发挥“互联网 +”的宣传、教育、管理、交流、服务五项功能基础上，积极加强智慧党建 App 建设，促进农村基层党建工作规范运作。

3. 以“党小组 +”激发乡村活力

为发挥党小组的一线引领作用，全县乡镇积极开展“党小组建设精品化”工程，加快推进学习型、服务型基层党组织建设，利用“党小组 +”的模式，构建起“党委抓支部、支部抓党小组，党小组服务群众”的基层党建工作格局。同时结合日常工作和生活，推进“党小组 +”模式，形成了推动农村改革发展的强大正能量。

三　全方位改革，走向城乡融合发展新方位

按照十九大提出实现全面现代化的战略规划以及城乡融合发展的新要求，华容县应进行全方位改革，促进支持政策系统化，加快农业大县工业化，着力人口大县城镇化，突出农民地位主体化，挖掘地域文化特色化，实现区域规划一体化，走向城乡融合发展新方位。

（一）加快农业大县工业化，催生“以工带农”新趋向

“无工不富”，工业是工业化阶段县域经济的根本命脉，工业化是农业现代化的“孵化器”，要加快推进农业大县的工业化步伐，形成工农互补、以工带农新趋向。

1. 加快改造传统产业，推动工业结构优化升级

注重农业产业链的优化升级，对具有资源禀赋优势的传统产业如棉纺、芥菜等，一方面要“做大”，注重产业集聚，降低生产成本，形成市场竞争优势；另一方面要“做强”，注重技术创新，不断延长产业链条，打造品牌系列。通过开发新兴产业产业链，瞄准千变万化的市场需求，结合自身资源禀赋条件，不断开发新兴产业，如中药材、小龙虾等，力争在短时间内形成产业链，做大做强。做好传统产业与信息化相结合的文章。用信息化改造传统产业生产方式，如粮食生产、牲口养殖等，不断提升产业技术装备水平，让消费者可以通过互联网追踪粮食生产、牲口养殖等的过程和时间，提高传统农产品的市场竞争力和赢利水平。

2. 围绕农业发展加工业，不断提高农业品牌价值

在工业发展上，立足自身资源禀赋。基于本地农业资源禀赋大力发展加工业，完善农技服务体系，因地制宜实现中药材等农副产品规模化种养，通过对接沿海省份引进大项目、鼓励本土及返乡人士创业等途径，做旺农产品加工企业群，提高农产品转化率和附加值。通过开网店等现代营销渠道，以及抖音、微信 App 等现代互联网广告技术，借助“一带一区”独特区位优势，打“生态牌”“特色牌”“文化牌”等，打造华容系列农副产品加工品牌，提高农副产品品牌价值。

3. 立足工农互补，构建惠农强农长效机制

立足本地乡村禀赋资源发展工业，根据本地农业产出发展农副产品加工工业，而且农业的现代化就成为农业大县工业化的战略方向，为农业大县的工业化提供源头活水。反过来，工业的发展战略目标，就必须服务于县域农民收入不断增加的需要，服务于县域乡村人居环境不断提升的需要，服务于

县域农业市场竞争力与综合效益不断提高的需要。因此，应从实现可持续发展的战略需求出发，既要及时根据市场变化调整发展战略和目标，不断优化区域的资源要素配置；又要从处理好工农城乡关系出发，不断改善农村的生活条件。

（二）着力人口大县城镇化，树立城乡融合发展新目标

“无城不强”，城镇化是农业农村现代化的关键性举措。持续提升城镇化水平和质量，完善城镇资源对乡村的辐射和带动机制，能够有效发挥城市对乡村社会发展的推动作用，促成城乡融合发展的良好势头。

1. 发挥城乡融合发展对县域的战略引领作用

提升城乡融合发展在县域发展特别是县域乡村振兴中的战略地位，使城乡融合发展成为县域快速发展的新引擎，成为县域乡村振兴的战略抓手。形成城乡融合发展体制机制和政策体系，主要是在县域规划布局、要素配置、产业发展、公共服务、生态保护等多个方面实现城乡协同发展；在政策层面上补齐乡村基础设施建设、基本公共服务、基本社会保障短板，破除城乡要素流动的“肠梗阻”以补齐产业发展短板，为乡村振兴提供内在动力，激活发展活力。

2. 着力县城与村镇衔接的城乡融合作用

城乡交通设施的互联互通是城乡融合作用的基础。增强农业大县城乡融合性，就必须畅通城乡交通网络，推进区域内主要交通干道建设和升级改造，结合县域发展规划布局乡村道路网络，特别是以县城为中心规划整个区域的交通设施互联互通。实施县城城镇化与特色小镇建设双轮驱动的城乡融合发展战略，以特色小镇作为县城与乡村的连接点，推动产业、人口、设施等在县域与乡村之间形成梯度有序布局，提升县城与乡村之间的融合水平。

3. 突出城乡资源要素流动的优化配置作用

要破除城乡融合发展中的体制机制弊端，就要推动城乡资源要素双向自由流动，加速实现县域平衡发展。一要让中央深化农村改革精神真正落地，进一步推进农村产权制度和要素市场化改革，让乡村资源顺利进入县城市场

和更广阔的市场。二要加快建立县城和城镇科技、人才、资本等要素下乡的激励机制，促进各类城镇资源要素更多向乡村流动。三要实质性地缩小城乡公共服务差距，为城乡资源要素在城乡之间自由流动创造便利条件和提供基本保障。

（三）促进支持政策系统化，落实农业农村优先发展新方针

坚持农业农村优先发展总方针，对标全面建成小康社会“三农”工作必须完成的硬任务，抓重点、补短板、强基础，要促进城乡融合式发展，加大农业政策的支持力度，促进支持政策系统化。

1. 以农业农村优先发展为原则优化县域产业布局

要以全面巩固小康社会建设成果为导向，以农业农村优先发展为原则，对标农业农村现代化的硬任务优化县域产业布局。解决农村贫困问题是优化县域产业布局的底线，为实现农业农村现代化提供前提条件，是实施乡村振兴战略的优先任务。深化农业供给侧结构性改革是优化农业大县产业布局的主线，为确保粮食安全提供保障，是实施乡村振兴战略的首要任务。关键是要以品质、品牌为导向优化品种结构，加快农业产业结构的不断优化。

2. 以农业农村优先发展为原则整合县级农财资金

把脱贫攻坚中县级涉农资金统筹整合政策予以常态化，全面优化农业地区的县级各项倾斜支持政策，以确保“农业农村优先发展”落到实处。农业地区的县级财政资源本来有限，一方面对县级农财资金的使用要有通盘考虑，强化县级农财资金使用的顶层设计，使县级农财资金主要用于完成农业农村最迫切、最现实需要的项目，向传统农业转型升级、农村人居环境优化、乡村公共服务提升、乡村生态环境保护等弱项与短板倾斜，以优化投入结构与投入效率；另一方面要杜绝县级农财资金“九龙治水”分配使用的碎片化，导致线广面长而出现跑冒滴漏局面。

3. 以农业农村优先发展为原则重构惠农政策体系

农业农村优先发展是紧迫任务，首先是补齐短板。农业、扶贫、交通、

水利、电子、教育、医疗卫生等各类涉农项目资金要向乡村建设倾斜，推进农村基础提质，如道路交通、水利设施、电力供应、公益事业等方面问题要“清零”式解决，为农业农村优先发展提供基本条件保障，从根本上满足农村基础设施建设、基本公共服务、基本社会保障的最迫切需要，实现城乡平等发展，让农民共享发展成果。其次是激活内生动力。全力支持农村新型经营主体干事创业，以带动当地农民致富的效果确定政策支持档次和力度；推动乡村资源要素有序进入县域市场和更广阔的市场，建立农民可持续增收的长效机制。

（四）突出农民地位主体化，激发乡村振兴内生新动能

农民是乡村振兴的主体。习近平总书记指出，要尊重广大农民意愿，激发他们的积极性、主动性、创造性，激活乡村振兴内生动力。华容县按照党中央要求，坚持农民主体地位原则，给乡村社会以充分的话语权、自主权，尊重农民意愿，是农民成为乡村振兴的内在动力。

1. 公共服务要满足农民最迫切的需要

如何破解当下干部很累而农民却无感的乡村治理难题，必须以农民是否满意作为根本标准，从农民的现实需要与最迫切需要这个前提出发。从调研的情况来看，比如就业、养老、就医、培训以及市场服务与公共设施等基础设施建设、基本公共服务、基本社会保障，是推进农业农村现代化中最突出的短板与弱项，造成公共服务的缺位问题明显，农民多数需要没有得到基本满足。因此，县域公共服务首先要满足农民自我生存的需要，理顺体制机制，推进农村义务教育、医疗卫生、文化体育、社会保障等基本公共服务均等化。县域公共服务要满足农民自我发展的需要，开展实用技术、就业技能、经营管理等方面的培训等，实施农民创新创业行动、农村青年创业富民行动，支持返乡农民发展新产业新业态，全方位培养农民的自我发展能力。县域公共服务要满足农民自我选择的需要，因为每一个村的农民公共服务需求是不一样的，需要具体情况具体分析提供差异化而非一刀切的公共服务，才能实现公共服务的供给和需求相匹配。

2. 公共决策要满足农民最广泛的参与

保障和支持农民通过自我管理、自我教育、自我服务的乡村自治机制在乡村社会当家做主，广大农民群众才能成为中国乡村振兴的真正主体，才能激发农民的主体积极性成为乡村的内生动力，去创造真正属于农民自己的生活。一是要畅通农民参与乡村治理的渠道，防止村民自治沦为村委会自治或乡政府委派，特别是要建立健全农民对乡村公共事务的参与机制和表达渠道。二是不断提高农民参与乡村治理的积极性，主要是让农民充分认识到自己作为乡村治理的主体地位，走出“事不关己，高高挂起”的误区，形成面对面的最直接权力制衡与权力监督，避免一个人或少数人独占乡村公共决策权的情况出现。

3. 公共权力要满足对农民最根本的尊重

坚持农民的主体地位，确保公共产品与公共服务的供给服从农民需要、交由农民决定，是实现人民当家做主落实到国家政治生活和社会生活之中的最直接体现。一是要尊重农民意愿。最根本的就是以为农民所接受、为农民所欢迎为目标，充分相信农民、依靠农民，让农民大胆实践、大胆创新，形成农村改革与发展的原动力。回顾历史，凡是不尊重农民、由行政强力推进的治理，不仅没有成功的，而且严重影响乡村社会的发展。二是要保障农民权利。农民是乡村社会公共决策的主体，如果农民的主体地位缺失，乡村社会公共决策的目标就必然偏离。把公共权力落实到“以人民为中心”的发展思想上来，就必然要求对农民的知情权、参与权、表达权、监督权具有应有的敬畏与尊重。三是要维护农民利益。严格执行政策规定，不侵害农民的合法收益。主要的是农村集体土地收益、经营收益、财产收益、工资性收益以及政策补贴与社会保障利益。而土地是农民的命根子，是城镇化进程中留给农民的“最后一根稻草”。必须以保护农民利益为核心，确保新增耕地指标、城乡建设用地增减挂钩节余指标交易收益主要用于所在村的基础设施建设、农民社会保障和村集体经济发展，不得作为县级政府的财政收入，在制度上强化农村集体土地的农民利益保护机制。

（五）挖掘地域文化特色化，提升乡村区域发展竞争新力量

“凭什么选择你这个地方给你投资而不选择其他地方”等问题的启示是，区域发展包括乡村振兴没有文化的支撑是走不远的，乡村振兴、城乡融合发展中的至关重要维度，就是要挖掘地域特色文化，提升乡村区域发展竞争力。

1. 深入系统挖掘地域特色文化

挖掘地域特色文化就像挖矿，“富矿”“贫矿”都是一种资源，开发地域特色文化，在特色文化点有限的情况下，应分梯次地进行系统开发，根据资源禀赋进行科学开发。一方面，集中力量开发具有全省影响甚至国内外影响的特色文化。休闲旅游文化，可开发七女峰生态休闲旅游度假区、墨山旅游度假区、胜峰和塔市国有林场建设森林康养基地、桃花山国家森林公园等类似项目；平原农耕文化可开发“我们的节日・中秋节——首届‘中国农民丰收节’庆祝活动暨文艺新人大奖赛”、2018 年华容芥菜大会系列宣传推介活动、东山镇团洲乡油菜花海节等类似项目；传统文化可开发范蠡商文化、三国文化、刘大厦文化园、“车牯山遗址”、“七星墩遗址”等类似项目。另一方面，不轻易遗弃任何小特色文化点，采取大特色文化点套小特色文化点开发模式。小特色文化点中可开发王灵寺点、雷打岩点、高山与战略两座小二型水库点、“华容花鼓戏”、“华容竹马戏”、操军镇岳飞故事、黎淳状元故事、中顾委张维桢纪念馆、刘保将军纪念馆等类似项目。

2. 精心培育地域文化品牌

加大培育扶持力度，充分彰显洞庭湖地域文化的独特魅力。一是精心进行文化品牌设计。文化品牌要将本地域最核心的文化气质呈现出来，同时要具有一定的包容性，能够与本地域非主流文化相容、相互照应和相互支撑。二是给予政策性支持。文化品牌创建是个“烧钱”的活，如果得不到足够的支持，项目品牌就很难成长起来，为此本地域地方政府要给予系统性的政策支持。三是与地域经济社会发展目标结合起来。地域特色文化挖掘开发有形象宣传的作用，但其核心目的是要让当地群众的生活更美好，要能推动当

地经济社会发展，能够推动当地经济社会发展的文化项目应成为地域特色文化的核心支柱项目。

3. 加强地域文化之间的交流与合作

一方面，加强洞庭湖区域文化之间的交流与融合，催生区域文化发展一体化的内生动力。另一方面，强化地域文化之间的联动与合作。面对全省、全国甚至世界这么庞大的文化消费市场，地域文化之间的相似性不是竞争的理由，而是合作的理由，联动与合作才是地域特色文化生命力的正确打开方式，在联运与合作中特定文化内容才能成为消费时尚，才能形成可持续的文化生命力。

（六）实现区域规划一体化，建立乡村可持续发展新机制

乡村振兴战略中一个很重要的课题，就是明确哪些方面可以鼓励、支持和奖励的，那些方面是不予支持的，建立正面清单和负面清单，要加快乡村区域规划，建立可持续发展的长效机制。

1. 乡村区域规划应与“一带一区”定位相统一

国家区域规划、省市规划具有全局性、长期性影响，县域乡村区域规划要在遵循上级规划的基础上擘画蓝图，避免“折腾”“走回头路”后果的出现。一方面，与国家“一带一区”区域规划相统一。华容是国家长江经济带上的华容，是国家洞庭湖生态经济区中的华容，华容乡村区域规划就是要在结合县情的基础上落实好国家的区域规划精神。另一方面，与地区规划相统一。华容亦是湖南的华容、岳阳的华容，作为洞庭湖生态经济区成员，要成为岳阳的副中心，乡村区域规划也要充分考虑这一点，将这一规划精神作为发展主线。

2. 乡村区域规划应原则性与差异性相统一

必须确定明确的原则性，哪些区域不在规划范围之内，如蓄洪安全区、蒙华铁路、东洪公路等重大项目用地，哪些区域定位是规定动作、必须包含的，如全县水稻生产功能区和油菜籽、棉花生产保护区等功能区。在原则性的前提下突出差异性，围绕各个地方的优势形成各自特色，避免同质竞争。

同时，编制乡村区域规划要进行扎扎实实的调研，要听取当地群众意见，如集中居民点选址、村场规划等，因为每个乡村的情况各不相同。

3. 乡村区域规划应着力实现“多规合一”

必须突出区域发展战略引领乡村规划，形成由点到面的战略格局。一方面，按照不同乡村类型，结合区域内自然形貌，以区域发展战略为导向布局乡村生态、生产、生活的乡村空间规划，形成“县里大规划、镇里中规划、村里小规划”的总体格局；与此同时，政府各部门在其分管领域进行规划时，亦要为其他部门所主持的规划预留资源和政策空间。另一方面，加强村庄规划与区域空间规划的衔接，推进县域乡村振兴规划、乡镇总体规划、美丽村庄规划、富民产业发展规划、乡村旅游规划，与县域城镇建设规划、土地利用规划、生态环保规划等各类规划，在乡村层面相互衔接而形成“多规合一”的完整系统县域乡村振兴战略规划体系，确保乡村基础设施建设、住房建设、生态保护、环境美化等有序推进。

参考文献

1. 中共中央党史和文献研究院：《习近平关于“三农”工作论述摘编》，中央文献出版社，2019。

2《中共中央　国务院关于实施乡村振兴战略的意见》，《人民日报》2018 年 2 月 5 日第 1 版。

3. 陈锡文：《充分发挥乡村功能是实施乡村振兴战略的核心》，《中国乡村发现》2019 年第 1 期。

4. 韩长赋：《积极推进小农户和现代农业发展有机衔接》，《农业工程技术》2018 年第 3 期。

5. 韩长赋：《关于实施乡村振兴战略的几个问题》，《中国人大》2019 年第 7 期。

6. 陈文胜、王文强、陆福兴：《湖南蓝皮书：湖南乡村振兴报告（2018）》，社会科学文献出版社，2018。

7. 刘铁健：《推进华容芥菜百亿产业建设　打造农业供给侧结构性改革样本》，《农产品市场周刊》2018 年第 9 期。

8. 陈文胜：《为乡村振兴提供内在动力》，《人民日报》2019 年 5 月 13 日第 9 版。

9. 陈文胜：《补齐农村人居环境短板》，《人民日报》2019 年 9 月 10 日第 5 版。
10. 陈文胜：《释放改革红利　推进农业现代化》，《经济日报》2019 年 1 月 16 日第 12 版。
11. 陈文胜：《乡村振兴战略目标下农业供给侧结构性改革研究》，《江西社会科学》2019 年第 12 期。
12. 陈文胜：《推动乡村产业振兴》，《人民日报》2018 年 03 月 12 日第 7 版。
13. 陈文胜：《农业供给侧结构性改革：中国农业发展的战略转型》，《求是》2017 年第 3 期。
14. 陈文胜：《补齐“三农”短板决胜全面小康》，《新湘评论》2020 年第 6 期。
15. 陈文胜：《坚持以战略思维谋划推进乡村振兴》，《群众》2019 年第 7 期。
16. 陈文胜：《农民在乡村振兴中的主体地位何以实现》，《中国乡村发现》2018 年第 5 期。
17. 王文强：《论增强农业供给侧结构性改革的主体力量》，《农村经济》2017 年第 4 期。
18. 瞿理铜：《效率与公平框架下的宅基地管理制度创新》，《农村经济》2015 年第 11 期。

专题调研篇

Special Research

B.8
湖南贫困地区脱贫攻坚与乡村振兴有机衔接调研报告

陈文胜　王文强　陆福兴　瞿理铜 *

摘　要： 站在推进全面小康社会与全面现代化两个一百年目标的历史交汇期，迫切要求全面巩固脱贫攻坚成果与全面推进乡村振兴有机衔接。湖南作为精准脱贫的首创地，不仅扛起了全面小康的政治责任，而且为实施乡村振兴战略积累了不少好的经验。突出表现在：创新发展活力由产业扶贫向产业兴旺推进，破解增收压力由单一种养向创业就业推进，提升主体能

* 陈文胜，博士，湖南师范大学中国乡村振兴研究院院长、中央农办乡村振兴专家委员、省委农村工作领导小组“三农”工作专家组组长，主要研究方向：农村经济、城乡关系、乡村治理；王文强，湖南省社会科学院人力资源与改革发展研究所所长，主要研究方向：农村人力资源、现代农业；陆福兴，博士，湖南师范大学中国乡村振兴研究院教授，主要研究方向：农村政策法律、农业安全；瞿理铜，博士，湖南师范大学中国乡村振兴研究院副教授，主要研究方向：土地经济与土地政策、区域发展与城乡规划。

力由依靠帮扶向自我发展推进，激活内生动力由阶段性攻坚向可持续发展推进。并以此提出了推进脱贫攻坚与乡村振兴有机衔接的政策建议。

关键词： 贫困地区　脱贫攻坚　乡村振兴　有机衔接

乡村振兴战略作为新时代三农工作总抓手，与脱贫攻坚是当前中国全社会的两大国家战略行动①。习近平总书记对此明确要求，“打好脱贫攻坚战是实施乡村振兴战略的优先任务”。湖南脱贫攻坚已进入攻城拔寨的决胜期，为探索打赢脱贫攻坚战、巩固提升脱贫攻坚成果与推进乡村振兴有机衔接的对策，根据对武陵山片区的深度贫困县花垣县、泸溪县、桑植县以及罗霄山片区的炎陵县、宜章县的调研，通过座谈、访谈、实地调查等形式收集了大量一手资料，形成如下调研报告。

一　湖南深度贫困地区的脱贫攻坚取得决定性成效

省委、省政府按照习近平总书记重要指示精神对标对表，锁定“两不愁三保障”突出难点，集中力量推进贫困地区脱贫攻坚，取得了决定性的成效，不仅有力有效地推动了贫困地区的脱贫攻坚，而且全面做实了乡村的各项工作，提升了乡村基层的治理能力，为下一步实施乡村振兴战略奠定了较为坚实的基础。

1. 脱贫攻坚推进力度是这些年来最大的

湖南脱贫攻坚政策支持力度不断加大，并不断向深度贫困地区聚焦。2017 年省级投到 11 个深度贫困县的财政扶贫资金达 18.5 亿元，比 2016 年增加 3.83 亿元；2018 年新增安排 4.5 亿元财政扶贫资金倾斜支持深度贫困

① 中共中央党史和文献研究院：《习近平扶贫论述摘编》，中央文献出版社，2018。

县，2019 年在继续倾斜安排 3. 3 亿元专项扶贫资金的基础上，新增安排 1. 1 亿元资金支持深度贫困县脱贫摘帽，实现了新增统筹整合涉农资金的 50% 重点向深度贫困地区倾斜。地方财政也持续加大投入，张家界市 2019 年将市级农业产业化 40% 的项目资金投向桑植县扶贫产业，同时再拿出 4000 万元支持桑植县，重点用于危房改造和扶贫产业奖补。桑植县本级 2018 年脱贫攻坚涉农整合资金项目入库规模达到 5. 51 亿。同时，加大对深度贫困地区金融、土地、人才等要素的支持力度，在 11 个深度贫困县建成金融扶贫服务站 1414 家，发放金融扶贫贷款 156. 8 亿元；给每个深度贫困县单独下达专项用地指标 600 亩，审批城乡建设用地增减挂钩项目 32 个，复垦规模 2256. 61 公顷；支持近 600 名高层次专业技术人才深入湘西地区扶贫兴业，定向招录深度贫困县乡镇公务员 152 名，选派 1000 余名科技特派员开展一对一科技帮扶，安排农村教师公费定向培养招生计划 907 名，为深度贫困县脱贫攻坚提供了有力支撑。

2. 贫困群众受益面是这些年来最广的

从全省来看，11 个深度贫困县贫困发生率由 2017 年的 10. 3% 降至 2018 年的 4. 5% ，仅一年时间便下降了 5. 8 个百分点。从市县来看，湘西州 66 万贫困人口中已经累计脱贫 55. 43 万，贫困发生率从 2013 年的 31. 93% 下降到 2018 年的 4. 39% ，农民人均可支配收入由 2012 年的 4229 元增加到 2018 年的 9183 元；花垣县作为“精准扶贫”的首倡地，2014 年至 2018 年，全县 142 个贫困村退出 129 个，建档立卡贫困人口 77359 人已在国扶系统标识脱贫 65173 人，贫困发生率下降到 4. 5% ；泸溪县 2018 年贫困村退出 33 个、贫困人口脱贫 5464 户 21455 人，综合贫困发生率下降至 4. 75% ；桑植县贫困发生率从 2014 年的 24. 5% 下降到 2018 年的 4. 93% ；炎陵县贫困发生率由 2014 年的 16. 57% 降至 2019 年的 0. 53% 。从 1984 年开始的扶贫开发上来看，近几年是深度贫困地区贫困人口生活水平提高最快、获得感最强的一个时期。

3. 产业扶贫带动力是这些年来最强的

深度贫困地区以推进产业扶贫为抓手，以产业覆盖和提升组织化水平为重点，充分发挥新型经营主体的带动作用，按照“一县一特、一特一片”的思路，因地制宜打造贫困地区特色主导产业，取得了良好成效。湘西州2017年整合涉农资金用于产业扶贫突破10亿元，通过实施直接帮扶、委托帮扶、合作帮扶、股份帮扶等模式，带动参与发展产业贫困户45.82万人次，产业扶贫脱贫人数达15万；2018年投入产业扶持资金13.7亿元，实施重点产业扶贫项目38个，带动8457户贫困户30510人实现发展产业脱贫，12.41万户有发展产业能力和意愿的贫困户与新型经营主体建立利益联结机制，实现集体经营收入5万元以上村达1211个，消除了村集体收入“空白村”，走出了一条具有湘西特色的产业扶贫之路。张家界市桑植县298个村居均建立了产业扶贫合作社，基本实现了有产业发展能力和意愿的建档立卡贫困户产业扶持和利益联结机制全覆盖，大力发展特色产业，全县茶叶年产值近2亿元，野生粽叶、草本中药材、蜜蜂、大鲵等产业年产值均在亿元以上，带动了大批贫困群众脱贫致富。

4. 基础设施改善是这些年来最快的

为破除深度贫困地区发展瓶颈、改善贫困群众生产生活条件，不断加大财政对深度贫困地区农村生产、生活条件改善的投入力度，积极支持深度贫困地区民生事业发展和基础设施建设，推动深度贫困地区基础条件得到了显著改善。湘西机场已经开工建设，桑植、古丈等县通用机场和泸慈、桑龙等高速公路项目建设前期工作已经启动，张桑、永吉、武靖等高速公路已经建成，基本解决了深度贫困县30分钟上下高速问题；同时，完成了深度贫困村建设自然村通水泥（沥青）路5000公里，电网改造111个，通达光纤宽带113个，解决9.46万人饮水安全问题，深度贫困地区发展条件得到大幅度改善。其中，花垣县217个村及25户以上自然村全部通水泥（沥青）路，完成入户道路7595公里，建制村100%通客班车；桑植县仅2019年以来完成38个深度贫困村公路建设146.86公里，占通达总任务的98.7%，完成农村安全饮水工程120处，解决4.69万贫困人口安全饮水问题，全县农村安全饮水已基本解决，298个村居农村电网改造已全部完成，农村移动终端信号和接通互联网4G覆盖率达100%，宽带网络覆盖率达97%。

在基层调研中，县乡村同志反映，精准扶贫不仅有力有效地推动了贫困地区的脱贫攻坚，而且全面做实了乡村的各项工作，大大地改进了干部作风，改善了党群、干群关系，提升了乡村基层的治理能力，解决了一批多年没有解决的难题，为下一步实施乡村振兴打下了好的工作基础。

二　湖南深度贫困地区脱贫攻坚进行的创新性探索

按照中央的决策部署，湖南深度贫困地区以问题为导向，向改革要动力，向创新要活力，积累了诸多脱贫攻坚有益经验，探索了系列可推广借鉴的工作模式，有的做法得到党和国家领导人的肯定，有的成为全国先进典型，有力地推动了脱贫攻坚向全面小康社会跨越的进程。

1. 创新发展活力：由“产业扶贫”向“产业兴旺”推进

无论是脱贫攻坚还是乡村振兴，都要依靠发展产业来建立促进农民增收与推动生活富裕的长效机制①。湖南贫困地区以优势产业带动扶贫产业，以新型主体带动贫困群体，以市场机制带动发展机制，以组织作为带动农户有为，整合资源精准培育产业，整合资源推动产业振兴多亮点。一是以品牌化为引领优化资源配置。如桑植县把白茶产业作为“一主多特”主导产业，大力整合科研院所、龙头企业、帮扶单位的资源，每年投入上千万元，累计整合涉农资金上亿元，举全县之力打造品牌，成功申报了万宝山茶业、西莲茶业两个桑植茶叶特色农业省级示范园，茶产业覆盖带动了建档立卡贫困人口8200户3.1万人，占全县建档立卡贫困人口的30%。二是以“飞地模式”创新破解资源约束。如花垣县十八洞村与县苗汉子合作社进行股份合作，采取“跳出十八洞村建设十八洞产业”的“飞地模式”思路，2014年在湘西国家农业科技园区（花垣核心区）流转土地1197亩开发猕猴桃基地。2015年以来，该公司复制推广股份合作模式，在农业园区流转2140亩

① 《中共中央、国务院关于抓好“三农”领域重点工作确保如期实现全面小康的意见》，2020年2月6日。

土地，带动了3个乡镇52个村9600名贫困人口发展猕猴桃产业。三是以特色资源优势壮大支柱产业。张家界市依托贫困地区生态文化资源，大力推动旅游景点扶贫、旅游线路扶贫、旅游商品扶贫和旅游就业扶贫工作，举办了全国乡村旅游与旅游扶贫工作推进大会，向全国推介旅游扶贫的典型经验和做法，全市直接从事旅游业的人数达10万余人，带动8.34万人脱贫，旅游扶贫在脱贫中的贡献率达40%以上。四是以园区建设促进产业集聚。炎陵县着力园区平台与特色村镇发展相结合，引导农村一二三产业适度集中，促进农区、园区、镇区互动的产业融合发展，成为省农村一二三产业融合发展试点县。如炎陵县黄桃产业集聚区入选2019年现代农业特色产业集聚区，在面积和产量翻番的情况下实现产销两旺，总产量达4.5万吨，综合产值近20亿元；鹿原镇入选国家级农业产业强镇（白鹅产业）示范建设，中村瑶族乡入选湖南首批十大特色农业小镇。

2. 破解增收压力：由“单纯种养”向“创业就业”推进

增加农民收入是脱贫攻坚的必然要求，也是乡村振兴的现实难题①。湖南省贫困地区在加快传统种养产业转型升级的同时，不断拓展贫困人口就业渠道，多措并举推进贫困人口创业就业，增加了农民的收入渠道和发展机会。一是强化创业就业助推脱贫致富。泸溪县通过“强化政策引领，创优就业环境；强化技能培训，提升就业本领；强化园区建设，打造就业平台”等“三个强化”举措，积极引导贫困群众创业就业，全县有9.1万人外出打工，劳务经济收入达到44.2亿元，大批贫困劳动力实现转移就业，被评为全国返乡农民工创业示范县。二是龙头企业促进农民就业“三变”。花垣县充分发挥龙头企业的作用，通过龙头企业带动土地流转，农民变成“双薪族”；带动技能培训，农民变成“创业者”；带动劳力转移，农民变成“产业工”，使全县23600多名贫困农民从土地上“解放”出来，向二、三产业转移。三是“四个一批”扩大贫困户就业渠道。桑植县实施劳务协作、本地企业吸纳、公益性岗位安置、自主创业等“四个一批”扩大就业，探

① 《中共中央　国务院关于实施乡村振兴战略的意见》，《人民日报》2018年2月5日。

索“市场主体+劳务专业合作社（劳务联合体、扶贫工厂）+农户（贫困户）”就业模式，为贫困户就业“架桥梁、搭平台”，确保有劳动力的贫困户至少有一人就业，全县共开发公益性岗位1173个，实施农村贫困劳动力家庭转移就业16852户34816人，农村贫困家庭就近就业3258户6542人。

3. 提升主体能力：由“依靠帮扶”向“自我发展”推进

教育是解决贫困代际传递的根本，湖南省贫困地区把教育放在优先发展的位置，主要采取定向就业与教育扶贫相结合的办法，提升贫困人口脱贫致富的主体能力①。一是推进贫困孩子免费教育，斩断代际贫困之根。泸溪县通过突出教育资助，确保每个贫困孩子“有学上”；突出优化配置，确保每个贫困孩子“上好学”；突出教育培训，确保每个贫困孩子“就好业”，泸溪县因此入围“全国义务教育均衡发展优秀案例县”，成为全省唯一。二是实施免费师资行动，培育乡村优秀师资。桑植县把帮助贫困家庭脱贫致富与充实农村学校教师队伍结合起来，首创“县级农村小学教师公费定向培养扶贫计划”，由县政府全额出资，每生每年1万元，委托长沙师范学院培养五年制专科层次公费师范生，学生毕业后回县返乡担任农村小学教师，该模式已从2017年起在全省8个市州21个区县推广。三是推行免费职业培训，订单培养定向就业。桑植县深化校企合作，推行订单培养、定向就业的职业教育模式，与湖南有色金属职业技术学院签订教育扶贫合作协议，对建档立卡贫困家庭实行A、B两类培养，毕业后按不同专业签约到有色金属企业、大型国有企业就业，为贫困家庭劳动力高质量就业提供了保障。深度贫困县还积极建设省政府扶助的“芙蓉学校”，扩大了农村子弟进城就读、享受优质教育资源的路子。

4. 形成社会合力：由“单打独斗”向“互帮互助”推进

湖南省贫困地区创新精准帮扶模式，弘扬扶贫济困、邻里相帮、守望相助传统美德，形成了“亲帮亲”互助脱贫发展新模式。一是“互助五兴”

---

① 叶红专：《担当起首倡地政治责任　高质量打赢脱贫攻坚战》，《新湘评论》2019年第11期。

激发活力。花垣县以1名党员或能人联系5户群众的形式组建互助组，开展了以“学习互助兴思想、生产互助兴产业、乡风互助兴文明、邻里互助兴和谐、绿色互助兴家园”为主要内容的“党建统领、互助五兴”农村基层治理新路子[①]，形成了党群互帮互助共奔小康的良好氛围，十八洞村全村41名党员、入党积极分子等与近200户群众结成互助组，在该村跨越式发展中起到了重要推动作用。二是“户帮户亲帮亲”形成合力。深度贫困地区落实杜家毫书记“今明两年在全省开展‘户帮户亲帮亲互助脱贫奔小康’活动”的指示精神，广泛动员社会各方面力量重点帮扶深度贫困群众，取得了明显的成效。如桑植县以扶贫扶智扶志为主题，开展“户帮户亲帮亲·互助脱贫奔小康”活动，通过精准挑选，确定建档立卡系统中因病因残致贫、就学负担重致贫、孤寡老人和留守儿童等五类重点帮扶对象1341人，一批爱心企业及人士积极参与，使一些深度贫困群众得到有力的帮助。

5. 激活内生动力：由“阶段性攻坚”向“可持续发展”推进

湖南省贫困地区着力探索可持续脱贫与发展长效机制，积累了一些可推广的经验。一是探索“五个结合”的工作机制。湘西州在探索可持续脱贫与发展长效机制上，探索形成了“五个结合”的工作机制。在识别扶贫对象方面，注重公开公平与群众满意相结合，不搞暗箱操作；在激发内生动力方面，注重典型引领与正向激励相结合，不搞空洞说教；在发展扶贫产业方面，注重统筹布局与因地制宜相结合，不搞大包大揽；在基础设施建设方面，注重留住乡愁与彰显美丽相结合，不搞大拆大建；在统筹攻坚力量方面，注重发挥基层党组织堡垒作用与党员干部先锋作用相结合，不搞孤军奋战。这些好的经验获得了习近平总书记的批示肯定，被称为可复制可推广的精准扶贫“湘西经验”[②]。二是创新了新型农村集体经济混合所有制形式的发展机制。湖南省深度贫困地区克服传统集体经济“投入单一、股权单一”

① 陈文胜：《补齐农村人居环境短板》，《人民日报》2019年9月10日。

② 陈文胜：《脱贫攻坚与乡村振兴有效衔接的实现途径》，《贵州社会科学》2020年第1期。

的弊端，探索出“投入多元化、股权多元化”的新型集体经济发展模式。表现在投入多元混合发展上：除投入资金、土地等传统要素外，探索了以基础设施建设、技术、农业生产资料、销售渠道、厂房、管理服务等要素入股集体经济发展。如桑植县兴旺塔村以示范园基础设施配套项目作本金参股农业产业，发展村集体经济，变产业基础设施投资由无偿为有偿，每年可收益8万元固定分红。凤凰县胜花村在发展猕猴桃产业过程中，由村集体提供铁丝、苗木、杆子、肥料，让贫困户入股，并且在管理过程中提供技术指导与销售保障，通过村集体对接销售。表现在股权多元混合发展上：变革传统的单一股份制模式，借鉴混合所有制改革经验，积极探索与贫困户、合作社、龙头企业等多种主体合股经营的模式。如花垣县十八洞村与县苗汉子合作社进行股份合作，苗汉子合作社出资306万元占51%股份，村民和村集体出资294万元占49%股份，在湘西国家农业科技园区（花垣核心区）流转土地1197亩开发猕猴桃基地，到丰果期村集体可增收150多万元。三是推出了扶贫小额信贷的“金融下乡”机制。湖南省贫困地区大力推进扶贫小额信贷，截至2019年7月底累计发放扶贫小额贷款204.04亿元，带动60余万建档立卡贫困户发展生产稳定脱贫。如宜章县通过自主开发的“大数据”系统开展精准管理和服务，在19个乡镇和246个建制村均建立了金融扶贫服务中心和服务站，实行“一站式业务办理、一条龙跟踪服务、一整套系统预警、一体化调度指挥”的“四个一”模式来推动工作，实现了“办理贷款不出村、缴费取款不出村、买卖东西不出村”，取得“贷得到、用得好、收得回、可持续”的良好实效。截至2019年4月底，宜章县发放扶贫小额信贷款4.29亿元，撬动社会资本20余亿元参与脱贫产业，释放产业发展乘数效应，成为脱贫攻坚的重大创新，有效地激发了乡村发展内生动力和可持续发展能力，实现了贫困户增收与贫困地区产业发展的双赢。2019年5月，全国扶贫小额信贷工作现场会在宜章召开，对创新了工作路径和方法的金融扶贫“宜章模式”给予高度肯定。四是构建了基层党组织建设的保障机制。如桑植县把抓党建“主业”与脱贫攻坚“主责”有机结合、深度融合，组织实施“堡垒、先锋、人才、廉洁、双扶”五项工程。加强村级组织建设，筑强了战斗“堡垒”；鼓励村级党组织书记及其他村干部带头创业、苦干兴业，发挥了先锋作用；以“四培四带”活动为抓手，将51名党员致富能手、99名大中专毕业生选入村级班子，增强了农村人才队伍；坚持全面从严治党向基层延伸，确保了干部队伍廉洁；坚持扶智与励志相结合，让村干部、农村党员真正成为脱贫攻坚的中坚力量，为脱贫攻坚提供了有力的组织保障。

在调研中发现，所到市州县在全力脱贫攻坚、提升脱贫质量的同时，还围绕中央和省委关于乡村振兴的战略部署，做了衔接启动工作，有些工作势头很好。

三　推进脱贫攻坚与乡村振兴有机衔接的建议

推进高质量发展是当下中国经济社会发展的主题，而国民有效财富与有效制度的累积是高质量发展的必然要求。尽管湖南省脱贫攻坚工作取得了显著成效，但实践中还面临着一些亟须解决的问题，尤其是深度贫困地区基础设施和公共服务欠账较多，“三保障”还存在一些薄弱环节，稳定脱贫机制尚未形成，贫困群众内生动力激发不够，区域经济发展能力有待提升。为进一步补短板、强弱项、激活力，总结全面建成小康社会的基本经验，累积有效政策为常量，完善政策提升为增量，改革阶段性政策为变量，建立高质量发展的长效机制，促进脱贫攻坚与乡村振兴有机衔接，提出以下建议。

1. 全面梳理与总结脱贫攻坚所取得的政策与实践探索成果

为圆满完成脱贫攻坚任务，打赢打好脱贫攻坚战，近年来湖南省贯彻落实中央的要求，密集地制定实施了一系列精准扶贫政策，而随着脱贫形势的变化，如何保障政策的有效性，成为各地关心的问题。为此，建议进一步加强对湖南省脱贫攻坚政策的梳理，处理好常量政策、增量政策、变量政策的关系，即对于教育、医疗、住房、饮水、社会保障等涉及民生领域、实践证明行之有效的扶贫政策，要作为常量政策坚定地实行下去，确保脱贫的持续性；对于乡村基础设施建设、农村人居环境治理、生态建设保护等方面的支持政策，要作为增量政策，随着经济社会发展水平的提高，加大政策的实行力度，及时满足人民群众的需要；将产业扶贫以及涉及基础性工作的扶贫政策作为变量政策，根据形势的变化进行适时调整，增强政策的针对性、科学性。同时，建议加强对各地区推进脱贫攻坚与乡村振兴的经验总结，将成效明显、可复制、可推广的改革创新经验上升为制度，为全省推进脱贫攻坚与乡村振兴有机衔接提供制度支撑。

2. 顶层设计脱贫攻坚与乡村振兴相衔接的战略框架

2020 年是全面建成小康社会的收官之年，由于湖南各地资源禀赋不同、基础条件各异、区域经济发展不平衡，全面小康水平必然有差异，巩固提升全面小康水平、促进区域协调发展、推进全面现代化进程从而实现第二个一百年目标将是湖南全面建成小康社会后的战略任务。为此，建议依据经济社会发展条件与水平，将各县市区划分为“全面现代化与乡村振兴先行区”“全面现代化与乡村振兴推进区”“乡村振兴启动与全面小康社会建设巩固区”，分类指导、分类施策。即将长沙地区等工业化水平、城镇化程度较高的区域划为“先行区”，引导其以城乡融合发展为取向，构建高质量发展的现代产业体系，全面实现基础设施一体化与公共服务均等化。将经济发展水平一般的农业地区划为“推进区”，引导支持其加快新型工业化进程，打造带动力强的工业支柱产业、农业特色优势产业，推进产城融合，加强基础设施建设，加快农业农村现代化步伐。将原来的贫困区域特别是深度贫困区域划为“巩固区”，加强巩固提升脱贫攻坚的后续扶持，补齐乡村基础设施与公共服务短板，推进脱贫攻坚与乡村振兴、新型城镇化有机结合，增强自我发展能力。

3. 建立巩固脱贫攻坚成果与推进乡村振兴相衔接的政策体系

脱贫攻坚工作在短期内取得重大成效，主要得益于强有力的精准扶贫政策的有效性。调研发现，一些贫困县在脱贫摘帽后，上级的扶贫资金投入明显减少，但刚性支出仍然很大，脱贫攻坚巩固提升工作面临着很大压力。贫困地区尤其是深度贫困地区基础条件相对较差，经济发展能力相对较弱，保持扶贫政策的延续性有利于巩固脱贫攻坚成果，为推进乡村振兴奠定坚实基础。为此，建议对于已经摘帽的贫困县，在一定时期内保持原有的扶持政策力度不变，并继续赋予县级政府涉农资金统筹整合权限，支持其进一步巩固脱贫成果，推进脱贫攻坚与乡村振兴互融共进；继续实行对深度贫困地区的各项倾斜支持政策，推动更多资源与力量向深度贫困县集聚，支持其全面消除“两不愁三保障”的薄弱环节，加强农业农村基础设施建设，帮助解决制约发展的突出问题，增强自身发展的内生动力；继续明确中央媒体和省内媒体免费推介深度贫困地区农产品和乡村旅游的扶贫义务与责任，以进一步提升贫困地区产业发展能力；继续推行东西部对口帮扶协作、省内的区域对口帮扶协作，帮助贫困地区进一步巩固全面小康社会建设的发展成果。

4. 全面提升贫困地区乡村人才培养的政策措施

乡村人才是支撑乡村脱贫致富的首要力量、关键资源。调研发现，乡村经营管理、科技、专业人才不足是制约湖南省深度贫困地区脱贫与发展的核心因素。要保障贫困地区持续稳定脱贫，必须立足自身培养，打造一支热爱乡村、安心家乡建设的人才队伍。为此，一是建议加强贫困地区专业人才的本土化培养。按照本土化招生、本土化教育和本土化定向就业的原则，在省内高校探索向县市定向招生、免费教育和奖学金支持、就业后定向免费直读硕士等措施，定向培养一批乡村教师、医卫人才。二是建议推进贫困地区农技人才的免费培养。借鉴免费师范生培养制度，由省内涉农高校与贫困地区合作，以农业科技方面的专业教育为主，通过定向招生、免费培养、定向就业的方式，为乡村培养一批高素质的农技人才，充实乡村干部队伍。三是建议强化贫困地区职业的教育。加大对贫困地区职业教育的投入力度，通过政府购买服务等方式，以产业园区、龙头企业、行业协会、专业合作社等为培训主体，将职业培训与创业扶持结合起来，培养一支带动力强的县域经济发展生力军。

5. 着力构建支持形成“生产、供销、信用”三位一体的农民合作政策体系

脱贫攻坚的关键举措是解决贫困乡村发展不充分的问题。贫困地区农业经营的主体绝大多数是小农户。调研发现，当前湖南产业扶贫中，主要采取

以支持政策激励规模经营主体带动贫困农户脱贫致富、对贫困农户的零散种养给予大力度直接补助这两种方式，农民的积极性未得到有效发挥。为此，建议大力推进贫困地区农民合作，健全农业社会化服务模式，以供销合作社综合改革为重点，建立健全契合合作制要求的产权结构和治理机制，最大限度地吸引农户和新型农业经营主体加入供销合作社，开展多主体深入合作，打造生产、供销、信用“三位一体”的农民合作经济组织体系。以此为依托，积极对接政府农业扶持政策，引导生产与供销、农资与农技、金融与资金互助等相结合，促进农业社会化服务贯穿于生产经营的各个环节，推动小农经营对接大市场，实现小农户与现代农业有机衔接。

6. 变革扶贫政策由到村到户逐渐向以支持县域经济发展转变

随着脱贫攻坚战的重点难点取得决定性突破，对贫困地区的政策支持由一村一户向县域整体发展转变，支持贫困县充分运用好市场机制，在推进“四化”同步发展中培育新的增长点、实现高质量发展。为此，建议研究制定贫困县经济发展的产业引导政策，支持贫困县引进一批、转型升级一批工业企业，支持贫困县与发达地区合作共建产业园区、发展“飞地经济”，带动工业高质量发展。加大对贫困县产业园区、信息物流平台、科技创新平台的扶持力度，对贫困县发展农产品精深加工、休闲农业与乡村旅游给予更大力度的用地、融资、税收等方面政策倾斜。引导和鼓励贫困县进一步优化营商环境，通过降低门槛、减轻税负、优化服务等方式为民营经济和中小企业提供公平公正的市场环境。完善省和市县财税管理体制，推进贫困县财政事权和支出责任改革，增强县域财政保障能力。结合“十四五”规划，指导和支持贫困县谋划一批重大项目，推动重点基础设施建设项目向贫困县倾斜，增强贫困县发展后劲。

7. 变革发展机制由行政外在推动为主逐渐向市场内在推动为主转变

脱贫攻坚的阶段性决战必然要求政府以行政力量在短期内集聚大量资源投入贫困地区。但发展阶段性的变化也必然要求增强脱贫攻坚与推进乡村振兴的内生动力，需要加快政府职能归位，充分发挥市场配置资源的决定性作用，以破解贫困地区与贫困群众内生动力不足、扶贫产业持续性差等问题。

最关键的不是大包大揽去干预农民具体的经营行为和生产行为，而是找准有为政府与有效市场的黄金结合点，优化制度供给、政策供给、服务供给，把不该管的“放”给市场，推动有效市场的形成与完善，激发乡村发展的内在动力以产生乘数效应。为此，建议进一步创新完善湖南省对贫困地区与贫困群众的扶持政策，建立涉农财政投入的正面清单与负面清单，从引导与激活要素上着力，推动各级财政重点支持贫困地区城乡基本公共服务均等化、现代乡村治理体系建设、乡村绿色发展等领域，减少对贫困地区产业选择的直接介入，注重从要素集聚平台打造、科技创新推广、品牌创建、标准化监管等层面加大支持力度，为贫困乡村撬动和引进外部资源提供支撑，以此推动发展方式实现从生产导向向市场导向的根本性转变，形成从行政推动为主逐步走向政府引导下市场驱动为主的贫困地区良性发展机制。

参考文献

1. 中共湖南省委、湖南省人民政府：《关于实施乡村振兴战略开创新时代“三农”工作新局面的意见》，湘发〔2018〕1 号。
2. 陈文胜：《补齐“三农”短板决胜全面小康》，《新湘评论》2020 年第 6 期。
3. 陈文胜：《论乡村振兴与产业扶贫》，《农村经济》2019 年第 9 期。
4. 王文强：《以体制机制创新推进乡村人才振兴的几点思考》，《农村经济》2019 年第 10 期。
5. 陆福兴：《打赢脱贫攻坚战要精准发力》，《新湘评论》2019 年第 11 期。
6. 杨世伟：《脱贫攻坚与乡村振兴有机衔接：重要意义、内在逻辑与实现路径》，《未来与发展》2019 年第 12 期。
8. 彭业忠、陈昊：《更加主动作为　决胜脱贫攻坚》，《湖南日报》2019 年 4 月 5 日。
9. 周亚明：《十八洞村：走出一条精准扶贫的好路子》，《新湘评论》2019 年第 11 期。

B.9

推进疫情防控与农村全面小康有机衔接

——关于两市及七县（市区）的调研报告

陈文胜　王文强　陆福兴　瞿理铜*

摘　要： 突如其来的新冠肺炎疫情发生在春耕备产关键期、农产品销售与休闲消费的黄金期、农民工就业的高峰期，无疑对湖南全面建成小康社会带来冲击，在打赢脱贫攻坚战上，最突出的是严重影响到农民的工资性收入，造成直接损失最大的是休闲农业与乡村旅游；在加快补短板上，最突出的是严重影响到农村基础设施建设的进度；在保障农产品有效供给上，最突出的是严重影响到以生猪为主的畜禽业和农产品加工企业。本文提出解决好农产品出乡、农民工进城、农资入村、农民下田等现实难题的对策建议。

关键词： 新冠肺炎疫情　全面建成小康社会　脱贫攻坚　“三农”工作

突如其来的新冠肺炎疫情（以下简称疫情）发生在春耕备产关键期、农产品销售与休闲消费的黄金期、农民工就业的高峰期，无疑会对湖南打赢

* 陈文胜，博士，湖南师范大学中国乡村振兴研究院院长、中央农办乡村振兴专家委员、省委农村工作领导小组“三农”工作专家组组长，主要研究方向：农村经济、城乡关系、乡村治理；王文强，湖南省社会科学院人力资源与改革发展研究所所长，主要研究方向：农村人力资源、现代农业；陆福兴，博士，湖南师范大学中国乡村振兴研究院教授，主要研究方向：农村政策法律、农业安全；瞿理铜，博士，湖南师范大学中国乡村振兴研究院副教授，主要研究方向：土地经济与土地政策、区域发展与城乡规划。

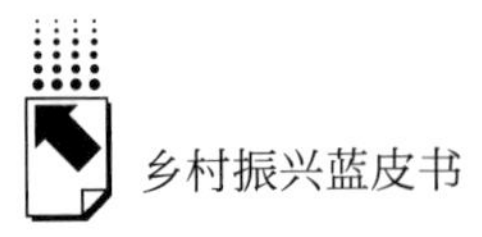

脱贫攻坚战和全面建成小康社会带来全方位的冲击。为及时研判疫情对湖南“三农”工作的主要影响，推动疫情防控与农村全面建成小康社会有机衔接，实现保民生、促脱贫、扶生产有序推进，省委农村工作领导小组“三农”工作专家组根据2020年2月对衡阳、郴州两市以及武冈市、长沙县、湘阴县、华容县、祁阳县、江永县、苏仙区等七县市区的调研，形成如下调研报告。

一 疫情对湖南农村全面小康的主要影响

根据调研情况，对标2020年中央一号文件，疫情对湖南“三农”工作造成的影响主要在以下几个方面：在打赢脱贫攻坚战上，最突出的是严重影响到农民的工资性收入，造成直接损失最大的是休闲农业与乡村旅游；在加快补短板上，最突出的是严重影响到农村基础设施建设的进度；在保障农产品有效供给上，最突出的是严重影响到以生猪为主的畜禽业和农产品加工企业。

1. 农业生产物资紧张，生产难以正常启动

受农资企业未全面复工复产、农资农机经销门店储货不足、交通运输未全面恢复等影响，部分地方农资供应紧张，给农业生产带来较大制约。如湘阴县、华容县的农用肥料65%来自湖北，因调运受阻，肥料库存严重不足。江永县122家农资经营门店化肥、农药、种子的储备量分别缺口15000吨、1220吨、60吨，仅够支持春播后前期管理，无法满足后期追肥及病虫防治的需求，春耕生产需要的中大型农机储备量缺口达70%。郴州市现有农资库存，仅可以满足春耕10天左右的市场需求，苏仙区禽类与猪用饲料供应偏紧，价格普遍上涨了5%～10%不等。衡阳市种子供应量不到上年同期的80%，农药基本上没有到货，养殖企业储备的饲料已消耗殆尽，动物疫苗等防疫物资也供应不足。由于全国的农资均需求大，加上物流成本大幅上涨，后期湖南农资还可能出现涨价。同时，因物资紧张、生产活动受限，各地春节前后农事活动未正常开展，可能影响到后期农业生产。如华容县疫情防控

期间，农民的油菜、绿肥等冬种作物三沟清理、追肥等关键举措没有落实到位，导致病虫害有发生趋势，影响到后期粮食的稳产高产。

2. 农产品滞销积压突出，经营主体损失很大

疫情防控期间交通管制造成农产品流通渠道中断、产销脱节，各地农产品出现不同程度的囤积滞销现象，产品价格暴跌。如衡阳市蔬菜、肉类、水果等重要农产品价格较去年同期跌幅都在10%左右，尤其是禽类价格较前两年同期下降了30%左右；全市农产品批发市场交易量较去年同期下降50%左右，肉鸡规模场亟待出笼量达616万羽以上，肉鸭规模场亟待出笼量达73万羽以上，肉猪、猪仔、种猪压栏问题很突出。华容县芥菜严重积压，预计损失约1.2亿元，黄白苔菜等蔬菜采收不到往年的五分之一，预计损失约1.3亿元，禽类压栏现象突出，预计损失约2500万元，小龙虾预计出现严重的供大于求现象，损失可能高达1.8亿元。湘阴县小龙虾养殖户约有600万斤库虾无法进入市场销售。江永县因市场销售不畅有1.2万亩砂糖橘、4.5万亩沃柑、1.5万亩香芋、0.3万亩芥菜没有采摘，农民损失严重。苏仙区、祁阳县都出现了蔬菜水果销售难的问题，一些合作社的草莓无人采摘，大面积糜烂，有公司的上万斤名贵“黑皮鸡枞”菇除捐出4000斤外，全部倒掉，损失十余万元。受疫情影响，一方面农产品滞销积压打乱了农业生产计划，春耕推迟，畜禽无法及时补栏，生产经营者信心受打击，影响到湖南后期部分农产品供给；另一方面消费市场因农产品短缺而价格暴涨，城镇买难问题十分突出。

3. 涉农企业复工复产困难，产销两头受挤

随着疫情得到控制，湖南涉农企业陆续复工复产，但不同区域不同行业复工复产进度不一，且不同程度地存在用工紧张、原材料供应不足、成本上升、资金不足、订单减少等问题。如江永县33家规模农产品加工企业，目前全面复工复产的不足10%，已复产的受阻于原材料、生产材料供应不上，产能较低，本地396家新型经营主体，面临雇工难、无车转运、消费需求少等问题，生产时断时续、零零散散。华容县调研近100家涉农经营主体，复工复产不足50家，主要是因为缺少用工人员，特别是外县人员的返工率仅

为25%左右，且落实防控措施需要增加人员和开支，人员日工资已涨了60%以上，生产成本急剧上升，企业复工复产积极性不高。至2月20日，郴州市市级以上农业产业化龙头企业复工复产率仅40.4%，普遍反映招不到劳动力，与疫情发生前相比，用工成本涨幅超过10%，原料供应受阻，饲料运输成本每吨上涨了200～300元，加工包材物流成本上涨达20%左右，多家企业反映产品大量积压，订单量大减，亏损严重，资金压力大，仅舜华鸭业停止种鸭孵化的直接经济损失就超过100万元。衡阳市情况相对较好，至2月17日已有77家农业龙头企业复工，大米加工行业复工率达到77%，规模化蔬菜基地、农场在14日复工率便达到93.8%，但同样存在生产成本激增、资金周转困难等普遍性问题。

4. 乡村休闲旅游基本关停，经营收入遭重创

各地普遍反映，春节期间本是休闲农业和乡村旅游的旺季，是一年中增加营业收入的黄金时期，但2020年受制于疫情，各地休闲农庄、乡村旅游景点全部歇业，无论是直接损失还是间接损失都是一个天文数字，给湖南脱贫攻坚与农村全面小康带来了最大挑战。如郴州全市188家休闲农庄除2家为抗击疫情提供餐饮配送外全部关门停业，经营者反映，除收入为零外，还要承担为春节筹备而投入的人财物等各方面的巨大损失。长沙县浔龙河村在年前全力筹资投入的民宿、研学、主题景点、戏剧演艺等休闲旅游项目，因疫情影响全部取消，损失150万人次的客流量，造成营业收入损失6600万元，利润损失1010万元。当前疫情防控仍未结束，预计休闲农业与乡村旅游需一段时间以后才会恢复正常，而湖南休闲农业经营主体达1.76万家，疫情不仅直接造成巨大经营收入损失，而且对当地的农产品销售造成了间接的经营收入损失。

5. 劳动力返岗就业受阻，农民增收压力加大

受疫情影响，湖南农民除遭受上述农业生产经营方面的损失外，还面临着务工的工资性收入减少的困难，主要原因是劳动力返岗就业受阻，后遗症可能会持续到下半年。一方面，外来人口严格排查管控仍未放松，加之农民自身对疫病的恐慌，愿意外出务工、经商人员不多。另一方面，本

省和外省许多企业还未开工或开工不足，导致农民外出务工难。如武冈市、苏仙区在春节过后，有近千名农民工被禁止入城或找不到工作，去而复返。华容县外出务工人员多达 20 万人，目前仅返工 3 万人左右，还有约 17 万人滞留在家，有 50% 左右的务工人员未与企业形成稳定劳务关系，这些人员滞留在家大多没有收入，甚至面临失业。2019 年湖南农村劳动力转移就业总规模达 1778. 7 万人，其中有 1233. 9 万农民工外出从业，工资性收入占到农村居民人均可支配收入的 41%，疫情不仅使湖南农民增收问题更加突出，更对脱贫攻坚带来严峻挑战。

6. 项目开工不足，农村各项建设进度延迟

基于疫情防控期间资金到位不足、用工短缺、材料运输难、防护物资短缺等多种原因，各地普遍反映既定的农业农村项目开工不足。如祁阳县高标准农田建设停工了近一个月才复工，农村改厕、饮水工程、“四好公路”建设等项目均开工不足。江永县的高标准农田建设、对接粤港澳大湾区“菜篮子”工程建设、“湘江源”蔬菜基地建设和特色农业产业集聚区建设等农业重点项目工程建设难度很大。华容县高标准农田建设进度较往年滞后 10 天以上，整体进度仅为 60%，农村人居环境整治工作尽管已做了部署，实际上暂未全面启动，比往年要迟半个月左右。湘阴县高标准农田建设项目 15 个标段仅有 2 个标段开工建设，冬修水利项目扫尾工程 11 处延期。长沙县浔龙河村的一批重大建设项目（包括企业投资项目和政府投资项目）目前均处于停工状态，恢复开工时间尚未确定，初步测算建设延误损失 1000 万元。可以预见，疫情对地方财政收入将造成重大影响，无疑会对后续农村基础设施补短板的项目建设形成更大压力。

二　疫情之下湖南农村决胜全面小康的重点与措施

调研发现，此次疫情对湖南的脱贫攻坚与决胜全面小康的影响程度超乎寻常，在加强疫情防控的同时，要突出工作重点，集中力量解决好农产品出乡、农民工进城、农资入村、农民下田等现实难题，以有效应对危机

与挑战。

1. 以村（社区）或乡（街道）为划分单位，精准确定疫情区域

随着湖南疫情防控全面向好、加快接近拐点，既要进一步强化责任到位，又要避免疫情防控盲目扩大化，人为地阻断交通、农产品流通和农民工外出务工。因此，必须改变一刀切地以一个县甚至一个地市为疫情区域的防控措施，应着力精准防控，以村（社区）或乡（街道）为单位确定疫情区域，根据疫情态势调整低风险、中风险、高风险名单，既确保疫情管控措施的针对性和有效性，又确保全面恢复农村正常生产生活秩序。

2. 以“农资入村”为关键，着力解决“农民下田”问题

积极动员农民消除恐惧意识，在做好防护的前提下，分批下田，分时下地，分散干活，确保不误农时。把组织种子、化肥、农药、饲料等农业生产物资进村入店作为工作重点，确保春耕生产农资供应质量可靠、市场稳定、运输顺畅。把强化农业社会化服务作为工作关键，全面组织协调农机作业，及时发布重大天气变化预警信息，利用广播、电视、微信等形式进行春耕生产培训、在线指导、在线答疑，采取统一代购、配送上门等方式解决群众农资采购等实际困难问题。

3. 以“农民工进城”为重点，加快复工，推动就业

当务之急是加紧复工复产，帮助企业解决在复工复产中遇到的原材料供应、务工人员返企、物资运输、流动资金不足等难题，除必须坚持的防控措施外，尽量减少不必要的前置条件，确保企业在疫情防控措施达标前提下正常生产经营。建立市县两级应急会商机制，对企业复工实行“一站式”集中审批，对种子、饲料等农资开辟“绿色通道”，切实帮助企业解决防疫物资短缺、产品销售不畅、复工复产受挫等实际困难。通过“互联网＋”就业平台、网上招聘 App 等多种方式集中发布主要劳务输入地企业用工、复工、交通、疫情等信息，特别是发布招聘信息，引导务工人员有序安排务工行程。创新农民就业途径，推动外出务工就业“走掉一批”，增设临时公益性岗位“消化一批”，引导本地企业“解决一批”，鼓励新型农业经营主体“联结一批”，全力化解农村劳动力转移就业困境。

4. 以“农产品出乡”为目标，实现农产品产销对接

建立农产品流通的特别绿色渠道，保证“菜篮子”“米袋子”等主要农产品出得村、进得城，遏制出现农产品“卖难”和“买难”双重困境。加快健全“菜篮子”产销对接平台，统筹协调区域内蔬菜批发市场、涉农企业、种植基地、菜农，及时准确提供产销信息，确保“菜篮子”供需对接。加大重要农产品产销对接服务力度，加强农产品生产、投放、调配，支持和引导湖南农产品生产企业、合作社与城区各超市、农贸市场进行产销对接。逐步有序开放农贸市场，加大对重要农产品价格趋势的监测力度，严防主要农产品市场恐慌、价格波动，确保市场稳定、人心安定。

5. 以疫情防控与发展任务为结合，补齐农村全面小康短板

2020 年是脱贫攻坚的最后一年，既要统筹推进疫情防控与全面完成脱贫攻坚任务，又要统筹推进防止返贫增贫与全面建成小康社会。必须抓住推进疫情防控与全面小康的结合点，着力补上农村义务教育、社会保障、农村安全饮水、基层公共服务、农村危房改造、农村通组道路等农村公共供给短板，特别是要补上基层公共卫生的突出短板，以及农村电商、冷链物流等农业产业链中的突出短板，进一步强化对扶贫车间、龙头企业、返乡创业等的扶持政策，逐人落实好贫困人口就业措施，确保不返贫。同时，要把贫困人口返贫预警作为防疫期间的一项重要工作部署推动，及时把握贫困人口的发展情况，对确实存在返贫风险的贫困户及时落实低保政策，做好兜底保障。

6. 以全力突围为主线，健全危机应急机制

面对严峻的疫情危机，非常时期需要有危机应急决策，形成紧急应变能力。在财政政策上，全面向惠农、富农、强农倾斜，重点补助受困严重的粮食、蔬菜等产业及涉农企业，帮助其渡过疫情难关；重点支持农业保险，有效降低农业生产风险；重点解决县级筹资难题，出台硬核政策给予县级政府统筹财政涉农资金使用、融资平台建设、项目确定等自主权，激活县域经济发展活力。在金融政策上，对农业经营主体复工开工急需的资金，开辟融资绿色通道优先发放；对受疫情影响严重，到期还款困难的经营主体予以适当延期；对受疫情影响出现正常生产经营资金周转困难的农产品生产经营主

体，给予财政贴息补助。在农村改革上，在政策范围内下放权力、授权基层先行先试，探索集体经营性建设用地与宅基地三权分置改革，推动城市和工业以及发达地区的资源要素尤其是资金向乡村流动，激活乡村内在动力。在人事制度上，要形成特殊时期用人决定一切的社会共识，敢于打破常规选人用人，在严管厚爱的前提下唯才是举，使冲锋陷阵、能打硬仗的人才脱颖而出。

参考文献

1.《中共中央政治局常务委员会召开会议分析新冠肺炎疫情形势研究加强防控工作 中共中央总书记习近平主持会议》，《人民日报》2020 年 2 月 13 日。
2.《习近平在统筹推进新冠肺炎疫情防控和经济社会发展工作部署会议上的讲话》，《人民日报》2020 年 2 月 24 日。
3. 陈文胜：《决胜全面小康的主攻方向与途径》，《农村工作通讯》2020 年第 4 期。
4. 陈文胜：《补齐“三农”短板决胜全面小康》，《新湘评论》2020 年 6 期。
5. 陈文胜：《将疫情对“三农”影响降到最低》，《人民日报》2020 年 5 月 11 日第 5 版。
6. 崔艳：《新冠肺炎疫情对我国就业的影响和思考》，《中国劳动保障报》2020 年 2 月 22 日第 3 版。

B.10

长沙县浔龙河村的乡村振兴多元投入机制创新实践

陈文胜　陆福兴　王文强　瞿理铜*

摘　要： 以协调推进乡村振兴战略和新型城镇化战略为抓手，建立乡村振兴的多元投入机制，加快城乡融合发展，是当前乡村振兴中普遍存在且亟待破解的现实难题。长沙县果园镇浔龙河村作为曾经的省级贫困村，积极探索混合所有、共享发展的新型集体经济实现形式，形成资金与土地、人才等要素有机结合，"企业、政府、村民"多元主体投资推动的实践模式，成功闯出了一条脱贫攻坚与全面小康建设的可持续发展之路，取得了农民有获得、企业有回报、政府有期待、社会有发展的多赢局面。

关键词： 浔龙河村　乡村振兴　多元投入机制

2019年4月，中共中央、国务院下发了《关于建立健全城乡融合发展体制机制和政策体系的意见》，如何以协调推进乡村振兴战略和新型城镇化

---

* 陈文胜，博士，湖南师范大学中国乡村振兴研究院院长、中央农办乡村振兴专家委员、省委农村工作领导小组"三农"工作专家组组长，主要研究方向：农村经济、城乡关系、乡村治理；陆福兴，博士，湖南师范大学中国乡村振兴研究院教授，主要研究方向：农村政策法律、农业安全；王文强，湖南省社会科学院人力资源与改革发展研究所所长，主要研究方向：农村人力资源、现代农业；瞿理铜，博士，湖南师范大学中国乡村振兴研究院副教授，主要研究方向：土地经济与土地政策、区域发展与城乡规划。

战略为抓手，建立乡村振兴的多元投入机制，加快城乡融合发展，是当前乡村振兴中普遍存在且亟待破解的现实难题[①]。长沙县果园镇浔龙河村作为省级贫困村，积极探索混合所有、共享发展的新型集体经济实现形式，形成资金与土地、人才等要素有机结合，“企业、政府、村民”多元主体投资推动的实践模式，成功闯出了一条脱贫攻坚与全面小康建设的可持续发展之路。浔龙河村因此荣获“2018 中国特色小镇博览会优秀示范案例”“最具传播价值中国民族品牌” “新华社‘民族品牌工程’未来之星”等荣誉，入选“2018 中国乡村振兴先锋榜”、农业农村部“中国美丽休闲乡村”、国家文旅部“全国乡村旅游重点村”，成为全国乡村振兴的明星村。

一　投入干什么：浔龙河村发展目标的自身定位

实施乡村振兴战略，必须解决投入要干什么的问题。浔龙河村位于长沙县果园镇西北部，在开发前产业结构非常单一，主要是传统的“粮猪型”乡村式经济模式，村民人均年收入远远低于当时长沙市平均水平，是省级贫困村。作为长沙的市郊乡村，浔龙河村按照“城乡融合发展”的新发展理念，明确以“城镇化的乡村、乡村式的城镇”为发展目标。

1. 走新型城镇化的特色小镇之路

特色小镇是国家新型城镇化规划的一个重要任务，是联结城乡的重要功能，也是新型城镇化的一个重要实现形式[②]。浔龙河村依托田汉故乡的人文资源和近郊生态宜居优势，通过城乡水、电、路、信息等基础设施的互联互通，打造依靠省会城市辐射和带动的特色小镇。

2. 走乡村振兴的城郊融合之路

“城郊融合”是国家乡村振兴战略规划所明确要求找准各类乡村发展定

---

① 中共中央、国务院：《关于建立健全城乡融合发展体制机制和政策体系的意见》，《人民日报》，2019 年 5 月 6 日。

② 《中共中央　国务院关于实施乡村振兴战略的意见》，《人民日报》2018 年 2 月 5 日。

位而分类推进的四大类型之一，也是促进城乡要素融合的重要途径[①]。浔龙河村处于长沙市城郊，属于分类推进的城郊融合型乡村，定位为承接城市人口疏解和功能外溢，通过制度变革、结构优化、要素升级，促进城市资金、技术、人才、管理等要素向乡村流动，推进城乡要素互动与空间共融。

3. 走农业农村现代化的产镇融合之路

农业农村现代化要求城乡产业协同发展，推动城乡要素跨界配置和产业有机融合[②]。浔龙河村通过把城市的现代性和便利性与乡村的自然景观和文化魅力有机融合，打造具有核心竞争力和可持续发展特征的“产、城、人、文”多元融合产业生态，探索农业农村现代化的特色小镇发展之路。

二　钱从哪里来：浔龙河村多元投入的创新实践

实施乡村振兴战略，必须解决钱从哪里来的问题[③]。新农村建设以来，国内乡村发展的投入主要分为三种模式：政府办点、村级集体经济自主、社会资本主导。尽管实践中存在的问题不尽相同，但有着相同的根本原因：产权边界不明晰导致收益没有明确归属，无法形成利益共同体。浔龙河村通过明确产权边界推进乡村资源资产化，建立“政府投入为主导、村级集体经济投入为主体、社会资本投入为主力”的“三驾马车”新机制，实现市场在资源配置中起决定性作用和更好发挥政府作用的有机结合，构建了利益共享机制。

1. 围绕坚持农民主体地位，推进乡村资源的资产化

“坚持农民主体地位”不仅是乡村振兴的根本要求，而且是乡村振兴一切工作的出发点和落脚点[④]。但关于怎么发挥农民的主体地位，不少地方未

① 陈文胜：《实施乡村振兴战略走城乡融合发展之路》，《求是》2018 年第 6 期。

② 陈文胜：《乡村振兴的资本、土地与制度逻辑》，《华中师范大学》（哲学社会科学版）2019 年第 1 期。

③ 陈文胜：《农民在乡村振兴中的主体地位何以实现》，《中国乡村发现》2018 年第 5 期。

④ 王文强：《着力解决乡村振兴中“钱”的问题》，《团结》2019 年第 4 期。

能找到一个有效的方法或途径。浔龙河村通过推进土地确权颁证以明晰产权，使农民成为土地的主人后再成为平等的市场主体，可以说是继家庭联产承包责任制改革、土地“三权分置”改革之后的农村第三大改革探索，使农民不仅是居民还是创业者，不仅是资产的拥有者还是决策的参与者，真正体现了农民的主体地位。一是开展土地确权，明确资产边界。明确界定村民的土地承包经营权、宅基地使用权、集体土地、林地等产权关系，确保农民作为资源资产权益主体的地位，为乡村资源资产化提供制度的基础。二是推进土地资源改革，加快土地资源要素优化配置。全面调整土地规划，优化乡村建设用地布局，实施点状供地，实现了农用地、集体建设用地、国有出让用地等不同性质土地的功能互补，既满足了产业发展和功能配套的需要，又保护了生态环境，更激发了工商资本下乡的积极性。三是推进乡村资产的资本化经营，赋予农民更多的财产权利。推进农业用地的集中流转和异地置换，通过村民以土地入股的方式发展村集体经济，使村集体获得长期稳定收益。通过资本化经营，使固定的承包地、宅基地、集体建设用地转换为农民的市场要素资本，从而实现农民的土地财产权益。

2. 突出政府投入与产业发展的协同联动，发挥财政资金的杠杆作用

乡村产业振兴，必须推动资源配置由市场机制不全与政府职能错位并存，向有效市场与有为政府协同联动转变①。浔龙河村依靠财政资金的杠杆作用，着力解决了政府投入与乡村产业发展脱节的问题。一是政府投入不越位。政府主要负责水、电、路、气、网等基础设施建设、基本公共服务以及基本社会保障，为各类主体投资创业提供公共支撑。二是产业服务不缺位。按照“产镇融合”的发展规划、政府财政投入跟进与产业发展的进度配套，避免了因政绩驱动搞形象工程导致低效与浪费的问题。到 2019 年 7 月，全村整合政府各类财政资金累计投入约 5 亿元，撬动了产业发展资金 25 亿元，为产业振兴奠定了坚实的基础。

① 陆福兴：《农村土地制度改革的三大突破》，《学习时报》2015 年 12 月 14 日。

3. 畅通工商资本下乡渠道，建立多元投入的融资平台

城镇工商资本及其带动的现代资源要素进入乡村，是工业反哺农业、城市支持农村从而促进农业农村现代化的有效途径，也是城乡融合发展的必然要求。浔龙河村为了破解资金短缺与投融资渠道单一的问题，建立了多元化、低成本、全覆盖的投融资平台。一是推进多规合一，让工商资本投入有预期。将村庄规划与区域城乡发展规划进行融合对接，并编制了修建性详规，推进了民生规划、生态规划、产业规划、社会发展规划、土地利用规划“多规合一”，明确怎么引入企业、引入什么样的企业、怎么得到政府支持的发展蓝图，有了这个很前瞻性的顶层设计，让工商资本投资吃了“定心丸”。二是搭建产业平台，让工商资本投入有依托。全村统一由湖南浔龙河生态城镇发展有限公司作为平台公司，主导各类产业项目实施。平台公司通过培育产业业态，构建服务平台，为工商资本下乡开山铺路，降低了成本与投资风险，提供了有力依托。如平台公司通过与银行等合作搭建投融资平台，引进了棕榈集团、星光集团、嘉兆集团等多家国内知名大型企业入驻。三是产业扶持与人才集聚，优化投资创业环境。按照制定的产业规划，平台公司对产业前期发展提供相应的培训和支持，推动产业集聚发展，拉长产业链条，并推进各类产业链条不断完善，优化了工商企业的生存环境。同时搭建了众创众筹的乡村创客平台，吸引有创意、有专业的创业型企业和创业者入驻，形成了资本和人才洼地。

4. 建立多元利益共享机制，重构乡村治理体系

资金投入多元化，必然要求实现利益分配的多元共享[9]。浔龙河村通过重构乡村治理体系，建立“村企共建”的党建共同体，形成了政府、企业、村民“谁投资谁受益”的利益分配与共享机制，实现了“农民受益、企业发展、政府满意”的多赢。一是构建党建统领的村企共治体系。通过“村企共建”党建工作，实施“组织共建、党员共管、阵地共用、活动共抓、发展共促”，成立村企共建党建工作领导小组作为浔龙河村“共商、共建、共享”的决策机构，通过“党建 + 经济”“党建 + 文化”“党建 + 治理”，把工商企业纳入治理体系，使企业与村之间的关系由二元对立的主客

体关系转变为一元共生的融合关系，村民和村集体、企业和企业员工一同成为浔龙河发展的利益共同体。二是尊重市场主体地位建立利益共享体制。通过党建引领治理、“村企共建”党建，明晰政府、企业、农民、外来务工人员等作为市场主体的利益边界，按照“利益共享、风险共担”的市场机制分享建设成果。如城建投公司代表政府实施公共工程，分享企业税收收益；各企业按照市场规律经营产业，从产业投资中获得收益；村民以土地或资金入股等形式成立股份制企业，并按照股份获得固定回报或股份分红；外来务工者通过创业和就业，取得相应的工资或收益，各主体按照市场规则共享浔龙河村的发展成果。

三　如何共享发展成果：浔龙河多元投入的主要成效

实施乡村振兴战略，必须解决如何共享发展成果的问题。浔龙河村探索形成了边界清晰、权责明确、利益平衡、各方合作的多元投入机制，使政府、企业、农民各个主体定位清晰、分工明确，推动资金投入与土地、人才、技术、管理等多方面要素的优化配置，取得了农民有获得、企业有回报、政府有期待、社会有发展的多赢局面。

1. 农民有获得：收入渠道扩大，发展机会增多

中央不断强调要尊重农民的主体地位，本质上就是要让广大农民有更多获得感和幸福感，因而浔龙河村发展最大的受益者必然是农民。一是资产性收益增多。农民的土地、房产等资源与财产大幅升值，每年可获得固定的土地经营权流转收入；农民住上了户均 210 平方米“管天管地”的三层新房，新房的第一层为商铺，为村民创造了发展条件；村集体 300 亩集体经营性建设用地的经营收入，村民每年都可获得分红。二是就业收入增多。浔龙河村的农业、旅游、物业等各产业板块可以容纳 2000 人就业，为村民在家门口就业创造了便利条件。特别是浔龙河村集体资产投资的企业，优先安排了近 300 名村民就业，月平均工资约 3000 元，村民每年增收近 4 万元。三是创业机会增多。浔龙河村发展也带来了大量的创业机遇，

一些村民利用自有商铺门面进行投资创业当上了老板，风险小收益大；部分村民利用自有资金和一技之长在本村自主创办企业，收入更是快速增加。农民的人均收入实现了从 2009 年的 0.25 万元、2016 年的 2.4 万元，到 2018 年的 3.98 万元的三级跳。

2. 企业有回报：资本环境良好，产业效益可期

一大批文化企业、康养企业、旅游企业开局良好，发展顺利，前期效益明显。随着业态不断成熟，各企业均可得到很好的投资回报，企业的长期收益有充分保障。如旅游产业建成了浔龙河现代农庄、樱花谷、好呷街等，推出特色民宿酒店、木屋酒店、地球仓酒店、麦咭运动不一样、甜甜湾儿童自然探索馆等项目，每年接待游客近 50 万人次，旅游收入 6000 多万元。农业企业已种植优质水稻、蔬菜 580 亩，种植花卉苗木 600 亩，建设了农产品加工厂、生态农场，通过打造“浔龙河智造工厂”农产品品牌，整合优质农产品，打通线上线下销售渠道，年销售收入可达 6000 多万元。还有一大批正在开发建设的项目，如湖南特色美食、老艺术、老手艺商业街区，以及已经启动的田汉国际戏剧艺术小镇项目建设，将形成集戏剧影视制作、培训教育、旅游观光、文化体验于一体的大型综合性文旅产业。

3. 政府有期待：民生福祉新拓展，经济发展新增长

政府通过加大财政投入，补齐乡村民生短板、做强乡村发展弱项、激活乡村内在动力。从社会效益来看，最突出的是就业、就医、就学等民生难题全面破解，水、电、路、气、网和科、教、文、卫、体等基础设施建设、基本公共服务以及基本社会保障的城乡一体化水平快速上升，让农民生活水平基本与城市市民相同，让农民享受基本与市民同等的社会待遇。从经济效益来看，浔龙河村迄今为止已累计完成投资 25 亿元，产业发展繁荣兴旺，入驻个体商户 118 家、大中型企业项目 12 个，成为区域经济发展的一个新的增长点，直接带动税收快速增长。所在地的果园镇 2016 年财税收入仅 300 万元，2018 年迅速突破 2000 万元，2019 年实现 3000 万元。还带动了田汉文化园项目、新明村有机农业项目和一批农业合作社的共同发展，浔龙河村毫无疑问发挥着区域发展核心引领作用。

4. 社会有发展：现代转型提速，城乡融合不断加快

基于多元投资推动，浔龙河村作为“省级贫困村”提前全面建成小康社会并向基本现代化迈进，展现出“城市品质、乡村神韵”的现代特色小镇基本特征，从里到外都是“城镇化的乡村，乡村式的城镇”，今天再也找不出过往贫困村的印迹。农业从过去的单一产业、低效农业发展成为复合产业和高效高质量农业，对集体经济发展、村民致富增收的支撑作用明显增强；农村由过去基础落后、生活不便的小山村变成了功能完善、生态宜居的新型生态社区，城市文明与乡村文明在这里交相辉映；农民兼具农民和居民双重身份，既享受土地权益带来的财产红利，又享受城市公共服务带来的便捷，由过去的地道农民变成了懂经营、懂服务的家庭农场主、企业职工和创业者。未来，浔龙河村将真正成为“原住民、新居民、探访民”共同组成的城市和乡村、产业和城镇有机融合的美好生活空间。

B.11
后　记

党的十九大以来，党中央围绕实施乡村振兴战略，在建立健全城乡融合发展体制机制和政策体系、推进农业农村现代化、打赢脱贫攻坚战等方面作出一系列重大决策部署，出台一系列重要政策举措，推动实现了乡村振兴的良好开局。当前进入实现全面建成小康社会目标的最后关头、全面打赢脱贫攻坚战的收官之际，党中央明确要求对标对表全面建成小康社会目标，集中力量攻克脱贫攻坚最后堡垒和补上全面小康“三农”领域突出短板，推进全面脱贫与乡村振兴有效衔接，为当前的“三农”工作提供了根本遵循。

湖南是全国脱贫攻坚的主战场之一，近年来全省贯彻党中央的决策部署，把打好脱贫攻坚战作为实施乡村振兴战略的优先任务，对标习近平总书记重要指示精神，集中力量推进脱贫攻坚，大力度推进乡村振兴战略落实落地，取得了脱贫攻坚的决定性成效和农业农村现代化的重要成就。尤其是各类县域因地制宜深入推进改革创新，立足自身特色优势竞相发力，积累了诸多脱贫攻坚的有益经验，探索了推进城乡融合发展和农业农村现代化的系列新模式，为进一步推进全省乡村振兴积累了宝贵经验。但也要看到，湖南作为中部农业大省，乡村振兴仍处于起步阶段，进一步推动实施乡村振兴战略还面临着一些亟须解决的问题。尽管所有贫困县已经摘帽，但一些深度贫困地区的基础设施和公共服务还存在薄弱环节，巩固脱贫攻坚的压力仍较大。尤其在全球新冠肺炎疫情与世界经济低迷的影响下，县域经济发展动能不足，区域、城乡发展差距仍较大，农民持续增收存在一定的困难。因此，一鼓作气攻下最后贫困堡垒，探索推进脱贫攻坚与乡村振兴有效衔接，着力农业农村改革“强动力”“增活力”，是湖南当前“三农”工作的主要任务。

服务实践是“三农”理论工作者的职责。今年我们继续出版发布《湖

南乡村振兴报告》，致力于以全面建成小康社会为主题，立足省内典型发达地区、发展中地区、贫困地区的调研，总结农业大省实施乡村振兴战略的新经验，分析新形势，探讨新问题，提出新对策，为湖南彻底打赢脱贫攻坚战、决胜全面小康、加快推进城乡融合发展和农业农村现代化贡献智慧，也以期能为全国实施乡村振兴战略提供有实际价值的参考。

本书由湖南省委农村工作领导小组“三农”工作专家组成员陈文胜、邹冬生、杨胜刚、王文强、柳中辉、瞿理铜担任编委会成员，其中陈文胜、王文强作为主编，负责统筹、组织、策划和统稿、定稿工作。湖南师范大学中国乡村振兴研究院、湖南省社会科学院中国乡村振兴研究院作为本书研究的支撑机构，研究院的成员陆福兴、瞿理铜、蒋俊毅、彭秋归等担任副主编，并作为核心研究力量，进行了分工合作研究。

《湖南 2019 ~ 2020 年乡村振兴研究报告》的研究工作由陈文胜主持，王文强、陆福兴、蒋俊毅、瞿理铜、彭秋归共同执笔完成，王文强统稿，陈文胜定稿。

《长沙实施乡村振兴战略研究报告》是长沙市统计局与湖南省社会科学院中国乡村振兴研究院团队合作的研究成果，具体研究工作由王文强主持，陆福兴、丁爱群、郑谢彬等共同调研并执笔完成，王文强修订定稿。

《从脱贫攻坚向全面小康与全域乡村振兴迈进——贫困县武冈市的改革创新实践之路》的研究工作由陈文胜主持，蒋俊毅、彭秋归共同调研并执笔完成，王文强参与部分内容修订，陈文胜统稿定稿。

《以城乡融合发展建设湖南全面现代化先行示范区——长沙县推进城乡融合发展的实践探索》的研究工作由陈文胜主持，王文强、蒋俊毅、彭秋归共同调研并执笔完成，王文强统稿修改，陈文胜定稿，邹冬生、柳中辉参与了调研。

《“老少边穷”县的高质量脱贫奔小康样本——江永县脱贫攻坚与乡村振兴衔接的改革创新实践》的研究工作由陈文胜主持，刘建荣（湖南师范大学）、瞿理铜、陆福兴、李旭（湖南师范大学）、蒋俊毅、彭秋归共同调研并执笔完成，陈文胜统稿定稿。

《推进农业大县新型城镇化与乡村振兴协同发展——祁阳县全域乡村振

兴的实践探索》的研究工作由陈文胜主持，邹冬生、王文强、湖南农业大学贺林波、李晚莲、王薇、熊春林共同调研并执笔完成，邹冬生、王文强统稿修改，陈文胜定稿。

《洞庭湖地区农业大县的全域乡村振兴之路——华容县推进农业农村现代化的实践探索》的研究工作由陈文胜主持，湖南省社会科学院杨畅、姚选民、谢晓军、谢振华共同调研并执笔完成，杨畅统稿修改，陈文胜定稿，王文强参与调研。

《湖南贫困地区脱贫攻坚与乡村振兴有机衔接的调研报告》的研究工作由陈文胜主持，王文强、陆福兴、瞿理铜共同调研并执笔完成，陈文胜统稿定稿。

《推进疫情防控与农村全面小康有机衔接——关于两市及七县（市区）的调研报告》的具体研究工作由陈文胜主持，王文强、陆福兴、瞿理铜共同调研并执笔完成，陈文胜统稿定稿。

《长沙县浔龙河村的乡村振兴多元投入机制创新实践》的研究工作由陈文胜主持，陆福兴、王文强、瞿理铜共同调研并执笔完成，陈文胜统稿定稿。

本书的研究与出版得到了省委农村工作领导小组办公室的关心、指导与支持；得到了武冈市、长沙县、江永县、祁阳县、华容县等地党委、政府及有关部门的有力帮助；得到了省政协有关部门、省扶贫办，张家界市、湘西州、花垣县、泸溪县、桑植县、湘阴县、苏仙区等市县党委、政府，以及长沙市统计局、长沙县浔龙河村等的大力支持；得到了社会科学文献出版社领导和编辑的倾心指导与大力支持，在此，一并表示衷心的感谢！

本书引用了大量数据、案例，如无特殊说明，均来自调研中各地方部门或相关单位提供的资料，以及省、市、县（市）《统计年鉴》《国民经济与社会发展统计公报》和政府门户网站所发布的资讯，在此作特别说明并表达谢意。由于编者和研究者的水平有限，书中的内容难免有不妥之处，敬请读者批评指正。

陈文胜

2020 年 9 月

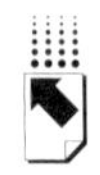

皮书

智库报告的主要形式
同一主题智库报告的聚合

皮书定义

皮书是对中国与世界发展状况和热点问题进行年度监测，以专业的角度、专家的视野和实证研究方法，针对某一领域或区域现状与发展态势展开分析和预测，具备前沿性、原创性、实证性、连续性、时效性等特点的公开出版物，由一系列权威研究报告组成。

皮书作者

皮书系列报告作者以国内外一流研究机构、知名高校等重点智库的研究人员为主，多为相关领域一流专家学者，他们的观点代表了当下学界对中国与世界的现实和未来最高水平的解读与分析。截至 2020 年，皮书研创机构有近千家，报告作者累计超过 7 万人。

皮书荣誉

皮书系列已成为社会科学文献出版社的著名图书品牌和中国社会科学院的知名学术品牌。2016 年皮书系列正式列入“十三五”国家重点出版规划项目；2013~2020 年，重点皮书列入中国社会科学院承担的国家哲学社会科学创新工程项目。

S 基本子库
SUB DATABASE

中国社会发展数据库（下设 12 个子库）

整合国内外中国社会发展研究成果，汇聚独家统计数据、深度分析报告，涉及社会、人口、政治、教育、法律等 12 个领域，为了解中国社会发展动态、跟踪社会核心热点、分析社会发展趋势提供一站式资源搜索和数据服务。

中国经济发展数据库（下设 12 个子库）

围绕国内外中国经济发展主题研究报告、学术资讯、基础数据等资料构建，内容涵盖宏观经济、农业经济、工业经济、产业经济等 12 个重点经济领域，为实时掌控经济运行态势、把握经济发展规律、洞察经济形势、进行经济决策提供参考和依据。

中国行业发展数据库（下设 17 个子库）

以中国国民经济行业分类为依据，覆盖金融业、旅游、医疗卫生、交通运输、能源矿产等 100 多个行业，跟踪分析国民经济相关行业市场运行状况和政策导向，汇集行业发展前沿资讯，为投资、从业及各种经济决策提供理论基础和实践指导。

中国区域发展数据库（下设 6 个子库）

对中国特定区域内的经济、社会、文化等领域现状与发展情况进行深度分析和预测，研究层级至县及县以下行政区，涉及地区、区域经济体、城市、农村等不同维度，为地方经济社会宏观态势研究、发展经验研究、案例分析提供数据服务。

中国文化传媒数据库（下设 18 个子库）

汇聚文化传媒领域专家观点、热点资讯，梳理国内外中国文化发展相关学术研究成果、一手统计数据，涵盖文化产业、新闻传播、电影娱乐、文学艺术、群众文化等 18 个重点研究领域。为文化传媒研究提供相关数据、研究报告和综合分析服务。

世界经济与国际关系数据库（下设 6 个子库）

立足“皮书系列”世界经济、国际关系相关学术资源，整合世界经济、国际政治、世界文化与科技、全球性问题、国际组织与国际法、区域研究 6 大领域研究成果，为世界经济与国际关系研究提供全方位数据分析，为决策和形势研判提供参考。

法律声明